U0101895

ALLUSIONS IN THE SUBWAY SATIATIONS'
NAME OF BEIJING

户力平 著

北京地铁站名掌故

人民东方出版传媒

东方出版社

目录

前言

○ 1969年10月1日，北京首条地下铁道竣工通车，1971年1月15日投入运营，从此，北京有了地铁，这也是中国建成的第一条地下铁道。如今，半个世纪过去，北京的轨道交通线路可谓四通八达。截至2019年底，北京轨道交通运营线路已达22条（含磁悬浮S1线和现代有轨电车西郊线），总长度近700公里，线路覆盖北京市12个市辖区，日均客运量达上千万人次，地铁已成为人们出行最为快速、便捷、环保和安全的交通工具。

○ 北京是有着3000多年悠久历史的文明古都，而作为标志性称谓的地名，则伴随着北京的发展而发展，变化而变化。北京的地名不但由来已久，且涵盖范围广泛，独具地方特色。地铁车站的命名可以说是北京地名文化的延续，是地铁文化的重要元素之一。每一座车站的命名都是按照国务院颁布的《地名管理条例》及《北京市地名管理办法》《北京市地名规划编制导则（试行）》的相关规定，遵从"符合历史，照顾习惯，体现规划，好找好记"的命名原则，并注重突出北京的地域特色。由此，命名车站很大限度地采用了许多老地名，甚至是几近消失的地名。有些地名听起来不够文雅，甚至显得俗气，如"公主坟""褡裢坡""白堆子""泥洼""大井""土桥""九棵树""稻田""大瓦窑"等，但却是最具北京特色的地名。它们是历史，也是文化，既通俗，又易记，是老北京留下的为数不多的历史符号。

○ 可以说以老地名命名地铁站名，是北京地铁站名的一大特色，也是"记住乡愁"的一种形式，而"乡愁"是铭记历史的精神坐标。北京的许多地名已传承了几百年，甚至上千年，尽管许多景观与风物几近消失，但人们对它们依旧眷恋，那挥之不去的乡愁镌刻在记忆之中。如今，北京的许多地名以"地铁站名"的方式被保留下来，既是留住了"根"，也是北京文化的传承。

○ 《北京地铁站名掌故》不是地方志，而是一本以北京人的眼光介绍北京地铁站名的读物,只求简要,不求周全。对每个站名的介绍只是将其渊源"广而告之",使人们乘坐地铁时,对车站名称有所了解,为乘行添几分情趣。

○ 《北京地铁站名掌故》以车站坐标为点,简要介绍每个站点的由来、历史沿革、景观风物、地域文化、逸事趣闻等。在记述时,不只局限于某一种说法,尽量从多角度、全方位记述,由此丰富了地铁站名的文化内涵,使其更具知识性、实用性、通俗性、趣味性和可读性。

○ 《北京地铁站名掌故》编写的难度在于史料的收集。许多站名的历史沿革因缺少翔实的史料记载,难以查寻其真正的发展历史,即使在各行政区所编纂的"地名志"和地方志中,有些地名的记述也是极少的,即使有也多是极为简单的描述。而近二十年来出现的新地名,如"天通苑""育新""林萃桥""科怡路""万源街""经海路""园博园""星城"等,均没有记载,难以考据。

○ 为探寻地铁站名的历史渊源,自2008年以来,编者集中精力寻找和查阅了大量史籍,收集了与地铁站名有关的资料,并寻访了每一座车站及周边景观,广泛采集资料。在此基础上,对收集、采录的文史资料进行全面梳理、分析、整合,编写成文。

○ 目前国内已有30多个城市开通了地铁线路,但尚无一个城市能从文史角度系统而全面地将地铁站名的历史与掌故汇编成集,公开出版。《北京地铁站名掌故》可视为介绍北京地铁站名历史与人文的一个"简明读本",虽然只有20余万字,但从一个侧面较为客观地反映了北京地铁站名的历史渊源。

○ 地铁站名作为地域名称的一种表现形式,不仅是地铁车站的称谓,也是北京的地理文化符号,还是非物质文化遗产的一部分,应加以保护与传承。只有了解地铁站名,才能品味地铁站名,从而唤起对历史的追溯和记忆。

编写说明

○　1. 本书是一部诠释北京地铁站名的专著。所谓"掌故",一是文献有证可考的,二是民间流传久远的。无论是前者还是后者,只要"来之有据""有此一说""坊间相传",本书均引以为之,但在表述上有所区别,以免读者疑惑。

○　2. 本书所收录的地铁(含磁悬浮S1线和现代有轨电车西郊线)站名均为已开通线路(含暂缓开通的车站),共涉及22条运营线路的413座车站,其中换乘站65座(不重复编入)。正在建设中和规划的线路(路段)及站名不予收录。

○　3. 每座车站的介绍包括站名、所属线路、所在行政区、所处方位、站名由来,以及沿革、景观、风物、民俗、掌故等,字数在500字左右。

○　4. 正文以地铁线路编号顺序排列,每条线路大致按自北向南,或自西向东排列,环形线路按顺时针方向排列。

○　5. 书中的年代,一般用公元纪年,民国以前用朝代纪年,后加注公元纪年;民国时期采用民国纪年,后加注公元纪年;民国以后采用公元纪年。重复出现的年代,首次出现时使用朝代年号,加注公元纪年,重复出现时一般只写公元纪年。

○　6. 书中公历的年、月、日和年龄、计数等使用阿拉伯数字,所引用文献中的世纪、年代、月、日和年龄、计数,以所摘录文本为准。

○　7. 记述中涉及的行政区域及机构名称均系当时的名称,地名一般使用现行标准地名,必要时使用历史名称。

○　8. 本书编写过程中参阅了大量档案资料及文史书籍,限于篇幅,正文中恕不一一列出,只在书后"参考资料"中列出部分书名、编著者、出版社、出版年代。部分摘自网络的资料因难辨原作者及出处,故不再罗列。

苹果园	⑥ Ⓢ1 PINGGUOYUAN
古城	GUCHENG
八角游乐园	BAJIAO Amusement Park
八宝山	BABAOSHAN
玉泉路	YUQUANLU
五棵松	WUKESONG
万寿路	WANSHOULU
公主坟	⑩ GONGZHUFEN
军事博物馆	⑨ Military Museum
木樨地	MUXIDI
南礼士路	NANLISHILU
复兴门	❷ FUXINGMEN
西单	❹ XIDAN
天安门西	TIAN'ANMEN West
天安门东	TIAN'ANMEN East
王府井	WANGFUJING
东单	❺ DONGDAN
建国门	❷ JIANGUOMEN
永安里	YONG'ANLI
国贸	⑩ GUOMAO
大望路	⑭ DAWANGLU
四惠	八通 SIHUI
四惠东	八通 SIHUI East

BEIJING SUBWAY LINE 1

北京地铁1号线

北京最早的地铁线路，呈东西走向，串联石景山、海淀、西城、东城、朝阳5个行政区。西起苹果园站，与6号线、S1线衔接，东至四惠东站，与八通线衔接，全长31.04公里，设有23座车站，换乘站11座。

○ 苹果园站位于石景山区中部、苹果园南路西端，此站可与6号线、S1线换乘，目前暂未开通换乘。

○ 苹果园初称"苹果村"，始于明代。永乐皇帝迁都北京后，从山西等地移民至京畿，由此形成许多村落。这些村庄由"四署"统辖，即蕃育署、嘉蔬署、良牧署、林衡署。京西的移民专门负责果树的栽种，谓之"果户"，由林衡署管辖。明代《京师五城坊巷胡同集》记载的果户村落便有鲁姑村、东安祖、上营、中营、下营、石井村、黄村、苹果村等。

○ 永乐十四年（1416年），皇帝下诏：严禁无干人等私入御果园内。无论是皇亲国戚、勋官重臣，敢有以身试法者，每人一律罚交九匹马、九副马鞍、九连猎鹰、九只猎犬，还要罚缴一百两白银，一万贯宝钞。由于林衡署果园的劳作异常繁重，果户们不堪忍受深重的压迫，经常逃亡，大多返回山西老家。朝廷通过捉拿、严惩等手段，治罪于果户，但成效不大。无奈之下，朝廷不得不做出让步，《续文献通考》载："隆庆五年（1571年）四月，诏免林衡署果户房号税。"

○ 明朝灭亡后，苹果树被砍伐殆尽，果户被遣散，果园成了清八旗兵的演武场，康熙皇帝曾在此举行阅兵仪式。《康熙起居注》载：康熙二十六年（1687年），康熙皇帝在石景山举行阅兵仪式，场面极其宏大。民国时形成村落，称"苹果园村"，当时只有几十户人家，此后村域逐渐扩大。

○ 20世纪50年代首都钢铁公司在此兴建宿舍区，60年代后期修建地铁时，在此设置"苹果园站"。

苹果园
PINGGUOYUAN

○ 古城站位于石景山区中南部，石景山路与古城小街交会处东侧。

○ 民间曾有"古城无城"之说，但经史学家考证，此地确实建过城池，且历史极为悠久。清光绪年间《顺天府志》记载：古城曾经是五代时期（907—960年）玉河县城所在地。另有学者考证，古城与辽宋时期在此驻军防御外族入侵和防治无定河（今永定河）泛洪所建的安祖寨有关，是一座土城。上述两种考证表明，古城早在1100多年前就已经存在了。

○ 明万历年间沈榜编著的《宛署杂记》中有"古城村"的记载，距今已有400多年。经学者推断，古城村落形成的时间应在明初永乐年间。这一带既是小平原，又靠近浑河（今永定河），而且早有先民遗留下来的生存环境，很快便形成了较大村落。此地既建过城，又具有数百年的历史，所以是名副其实的"古城村"。

○ 相传，明朝末年李自成率领义军攻打北京城的一个夜晚，义军来到今天的古城村一带，见西边隐约有一座城池，怕城中有埋伏，便下令待天明再攻打。谁知天亮后再看那西边的城池，原来是个小小的村子。村子被两行枝叶茂盛的白皮松合围起来，朝东的方向是村口，合围的白皮松在此有个很大的缺口，远远望去，就像打开的城门。当得知这个村子叫"西山村"时，李自成觉得不好，于是将它改名"古城村"。

○ 20世纪五六十年代，首都钢铁公司在古城村附近兴建宿舍区，使这一地区逐渐繁华起来，并以"古城"之名将新建的道路命名为"古城大街""古城路"等。随着西长安街向西延长及周边的开发，古城村逐渐消失，这里成为京西地区的繁华街区。初设地铁站时称"古城路站"，后改今称。

20世纪60年代的古城路 一

古城
GUCHENG

○ 八角游乐园站位于石景山区南部，石景山路与西五环路交会处东侧。

○ 八角游乐园因临近八角村得名，而八角村由来已久。据明代《宛署杂记》等史料记载，八角村距今已有400多年的历史。相传村民的祖先是明永乐年间从山西洪洞县逃荒的灾民，最初在鳌山（今老山）附近定居下来，以给朝廷充当果户、菜户或以饲养骡马牲畜为生。因最先迁徙而来的是索、果、王、梁、左、肖、冯、赵八户人家，故称"八家村"。由于山西洪洞口音称"八家"为"八角"，故"八家村"被谐音为"八角村"。早年间村东口和村西口各有一座门洞，均由青砖砌成，顶部为半圆形，为出入村子的通道。

○ 八角村原有几座庙宇，规模较大的是三义庙。庙中有三座大殿，供奉刘备、关羽、张飞塑像。村东有老山，《宛署杂记》记为"鳌山寺在八角村"，而八角村附近，除老山之外，并无他山，由此可知，老山原名"鳌山"，只因"鳌""老"谐音而讹传至今。2000年老山汉墓的发掘曾轰动一时，当时被称为近二十年来北京地区重大考古发现之一。

○ 八角村土地贫瘠，居民除种地外，有的拉骆驼跑运输，有的到门头沟挖煤，以维持生计。1949年后，这里逐渐成为有上百户人家的大村，蔬菜种植面积逐步扩大，成为京城的蔬菜产区之一。20世纪80年代以来，由于城市建设需要，该村土地被大量征用，农业人口转为城镇居民，附近建成八角北里居民区等，今属八角街道。

○ 1971年11月，北京首条地铁线路延长至古城站时，在此设"八角村站"。1986年一座大型游乐场在此建成，因游乐场位于八角村附近，故称"八角游乐园"，后更名为"北京石景山游乐园"。八角游乐园开放后，临近的地铁站更名为"八角游乐园站"。

20年前的北京游乐场 一

八角游乐园
BAJIAO Amusement Park

○ 八宝山站位于石景山区东南部，石景山路与上庄大街、鲁谷东街交会处。

○ 八宝山原名黑山，由东西两座山峰构成，最高处海拔103米，是西山山前岗阜，东西长约1.2公里，南北宽约0.6公里。

○ 据《辽史·韩延徽传》和《宛署杂记》记载，汉代韩延徽（汉宣帝时期著名的士大夫，燕国人）家居此山，韩延徽及其子孙葬于此山南麓，故名"韩家山""罕山"，后又讹称"黑山"。此外，该山又名"烘炉山"，此名由来一曰山东峰有石，状若烘炉；二曰山东峰有一圆形洼地，形似烘炉。

○ 关于八宝山的由来，另有几种说法。一是八宝山得名于八种矿物质，它们被当成八种建筑材料而广泛应用。所谓的"八宝"，指的是马牙石、白垩、青灰、红土、坩土、黄浆、板岩、砂岩八种黏土矿物质，它们的形成与地质上的"八宝山断层"有关，据传百余年前仍有开采。

○ 二是因传说山上藏有佛家的八宝物件而得名。所谓的"八宝"也称"八吉祥"，有法螺、法轮、宝伞、白盖、莲花、宝瓶、金鱼、盘长。人们将藏着八件宝物的小山称为八宝山，并认定它是"吉祥之山"。

○ 八宝山南麓原有元代至正年间海云和尚所建的灵福寺。明永乐元年（1403年），司礼监太监刚铁墓修筑于此，旁边建延寿寺，后改名"褒忠护国寺"，此后成为明朝及清朝高级宦官年老离宫后的世代养老之地，俗称"吉祥所"。20世纪50年代，在八宝山南麓的灵福寺旧址上改建革命公墓，1970年改称"八宝山革命公墓"，从而使"八宝山"这一地名为人们所熟知。

民国时期的八宝山 →

八宝山
BABAOSHAN

○ 玉泉路站位于海淀区与石景山区交界的石景山路、复兴路与玉泉路交会处。

○ "玉泉路"这一地名只有80多年的历史，早年间是一条乡间无名小路。1937年"七七事变"以后，日军占领北平。日方为了自身利益，对北平的城市发展布局进行规划，在北京城西部建设"西街市"，也称"新市区"，俗称"新北京"。规划的"新市区"范围，据谭炳训《日人侵略下之华北都市建设》记述："东起公主坟，西至田村石槽，南界蒋家坟村，北达定慧南村。"其纵向中轴线"兴亚大路"自颐和园佛香阁、排云殿一线引出，与今西长安街的延长线交会于五棵松，为"新市区"的中心。1940年绘制的《北京市东西郊新市街地图》上已有"玉泉路"的标注，位于"新市区"的西部，北起西直街，南至南直街。路西侧规划为"日人学校""青年训练所""神社敷社""医科大学"及住宅区，东侧主要是住宅区。1945年8月，日本投降后，"新市区"的建设随之搁置。围绕这个中心地带，开辟了数条纵横街道，"玉泉路"是其中之一。其最初为乡间土路，1939年扩建成4米宽的砾石路，因北端与"三山五园"之一的玉泉山遥遥相望而得名"玉泉路"。

○ 玉泉山地处颐和园西侧，因泉水自高处"龙口"喷出，琼浆倒倾，如龙喷汲，"水清而碧，澄洁如玉"，故得"玉泉"之名，山以泉名，得名"玉泉山"。

○ 玉泉路曾多次改建，后拓宽成12米宽的柏油路，逐渐成为北京西部的一条交通要道。该路北起阜石路与旱河路衔接处，南至莲石东路与小屯路衔接处，并与西长安街延长线交会，南北串联了海淀、丰台、石景山三区。

1981年的地铁玉泉路站 一

玉泉路
YUQUANLU

○ 五棵松站位于海淀区南部，复兴路与西四环中路交会处。

○ 五棵松的历史，可追溯到清朝。200多年前清代提督邵瑛的墓地曾在此处，时称"邵家坟"，因其看坟的"照应"姓葛，也称"葛家坟"。邵家坟以余姚人邵升陛立祖。邵升陛有一子，名邵瑛，字桐南，号姚圃，生于乾隆四年（1739年），乾隆甲辰科（1784年）进士第二人（榜眼）。邵瑛进士及第后，授翰林院编修。嘉庆三年（1798年），邵瑛以内阁中书出任湖北乡试副考官，后历任翰林院玉牒馆协修、国史馆纂修，文渊阁检阅等职。嘉庆七年（1802年）又出任礼部会试同考官，后"告乞假归"，不复出。嘉庆二十三年（1818年）病逝，葬于京西沙窝村附近，其墓周围有五棵高大的松树，大致位置在今天的地铁1号线五棵松站北侧站口。这五棵松树有近20米高，傲然挺拔，直冲云天，是当时京西一带的标志之一。

○ 民国时期五棵松一带渐成聚落，称"五棵松村"。"卢沟桥事变"后，日军看上了五棵松这块风水宝地，在其周围构筑碉堡、炮楼，还修了一条土马路，美其名曰"新亚大路"。20世纪70年代此地属海淀区玉渊潭人民公社五棵松大队，1980年时有12户60余人。

○ 1966年北京修建第一条地铁时，其线路正好从五棵松附近经过，并在此设站。当时还没有暗挖技术，而是采取明挖的方法施工，所有工程都是"敞开式"进行。为了保住这五棵松树，人们想尽办法，但还是有一棵松树死了，园林部门试图重植一棵，却没有成功，最终连剩下的四棵也没保住。五棵松树虽然没有了，但人们并未因它们的消失而改变对这一地点的称谓，并在附近补种了五棵松树，以示纪念。

1
→
6

五棵松
WUKESONG

○ 万寿路站位于海淀区西南部，复兴路与万寿路交会处。

○ 万寿路既是一条道路的名称，也是一个区域的名称。

○ 据《北京市海淀区地名志》载：万寿路"南北走向，北起阜成路，与蓝靛厂南路相接，南止莲花河，与丰台区境域相接，中与复兴路、玉渊潭南路和太平路相交，东邻翠微路。因该路北有慈寿寺塔，俗称万寿寺塔，故名"。慈寿寺塔（又名"永安万寿塔"），俗称"万寿寺塔"，建于明万历四年（1576年），神宗母慈圣皇太后出资兴建，为密檐式八角形十三级实心砖塔，通高约50米，为京西的标志性建筑。

○ "万寿路"这一地名只有80多年的历史。1937年"七七事变"后，日军在"新北京"规划区域内设置了数条纵横街道，"万寿路"是其中之一，位于"新市区"中部，北起西直街，南至南直街，西临东翠路，东为翠微路，并与西长安街延长线相交，道路两侧多为住宅区。

○ 万寿路原是乡村土路，1939年建成宽4米的砾石路，1955年拓宽并铺筑沥青路面，是通往颐和园风景区和丰台区的主要道路。两侧南段主要是机关大院，中段多商业服务单位，北段以居民区为主。

1

→

7

万寿路
WANSHOULU

○ 公主坟站位于海淀区南部，复兴路与西三环中路交会处，可与10号线换乘。

○ 公主坟到底埋葬的是哪位公主，众说纷纭。一说是顺治的干女儿，另说是乾隆的义女，还有的说是奇女孔四贞，等等。其实早在1965年修地铁时，文物部门就对这座公主坟进行了考古挖掘，将公主坟内埋葬的公主身份谜底彻底揭开。这座公主坟所葬的是清朝嘉庆皇帝两位下嫁蒙古王爷的公主。

○ 两座墓中东边葬的是庄敬和硕公主，为嘉庆皇帝的第三个女儿，生于乾隆四十六年（1781年）十二月，于嘉庆六年（1801年）十一月下嫁给蒙古亲王索特纳木多布济，嘉庆十六年（1811年）三月病故，卒年31岁。西边葬的是庄静固伦公主，为嘉庆皇帝的第四个女儿，生于乾隆四十九年（1784年），于嘉庆七年（1802年）下嫁给蒙古族土默特部的玛尼巴达喇郡王。嘉庆十六年（1811年）五月故去，年仅28岁。按照清朝的祖制，公主下嫁死后是不能葬入皇陵的，也不能葬入婆家的墓地，须另建坟茔。因和硕公主和固伦公主是同年而故，所以就葬在了同一个地方。日子久了，原本没地名的地方就有了名，民间称这地方为"公主坟儿"。

○ 2017年第4期《海淀史志》载：20世纪60年代初，公主坟地区还是荒郊野外，但公主坟整体风貌是很规整的，红墙绿瓦，古木参天。陵园大门南向，陵园的东、西各有一条约10米宽的马路，陵园南北两侧有几米宽的车行土路。陵园里有东西两座宝顶，东侧墓穴里葬着嘉庆皇帝的三公主，西侧墓穴里葬着四公主。宝顶是红色的圆壁形，外面有红墙围着，两座坟墓都有坐北朝南的享殿。

○ 1939年国民党殷汝耕的部队盗挖墓葬。日伪时期建设"新北京"时，在北京西侧城墙上开辟长安门（今复兴门），修建西长安街延长线时拟从公主坟穿过，经多方疏通，道路绕行至今天的城乡贸易中心门前通过，但陵园的部分林木还是受到损坏。1965年北京修建第一条地铁时，两座公主墓正好在规划线上，施工中被拆毁。因该站建于"文革"期间，故取"破四旧立四新"之意称"立新站"，后更名为"公主坟站"。1994年修西三环路新兴桥，仅存的陵园风貌被破坏，如今的公主坟已难寻其踪，唯古树尚存。

10 **公主坟**
GONGZHUFEN

○　军事博物馆站位于海淀区南部，复兴路与羊坊店路交会处，军事博物馆南侧，可与9号线换乘。

○　此地旧为羊坊店，远在辽代，南京城（今北京城西南部）内已有羊的交易场所。辽代灭亡之后，女真族占据辽南京。金海陵王完颜亮于天德三年（1151年）下令迁都，同时扩建燕京城。由于城市规模相对扩大，居民不断增加，每日需要大量的消费品，且女真族为游牧民族，对羊肉、羊皮、羊毛等商品的需求量很大，所以在城外西北处专门开设了一个牛羊交易场所，因羊的交易量最大，俗称"羊市"。在此交易的人多是远道而来的牛羊贩子。白天交易，夜晚便住宿在附近的客店里，初称"羊房"，形成聚落后称"羊房店"，后谐音为"羊坊店"。因这里地处金中都的北门会城门外，一抬头就能看见高高的城门，所以也俗称"羊望店"。

○　元朝定都北京后，在金中都的东北部新建都城，金中都被逐渐废弃，其城外的羊市也逐渐消失。到了明代，昔日金中都城外的羊坊店一带形成南北两个聚落，明嘉靖年间的《京师五城坊巷胡同集》记为"羊房北店"和"羊房南店"。清代《五城寺院册》称："观音庵在羊坊店路南"，民国年间称"羊房店"，1949年以后复称"羊坊店"。

○　1958年在确定国庆十周年十大献礼建筑工程时，将中国人民革命军事博物馆的建设地点选在羊坊店的北部，也就是明朝称"羊房北店"的地方。此后，今天军事博物馆西南侧一带仍泛称"羊坊店"，周边的道路被称为"羊坊店路""羊坊店东路"等。

○　军事博物馆是中国唯一一座国家级大型综合性军事博物馆，主楼顶端的圆塔托举着直径6米镀金的"八一"军徽，为西长安街延长线上的标志性建筑之一。

014

20世纪60年代的军事博物馆 →

9　**军事博物馆**
Military Museum

○ 木樨地站位于西城区中西部，复兴路、复兴门外大街与三里河路交会处东侧。

○ 关于这一地名的来历，历来存在争议，有几种说法。

○ 一说此地明代时种植过大面积的苜蓿，为皇帝的御马提供饲料。清代成村，称"苜蓿地"，民国时被讹化为"木樨地"。

○ 二说清代时门头沟去往京城送煤的骆驼队多出入阜成门，当时这一带生长着许多野苜蓿，赶骆驼的人时常在此歇脚，以便给骆驼喂些草料，日子一长，这里就被称为"苜蓿地"，后谐音为"木樨地"。

○ 三说此地曾种植过许多桂花，因桂花树统称"木犀"，"樨"与"犀"同音义，木樨地即桂花之地。

○ 从有关的史料记载来看，第一种说法更为可信，因为《明世宗实录》中就有关于明代军队在九门之外种植苜蓿的记载：嘉靖七年（1528年）七月，"九门苜蓿地上，计一百一十顷有余。旧例：分拨东、西、南、北四门，每门把总一员，官军一百名，给领御马监银一十七两，赁牛佣耕，按月采集苜蓿，以供刍牧。至是，户部右侍郎王轼等查议，以为地多遗利，军多旷役，请于每门只留地十顷，令军三十名仍旧采办，以供内厩喂养"。由此可见，明朝时在北京城门外附近曾有军队专门种植苜蓿，以作皇家御马的饲料，并有一套严格的管理制度。所以今复兴门外木樨地、永定门外木樨园，皆因明朝时曾是军队种植苜蓿的地方而得名。

木樨地
MUXIDI

○　南礼士路站位于西城区中部偏西，复兴门外大街与南礼士路、西便门外大街交会处。

○　南礼士路最初称"驴市路"，其得名源于驴市。早在金元时期就是一条官道。明代建都北京后，先后建立天坛、地坛、日坛、月坛，分祀天地日月诸神。按照旧时规矩，通往坛门的主道，称为"神路"或"神路街"，或称为"礼神路"。今南礼士路即是当年通往月坛的主路，明代称"礼神街"，清称"光恒街"。旧时的北京马、驴、骡、骆驼等畜力是主要运输工具，因此北京有骡马市、驴市等。

○　清末民初至20世纪40年代，阜成门附近曾设有驴市。驴市上的驴贩子守在城门西侧，见有雇主走过来，就主动搭话，经过一番讨价还价后，雇主交完租金就可以骑驴上路了，每天都是人来驴往，很热闹。在驴市南面不远处就是著名的白云观，每年春节要办庙会，于是骑驴逛白云观便成为很受人欢迎的活动，所以一到庙会期间，特别是初一和十五两天，驴市上的毛驴甚至会供不应求。此外，在复兴门等地也有好几处"驴市"，日久天长，从西直门经阜成门直到复兴门，这条南北绵延数里的小街被人们称为"驴市路"。又因骑驴的人往来频繁，道路上到处是粪便，俗称"驴屎路"。

○　1949年后，驴市逐渐消失。没有驴市，再叫"驴市路"，名不副实，更不雅观，于是在调整地名时，依照"驴市路"的谐音更名为"礼士路"，其典由"礼贤下士"而来，后又将该路北段称为"北礼士路"，南段称"南礼士路"。

1959年的南礼士路 →

南礼士路
NANLISHILU

○ 复兴门站位于西城区中部，复兴门内大街、复兴门外大街与西二环路交会处，可与2号线换乘。

○ 复兴门并不是京城的老城门，是80多年前在老城墙上开凿的一个"门"。现复兴门位置在金中都城北垣通玄门与崇智门两门之间靠北，在元大都城西墙南端、西南角楼之北建有城隍庙。

○ 明永乐年间在大都城基础上营建北京城，将元大都城南墙向南拓展1公里至今宣武门东、西大街和前门西大街一线，西城墙亦相应向南延伸1公里，现复兴门位置在内城西墙南段。

○ 1937年"七七事变"后，日军占领了北平（今北京）。据《日伪统治时期华北都市建设概况》记述，日军于1939年起，开始在北平西郊筹建用于商业和住宅的"西街市"（也称"新市区"），为沟通新区与城内的交通，便在内城西城墙，即在当时临近邱祖胡同和卧佛寺街西口的城墙上扒开一处缺口，虽然称为"城门"，但并无门楼，初名"长安门"。随后由此向西开辟了一条宽10米的水泥路，时称"长安大道"。1945年抗日战争胜利后，国民政府按照当时流行的"复兴、建国"政治口号，将"长安门"改为"复兴门"，亦为"复兴中华"之意。次年11月在复兴门缺口处增建一座十米宽的拱券门洞，并安装了铁门，而门洞西侧的"长安大道"也被改称"复兴路"。1955年为拓宽道路，将复兴门的门洞拆除，并加宽缺口，此后随着旧城墙的拆除，这个缺口也消失了。"文革"期间曾将"复兴路"改称"解放军大路"，1977年恢复"复兴路"之名。

○ 1974年10月在这个缺口的位置建成了北京市第一座现代化的大型立交桥——复兴门桥，此后随着二环路的修建，该桥成为西长安街与西二环路两条交通动脉的交会点及重要枢纽。现今复兴门已演化为地片名，泛指复兴门南北大街、复兴门外大街和复兴门内（外）大街相交处的复兴门桥附近地带。

2 **复兴门**
FUXINGMEN

○ 　西单站位于西城区中部，复兴门内大街、西长安街与西单北大街、宣武门内大街交会处，可与4号线换乘。

○ 　早年间京城有"东四西单鼓楼前"的俗语，描述的是老北京内城比较繁华的三个商业区。其中"西单"指的是今天西单大街一带，而"西单"之名由来已久，至少有500年的历史。

○ 　明正统年间在今天的西单路口建牌坊，其位置大致在今西单十字路口中心偏北。牌坊最初的匾额是"瞻云坊"，后改为"庆云坊"，为四柱三间三楼冲天式带戗杆的木牌坊。因地处皇城西侧且为单座，故称"西单牌坊"或"西单牌楼"，并与东单牌楼相对应，简称"西单"。

○ 　西单大街商业区的历史可以追溯到明代。当时，这里是通往京城西南孔道广安门的主要路口，从西南各省陆路而来的商旅和货物都要由卢沟桥东进外城广安门，经菜市口向北入内城宣武门，再经西单进入内城各处。为此，西单一带开设了一些店铺、酒铺、饭馆，以招待过往旅客。明清之际西长安街附近大理寺、太仆寺、太常寺、刑部、都察院等衙署的采办，多以西单为主，而旗人贵族也多居内城，他们按月领取俸禄，由此推动了这里的商业发展。民国以后，西单一带商业进一步发展，连原本在西四、护国寺一带的商贩和店铺，也纷纷向西单集中，促使西单成为京城繁华的街市。

○ 　民国十二年（1923年）因修有轨电车道，电车公司以"有碍行车"之名准备将西单牌楼拆除，但市民认为这是古物，遂有反对声音。之后，电车公司许诺，待通车后再将牌楼重新修建，但最终没有复建。1954年拓宽西长安街，1957年拓宽复兴门内大街，逐渐形成今天的面貌。直到2008年，在西单路口东北侧的广场上重修了西单牌楼，其建筑材料大多是当年拆除时保留下来的原构件，使消失了85年的老景观重现故地。

西单牌楼旧影 →

 4 西单
XIDAN

○ 天安门西站位于东城区与西城区交界的西长安街与南长安街、人民大会堂西路交会处，天安门西南侧。

○ 天安门是明清两代北京皇城的正门，始建于明永乐十五年（1417年），初名"承天门"，寓"承天启运、受命于天"之意。据传设计者为明代御用建筑匠师、江苏吴县人蒯祥。明天顺元年（1457年）该门遭雷击起火被焚毁。时隔8年，即成化元年（1465年）由工部尚书白圭主持重建为面阔五间、进深三间的门楼，由此奠定了今日天安门的形制。

○ 崇祯十七年（1644年）李自成率领农民起义军攻占京城，该门再次被毁。清顺治八年（1651年）顺治帝下令在原址废墟上大规模改建，重修为一座城楼，并更名为"天安门"，取"受命于天，安邦治国"之意。康熙二十七年（1688年）、1952年，又经过两次大规模的修缮，1970年的重建基本保持了1651年改建的形制。

○ 天安门位于北京皇城中轴线上，过去只有皇帝才可以由此出入。墩台上的城楼大殿东西宽九间、南北深五间，取帝王为"九五"之尊、至高无上的含义。

○ 明清时期，天安门是封建朝廷举行"颁诏"大典的地方。1925年故宫博物院成立，天安门开始对民众开放。

○ 天安门西站所处的大致位置，历史上是天安门西南侧长安右门所在的位置（今中山公园正门前偏西），该门有"虎门"之称，建于明永乐十八年（1420年）。明清时期每年农历八月中旬，皇帝诏令三法司会同王侯、大学士、九卿等，在长安右门内进行"秋审"，即古代复审死刑案件的一种制度。1912年12月，为便利通行，将该门汉白玉石槛拆除。1952年8月，该门被全部拆除。

20世纪70年代的天安门广场 一

天安门西
TIAN'ANMEN West

○ 天安门东站位于东城区中西部，东长安街与广场东侧路交会处。

○ 此站所处的大致位置，历史上是天安门东南侧长安左门所在的位置（今劳动人民文化宫正门前稍东）。该门为三阙券门，单层歇山黄琉璃瓦顶，汉白玉石门槛，红墙，基础是汉白玉石须弥座。与天安门西侧的长安右门相对，为皇城天安门的东复门。门前竖立一座巨大的石碑，上刻八个大字"官员人等，到此下马"，并有禁军把守。平日百官上朝面奏皇上都要从长安左、右门进入，但无论官居几品，爵位多高，都要下马下轿，步行进长安门，经天街（今天安门前的长安街），上金水桥，入承天门，继而进午门，到皇宫大殿上朝。

○ 明清时科举最高一级的考试要在紫禁城内的建极殿（今保和殿）举行，称为"殿试"，凡考取进士的人都要在殿上被传呼姓名，然后把姓名写入"黄榜"，捧出午门，经承天门穿过丁字广场，转出长安左门，张挂在临时搭起的"龙棚"内。由"状元"率领新进士看榜，随即由顺天府尹给状元插花、披红绸，新状元骑着御赐的高头大马，走过天街，以显示"皇恩浩荡"——这是唯一允许在长安街上骑马的时候。参加殿试的进士被接到顺天府衙饮宴祝贺，这就是被称为"金殿传胪"的仪式。由于参加科举的读书人一旦金榜题名，便如"鲤鱼跳龙门"，因此该门被称作"龙门"，或称"青龙门"，以附"左青龙、右白虎"之意，或谓"孔圣门"，意由孔圣之学而登此"龙门"。

○ 1912年12月，为便利通行，将长安左门汉白玉石槛拆除。1952年8月，该门被全部拆除，而今提起其名，已鲜为人知。

1950年的长安左门 →

天安门东
TIAN'ANMEN East

- 王府井站位于东城区中部偏西，东长安街与王府井大街、台基厂大街交会处。
- 据《王府井史话》载：辽金时期王府井一带只是一个小村落，元代修建大都城以后，逐渐形成街巷，当时称"丁字街"。明永乐年间兴建北京城时，不少达官贵人在城内修建王府，在今天的王府井一带修建了十多家，时称"十王府"，遂成街巷，称"十王府街""王府街"。其中有一家王府的门前有一口水井，井水清澈、甘甜，井上还有修了一座精巧玲珑的六角亭子，来此提水的人很多，日子一长，就将王府门前的水井，叫成了"王府井"，此后便将王府井附近的街巷称为"王府井北街""王府井东街"等。
- 有关"十王府"之名另有一说。《王府井考略》称："十王府"并非十座王府，而是一座大宅第，内许多各自独立之院落。因明代实行藩国制，皇子不必成年始封王，但封王后便在外省为其划定封土，待成年后择吉"之国"（即前往其封地为王），"十王府"只是供成年不便再居宫中的皇子，作"之国"前的过渡住处。
- 明朝灭亡后，"十王府"随之荒废，但仍称为"王府街"。清代《乾隆京城全图》记为"王府街"，但未标注水井的位置。清代中后期，这一带已成为京城较为繁华的地方。1905年，南北向的主街修筑了石渣路，宣统年间称"王府井大街"。1915年，袁世凯曾下令将"王府井大街"更名为"莫里逊大街"。莫里逊为英国人，1912年受邀担任袁世凯的政治顾问。北洋政府绘制《北京详图》时则把这条街分成三段：北街称"王府大街"，中段称"八面槽"，南段称"王府井大街"。1935年，此街被修成了北京市的第一条柏油马路，此后泛称"王府井大街"，但人们仍按老习惯把这里称为"王府井"。1968年8月21日，红卫兵闯入王府井大街"破四旧"时，将该街改为"人民路"。1978年，恢复"王府井大街"之名。
- 1998年王府井大街整修改造时，传说中的王府井被发现，位于王府井大街和大甜水井胡同交界处。

20世纪30年代的王府井大街 →

王府井
WANGFUJING

○　东单站位于东城区中部，东长安街与东单北大街、崇文门内大街交会处，可与5号线换乘。

○　明正统年间，在今天的东单十字路口南端，即东单体育场东侧兴建了一座四柱三间三楼冲天式木牌楼，因匾额题有"就日"二字，故称"就日坊"。"就日"取自《史纪·五帝纪》"就之如日，望之如云"，为东边看日出（西边望彩云）之意。范仲淹《明堂赋》亦有"望云而就日，歌尧而颂舜"之句。该牌楼因在皇城东，且为单座牌楼，俗称"东单牌楼"，简称"东单"。

○　1900年"八国联军"打进北京时，东单牌楼毁于兵火。1916年，在原地复建为四柱三间三楼冲天式带戗杆的木牌坊。每门置抱框、雀替，主楼上下额枋间置匾额，并有"景星"字样，据传为袁世凯所题。"景星"二字典出《文子·精诚》，即大星、德星、瑞星，古谓现于有道之国。匾额两边为棂花窗，额枋上置六攒五彩单翘单昂斗拱，斗拱承托一悬山灰筒瓦牌楼顶，次楼为五攒五彩单翘单昂斗拱，其余形制同主楼，只是额枋间没有匾额，均置棂花窗。牌楼柱子和额枋均施彩画，每柱有戗柱支撑。据《燕都从考》记载，东单牌楼拆除于1926年。

○　从明清至今，自东单以北到东四一带，一直是北京城内重要的商业区之一，并延续到20世纪50年代末才逐渐萧条。80年代后期东单北大街经过改造，许多店铺逐渐恢复，商贸日趋繁荣，成为京城东部的商业核心区域。因西邻王府井"金街"，故将此街称为"银街"。

东单牌楼旧影 一

东单
DONGDAN

○ 建国门站位于东城区与朝阳区交界的建国门内大街、建国门外大街与东二环路交会处，可与2号线换乘。

○ 建国门虽然称"门"，却从来没有过"门"，其历史只有80余年。据《日伪统治时期华北都市建设概况》记述，日军于1939年起，开始在北京西郊筹建用于商业和住宅的"西街市"，并在东郊筹建用于工业区的"东街市"。为沟通"两新街市区域与城内之交通，特就东西两面城垣各辟一新城门（东称'启明'，西称'长安'），所辟新城门仅有缺口而未设门扇与门洞，因陋就简，迄未修饰，是其物力不济之象征"。所谓的"启明门"，其位置在城区东部古观象台东北侧，当时并没有修建门洞和安装大门，只是一个能通行车马和行人的大豁口。国民党北平市政府于1945年11月将"启明门"改为"建国门"，但也没有修建门洞和安装大门，一直是个缺口。此后随着旧城墙的拆除，这个缺口也随之消失，但"建国门"之名却保留下来。

○ 20世纪70年代，在建国门这个缺口的位置兴建了我国第一座机动车与非机动车分行的互通式立交桥——建国门桥，此后修建的北京地铁二期（即今2号线）又在此兴建了"建国门站"。该站附近有一处著名的古建筑——古观象台，位于建国门立交桥西南角，始设于元代，原名"司天台"。明初被毁后，于正统七年（1442年）重建，名"观星台"，复制了元代浑仪、简仪等。崇祯年间，徐光启等人在此制作了许多天文观测仪器。清代改称古观象台。1900年"八国联军"侵入北京，德、法军队曾把8件天文仪器劫走，后于1921年送回，重新安置在观象台上，现为全国重点文物保护单位。

1977年，建国门桥竣工 →

2 建国门
JIANGUOMEN

○　永安里站位于朝阳区西部，建国门外大街与东大桥路交会处。

○　20世纪40年代，在建国门城墙外有座人工湖，叫二闸湖，过建国门木桥，便是湖边的一大片柳树。附近有个村落叫祁家园，周围有不少菜地。50年代末为安置因修建天安门广场、人民大会堂等建筑而拆迁的居民和一些建筑工人，在此盖起了一片屋顶为瓦龙板结构的四层红色砖楼房，整体建筑比较简陋，时称"周转房"，随后有不少城内的居民迁居于此。与城里相比，这一带的环境较为荒凉，生活多有不便，所以人们不想永远住在这荒郊野外，以为这里只是暂居之地，希望能早日搬回城里。不久后，这片居民区被命名为"永安里"，意为"永远安居乐业"。

○　此后，这一带逐步被开发，70年代建成部分六层砖房，80年代后又盖了几座设施较好的居民楼，而居民多为因城内建设占地而外迁的，也有附近企事业单位职工。随着建国门外道路的改造，建成建国门外大街，而这一带的居民区已成规模，被泛称为"永安里"，后又有"永安东里"、"永安西里"和"永安南里"之名，区域内的三条街道被称为"永安里东街"、"永安里西街"和"永安里中街"，而今设有永安里社区，属建国门外街道。

○　该站紧邻著名的"秀水街"。从1978年开始，一些商贩看好秀水东街临近使馆区的优越位置，在这条街支起简单的铺面，经营丝绸、外贸服装和工艺品，很快就吸引了许多外国人光顾此地。因"秀水东街"四个字叫着有些拗口，所以人们多直接称它为"秀水街"或"秀水市场"，多年后成为京城知名度较高的国际购物中心。

永安里
YONG'ANLI

○ 国贸站位于朝阳区西部偏南，建国门外大街、建国路与东三环中路交会处，可与10号线换乘。

○ "国贸"为"中国国际贸易中心"的简称，该站所在的位置旧属大北窑。

○ 据《朝阳文史》称：大北窑的形成与金代构筑中都城有关。中都城是座土城，但其城门却是砖石结构。城内的皇宫、王府等建筑也需要大量的砖瓦，"大北窑"是为构筑中都城而设置的窑场之一。当时称"官窑场"，以示与民宅用砖的窑场相区别。这个官窑场以南，有座供奉苏姓先祖的昆吾公庙。元代《析津志》中有"昆吾公庙在宣曜门外官窑场南"之记载。宣曜门是金天德年间（1149—1152年）所建，为金中都东边的城门。

○ 1939年日军在此挖坑取土、建窑场烧砖，多为兴建"东市街"之用。当时从南到北有五六个砖窑，其中以最北面的一座规模较大，被称为"大北窑"，后来整个窑场也被称为"大北窑"。日本投降后，一些窑场仍保留了下来，由私人经营，但其规模都较小，后来形成村落，村名也以窑场之名而称。

○ 1949年以后，这一带仍为农村，附近农民将一些窑坑填平，辟为农田，种植蔬菜和庄稼。60年代，此地逐步被开发建设，但仍沿用"大北窑"之名。

○ 从1987年开始，在此兴建中国国际贸易中心，主楼国贸大厦高152米，是二环路旁的标志性建筑。1992年修建地铁复八线（今1号线复兴门至八王坟段）时，在此设"国贸站"，1993年又修建了国贸桥。

1985年，国贸中心建设工地 →

10 **国贸**
GUOMAO

○　大望路站位于朝阳区西部,建国路与西大望路交会处,可与14号线换乘。

○　此站因地处西大望路北段而得名。西大望路为南北走向的城市次干道,北起朝阳路,南至松榆南路,民国三十六年(1947年)的《北平市图》上已有其称,当时南端只到沙板街(今南磨房路)。据说西大望路最初称"西大汪路",因早年间附近有汪姓人家居住而得地名,后演变为"西大望路"。1965年,因该路北段东侧有北京热电厂而更名为"光辉路",1979年恢复今名。

○　说到西大望路不能不说北京人最为熟悉的一个地名:八王坟。它位于西大望路西南侧,通惠河北岸。这里曾是清太祖努尔哈赤第十二子阿济格的墓地,因他在清朝初期开国诸王的排序中列为"八王",故将他的墓地俗称为"八王坟"。

○　爱新觉罗·阿济格,生于明万历三十三年(1605年),为多尔衮之胞兄。清初名将,剽悍少谋,初授台吉(清代对蒙古贵族封爵名,位次辅国公),后金天命十一年(1626年)以军功授贝勒,清崇德元年(1636年)晋封武英郡王,顺治元年(1644年)封和硕英亲王。顺治五年(1648年)又以平西大将军督师征讨姜瓖在大同的叛乱。在九江又招降明军左梦庚部。他要求封叔王,被摄政王多尔衮拒绝。多尔衮死后,他企图摄政,被削爵幽禁赐死。其骨灰埋葬于通惠河畔一处荒凉之地,即后世所谓的"八王坟"。

○　康熙帝在位时开始重新重视阿济格的开国功勋。乾隆十一年(1746年),重修八王坟,规模宏大。辛亥革命后,该墓遭到严重破坏。日伪时期又多次被盗,到了1949年前后,该墓已经破败不堪,此后被建成工厂及居民区。随着东长安街向东延长,开通了八王坟到公主坟的1路汽车,由此使"八王坟"这个地名逐渐被人们所熟知。1965年,八王坟一度被改名为"建光东里",1977年恢复原名。

○　1989年7月修建"复八线",2000年12月开始修建"八通线",即八王坟至通州(土桥)。2000年6月"复八线"与原地铁1号线相连且贯通运营至四惠东站,并在八王坟附近设站,原本称"八王坟站",但有人提出异议,说"坟"字不雅,于是便以此站地处西大望路北段而得名"大望路站"。

14 大望路
DAWANGLU

○ 四惠站位于朝阳区西部偏南，京通快速路与东四环中路交会处东侧，西邻四惠桥，可与八通线换乘。

○ "四惠"是北京地区一个比较年轻的地名，只有20多年的历史。确切地说，"四惠站"所处的位置叫"前八里庄"。

○ 八里庄因西距朝阳门八里而得名。清代时朝阳门外有一条石板路，上面有几道深深的车辙，路的中央是一条腥臭的排水沟。石路两侧，零星分布着一些村庄，八里庄是其中之一。后以石板路为界，路南称"前八里庄"，路北称"后八里庄"，村民多为菜农，居住于菜地附近。

○ 20世纪50年代，建国门外路的土路经过改扩建后，向东直达通州，1995年将西起朝阳区大望桥、东至通州区北苑桥的道路改建为京通快速路，其南侧不远为通惠河。

○ 通惠河是元代郭守敬（因官至太史令，世称"郭太史"）主持修建的漕运河道，也是大运河最北的一段。元世祖忽必烈赐名为"通惠河"，意为此河永远通达，惠及大都。当时从南方来的大批漕船到通州后，可经通惠河直达城内积水潭。此河于明初淤废，其后至明清各朝曾屡以修复，但终因水源不足，效用远不及元朝。又因城内故河道被圈入官墙之内，漕船河道遂以城东南的大通桥为终点。今仅东直门水闸至通州20公里河道还基本保留原貌和"通惠河"之名。

○ 1998年修建东四环路时，在前八里庄南侧，即东四环中路与京通快速路、通惠河交会处的北侧修建了一座大型立交桥，并取"四环路"的"四"字和"通惠河"的"惠"字得名"四惠桥"，后在此设置的公交车站和地铁车站便以"四惠"而称。

四惠站 →

八通　四惠
SIHUI

通惠河旧影 ↑

○ 四惠东站位于朝阳区中部偏南,京通快速路(建国路)北侧,可与八通线换乘。

○ 此站因位于四惠站东部得站名,这只是一个方位名称,其所处的位置实为康家沟。康家沟东接兴隆庄,西至孙家村,北始甘露园,南抵高西店。这一地名的由来有两种说法。一是说明末清初时有康姓人家在此定居,并以种植蔬菜为生,后又有姜、屈、关三姓落户于此,因康姓人家最早定居而称"康村",后因村东有一条二里长的河沟(时称二道沟)而改称"康家沟",河沟后被改为暗沟,其上筑路。另一种说法认为明代时,此地临近漕运河道通惠河,并在附近设有码头,部分从南方运来的粮米在此转运他处,于是有山东人在此从事粮米装卸的差事,俗称"扛家子""扛包的"。因他们在通惠河北面不远的地方居住,逐渐形成村落,被称为"扛家村",后因村东有一条二里长的河沟而被改称"扛家沟"。

○ 光绪二十七年(1901年)后,南方各省原来交漕运的米粮不再漕运,那些从事粮米装卸的人便没了差事,此后扛家沟便被谐音为"康家沟"。这两种说法,前者《北京市朝阳区地名志》中略有记载,而后者只是当地的传说,疑为附会之言,无以考证。

○ 如今古村落几近消失,建成康家沟小区,其西南部即为地铁四惠东站。

四惠东
SIHUI East

八通

西直门	④ ⑬ XIZHIMEN
积水潭	JISHUITAN
鼓楼大街	⑧ GULOUDAJIE
安定门	ANDINGMEN
雍和宫	⑤ YONGHEGONG Lama Temple
东直门	⑬ 首都机场 DONGZHIMEN
东四十条	DONGSISHITIAO
朝阳门	⑥ CHAOYANGMEN
建国门	❶ JIANGUOMEN
北京站	BEIJING Railway Station
崇文门	⑤ CHONGWENMEN
前门	QIANMEN
和平门	HEPINGMEN
宣武门	④ XUANWUMEN
长椿街	CHANGCHUNJIE
复兴门	❶ FUXINGMEN
阜成门	FUCHENGMEN
车公庄	⑥ CHEGONGZHUANG

BEIJING SUBWAY LINE 2

北京地铁2号线

北京市首条环形线路，大致沿明清时期北京城池内城而建，大部分路段与二环路重叠，串联东城、西城、朝阳3个行政区。全长23.1公里，设有18座车站，换乘站10座。

西直门
XIZHIMEN

20世纪50年代初的西直门 →

○　西直门站位于西城区北部,西直门外大街、西直门内大街与西二环路交会处,可与4号线、13号线换乘。

○　据《北京城史话》记载:西直门是明清时北京内城九门之一,始建于元至元四年(1267年),时称"和义门",附近为大都城的进水口。古人认为:仁在东方,义在西方,取"和义"与东方"崇仁(门)"相对,为元大都西城垣之中门。明代徐达率大军攻占北京城后,为了防御元军的骚扰,曾整修过西直门及附近的城墙,永乐十七年(1419年)再次修缮后以原"和义"之名转承为"西直"。"和义"与"西直"之义相通。古以西方属"义",又有"师直为壮,壮则胜"之说。直,有理,理直,即为"义",故将"和义"改为"西直"。

○　明正统元年(1436年),明英宗命太监阮安等监修京师九门城楼,正统四年(1439年)完工,修建时利用和义门原有的门洞,将原瓮城压在新建的瓮城之下。新修的西直门包括门楼、门洞、箭楼、瓮城、瓮城门各一,均采用山东临清烧制的特大城砖。门楼通高34.41米(包括楼台),为3层飞檐歇山式建筑。

○　西直门是北京城通往西山的重要通道。古有"西直门走水车"之说,明清时皇宫里饮用西郊玉泉山的泉水,每天子夜时分,北京城关城门后,给皇宫送水的水车都要从西直门进城,瓮城门洞中刻有汉白玉水纹石雕一块,西直门又有"水门"之称,也俗称"开门",即皇帝晓谕之门。1969年修建地铁时,将西直门的城楼、箭楼拆除,这也是北京城最后被拆除的城门。1979年修建二环路时,在西直门旧址偏西处建成一座大型立交桥,为京城西北部交通要冲,故有"命脉之桥"之称。

积水潭
JISHUITAN

积水潭风光 一

○ 积水潭站位于西城区东北部，北二环路与新街口外大街、新街口北大街交会处东侧。

○ 今天的什刹海古称"积水潭"。《宸垣识略》记载："禁城中外海，即古燕市积水潭也。"什刹海原为永定河故道所经之地，形成湖泊后被称为"积水潭"。元至元四年（1267年）以积水潭为中心兴建大都城，因"北人（蒙古人）凡水之积者，辄目为海"，俗称"海子"，又因在皇城之西，所以也称"西海子"。郭守敬开凿通惠河后，积水潭成为漕运终点，并建有码头，时有"积水潭港"之称。元朝时的积水潭包括现在的前海、后海、西海三湖，总水域比现在的三个湖还要大不少。元朝政府打造了8000多艘运河漕船，把江南的漕粮运到大都积水潭码头。

○ 元末明初，积水潭水源上游的村庄、人口增加，大量开垦，导致河道淤塞，积水潭的来水渐渐减少；另一方面，明代建的皇城将流经元代皇城东墙外的运河圈入，以保证皇家用水。水路被切断后通惠河与积水潭的联系因此中断，作为京杭大运河北端点的积水潭也与京杭大运河失去了关联。不通航后，积水潭到大通桥的水系渐渐干涸，到民国时修马路便被填埋。此后，大运河运输来的物资，一般都到通州便弃舟，改用马车运进朝阳门。

○ 明代漕运废弃后，积水潭逐渐内缩，并形成几个彼此相连的小湖，除沿用积水潭、海子的旧称外，也称"什刹海"。从明清开始，虽然积水潭失去了漕运功能，但由于临近钟鼓楼，附近仍是人口密集区，保持着前朝的繁华。

○ 1956年在积水潭旁建成一所综合性医院，并以此得名。该医院所在地先为诚亲王新府，嘉庆年间称"四公主府"。光绪六年（1880年），庄静公主重孙棍布扎贝袭贝子爵，成为此府的末代府主，俗称"棍贝子府"。

鼓楼大街
GULOUDAJIE

⑧

民国初年的鼓楼 →

○　鼓楼大街站位于西城区东北部，旧鼓楼大街、旧鼓楼外大街与二环路交会处，可与8号线换乘。

○　该站因位于旧鼓楼大街北侧而得名，据史料记载，远在元朝时即有此街，至今已有700多年的历史。

○　鼓楼是北京中轴线上的标志性建筑，但现在的鼓楼，并不是最初建成的那座鼓楼。早先建成的那座鼓楼在今天旧鼓楼大街的北面，称"齐政楼"，始建于元至元九年（1272年），后毁于一场雷火。明永乐十八年（1420年）在齐政楼旧址的东面，即现在鼓楼所处的位置上重新修建了一座鼓楼。其坐北朝南，为重檐三滴水木结构楼阁建筑，通高46.7米，楼身坐落在4米高的砖砌城台之上，东西长约56米，南北宽约33米，台上四周围以宇墙。

○　鼓楼与附近的钟楼可视为古代城市的报时台。清代划每夜为五节，晚八时（戌）曰定更（又称起更或初更）；十时（亥）曰二更；十二时（子）曰三更；二时（丑）曰四更；四时（寅）曰五更；五时（申末卯初）曰亮更，即天明之意。定更及亮更，皆先击鼓，后撞钟。而二更至五更则只撞钟不击鼓。击钟鼓时先快击十八响，再慢击十八响，俗曰"紧十八，慢十八"，快慢相间计六次，共108响，中国文化中认为108代表圆满、吉祥。

○　因元代的齐政楼相对于明朝建的鼓楼为旧物，故称"旧鼓楼"，其下的街道便称为"旧鼓楼大街"。而新建鼓楼附近的街道被称为"鼓楼大街"，后改称为"地安门外大街"。

○　另一说法认为，旧鼓楼大街位于今天的鼓楼之西，而鼓楼前面的大街，清时称"鼓楼大街"，鼓楼之西的街道，相对于其时的鼓楼大街已为旧物，故冠以"旧"字以作区别。

安定门
ANDINGMEN

清朝末年的安定门 →

035

○　安定门站位于东城区北部，北二环路与安定门内大街、安定门外大街交会处。

○　据《北京城史话》记载：安定门为明清时北京内城九门之一，即北垣之东门，明洪武元年（1368年），徐达率军攻下元大都后，将大都北面的城墙向南推移5里重建，并在与安贞门相对应的地方新建了一座城门，因取"安定天下"之意而称"安定门"。明正统元年（1436年）增建安定门瓮城、箭楼、闸楼等。瓮城东西长约68米，南北宽约62米，重檐歇山三滴水楼阁式建筑，灰筒瓦绿琉璃瓦剪边，券洞门为五伏五券式券顶。城楼内两侧城墙内壁修有登城马道，供守城军士步行或骑马上下城墙。

○　据传，此门为旧时出兵征战得胜而归的返城之门，故称"兵门"。京都九门中有八门瓮城内建筑关帝庙，唯安定门内建真武庙。真武即玄武或元武（宋朝避皇祖讳改称真武），是镇守北方之神，真武大帝保平安，故有"安定真武"之说，在诸门中安定门独具一格。正统六年（1441年），安定门城楼失火，当年修复，此后历朝均有修缮。明清时皇帝每年夏至都要经安定门到地坛祭祀后土，以求五谷丰登，帮此门又称"生门"（即生长之门、丰裕之门）。

○　安定门的瓮城和闸楼于民国四年（1915年）因修建环城铁路而拆除，1956年拆除箭楼，并在附近兴建住宅区。1969年修建地铁时，将城楼拆除。1978年在城门旧址上建成一座立交桥，称"安定门桥"。

○　在安定门立交桥上矗立着一尊"安定大鼎"，"鼎者，定业"，自铭"安定"。大鼎立耳、垂腹、蹄足，饰兽面纹和扉棱，形制厚重端庄直追昭穆，为北二环路上的一道景观。

雍和宫
YONGHEGONG
Lama Temple

5

民国时期的雍和宫 →

○ 雍和宫站位于东城区北部,北二环路与和平里西街、雍和宫大街交会处,可与5号线换乘。

○ 据《雍和宫史话》载:雍和宫所处的位置曾是明代太监的官房,清代成为康熙四子胤禛的官邸,称"雍亲王府"。康熙六十一年(1722年)十一月十三日,康熙帝驾崩,45岁的胤禛即位,年号"雍正",其王府被改为行宫,称"雍和宫"。

○ 雍正十三年(1735年)八月二十一日,雍正皇帝病逝,其四子宝亲王弘历即位。雍正的灵柩在皇宫里只停放了19天,便移厝于雍和宫永佑殿内。移棺之前,仅以15天的期限昼夜施工,将雍和宫中路殿堂易为黄色琉璃瓦,以示皇家殿宇。乾隆降旨"二年之内不行庆贺礼",以表达对其父的怀念和敬仰。

○ 乾隆二年(1737年),雍和宫永佑殿专门供奉雍正帝的影像,乾隆按季节到此行礼上祭,僧人日日诵经,当时雍和宫成了清帝供祭先人的影堂。后鉴于京城没有传播藏传佛教经典的场所,于是在乾隆九年(1744年)正式将雍和宫改为藏传佛教寺院,并调集蒙古四十九旗、喀尔喀七部及汉藏地区的500多名僧人在此诵经传教,从此这里的香火越来越盛,逐渐成为北京最著名的寺院。

○ "雍和宫"藏文称"噶丹敬恰林",意"兜率壮丽洲",即弥勒菩萨的兜率天宫,佛国净土。

○ 雍和宫坐北朝南,共有房661间,其中佛殿238间。其建筑风格非常独特,融汉、满、蒙、藏等各民族建筑艺术于一体。整座寺庙的建筑分东、中、西三路,中路由七进院落和五层殿堂组成中轴线,左右还有多种配殿和配楼。中路建筑主要包括牌楼院、昭泰门、天王殿、雍和宫殿、永佑殿、法轮殿、万福阁等。

东直门
DONGZHIMEN

首都机场

← 民国时期的东直门

○　东直门站位于东城区东北部，东直门内大街、东直门外大街与东二环路交会处，可与13号线、首都机场线换乘。东直门为明清时北京城内城东垣北侧的一座城门，始建于元至元四年（1267年），时称"崇仁门"，为元大都东城垣之中门。明洪武年间修补沿用，明永乐十七年（1419年）修整后，取"东方盛德属木，为春"和"直东方也，春也"之意改称"东直门"。该门朝东，与城门朝西的西直门相对应。正统元年（1436年）重建城楼、瓮城、箭楼、闸楼，正统四年（1439年）竣工，成化九年（1473年）城楼火灾后重修。清康熙三十六年（1697年）于东直门外建水关，管理进京货物。嘉庆三年（1798年）曾重修城楼。

○　东直门城楼是一座两层歇山顶重檐三滴水楼阁式建筑，形制同朝阳门，但规制略小。瓮城同西直门，四角皆为直角。南侧瓮墙辟券门，门上建闸楼，门额上镶嵌的"东直门"三字清晰可见。

○　元明清时京城所需的建筑材料多从该门进京，一是东直门外有许多砖瓦窑，二是山东运来的青砖及从南方各省运来的木材大多是通过京杭大运河漕运到通州，然后用马车送进东直门，所以该门有"料门"和"砖瓦门"之称，又因瓮城中商栈之货以郊外小贩的日用杂品为主，故称"贫门"。

○　东直门外下关路南有"铁塔寺"，每年夏历正月初一和初八有庙会，故有"东直铁塔"之说。而瓮城中药王庙的雕像极为精细，故又有"东直雕像"之说。清朝时在东直门设"春场"，每至立春时，顺天府尹于此"鞭春牛""打春"。

○　1969年修建地铁时城楼被拆除。1979年修建二环路时，在其原址上修建了一座大型立交桥，称"东直门桥"。

○ 朝阳门站位于东城区与朝阳区交界的朝阳门内大街、朝阳门外大街与东二环路交会处，可与6号线换乘。

○ 朝阳门为明清时北京内城九门之一，《顺天府志》记载：元至元四年（1267年），忽必烈下令"筑新城，城方六十里……分十一门……东之右曰齐化，东之左曰光熙……"，位于"东之右"的"齐化门"就是今天的朝阳门。"齐化"二字出自《易经·说卦》"齐也者，万物之洁齐也"。

○ 建成之初的齐化门与它的后世相比，比较简陋，仅有城楼，筑楼材质也仅为夯土而已。"至正十九年（1359年）冬十月庚申朔，诏京师十一门皆筑瓮城，造吊桥"，齐化门才和其他十门一起，开始由单体建筑向着建筑群的方向发展。齐化门为东向，与面朝正西的平则门（阜成门）遥遥相对。因该门位居京城之东，明正统年间取"迎宾出日"之意改称"朝阳门"。

○ 朝阳门城楼高约35米，其瓮城面积、大小、长宽均与东直门相同。明清时京城的粮食皆从南方经运河运至东便门外大通桥，再经陆运至朝阳门内各粮仓，所以朝阳门成了粮食入城之门，被称为"粮门"。又因其券门内有石刻谷穗标记，故有"朝阳谷穗"之说，为南粮北运的第一位喜迎神。此外还有"杜门"之称，即"休憩之门"。

○ 1900年"八国联军"攻打北京城时朝阳门最先被攻破，朝阳门系列建筑也遭到炮轰。1915年拆除部分建筑，1956年10月城楼被拆除，1958年箭楼被拆除，由此痕迹荡然无存，而"朝阳门"之名沿用至今。1980年修建二环路时，在朝阳门旧址处修建了一座卜环形互通式立交桥，故称"朝阳门桥"。

← 20世纪50年代的朝阳门

朝阳门
CHAOYANGMEN

东四十条
DONGSISHITIAO

○　东四十条站位于东城区东北部，东四十条、工人体育场北路与东二环路交会处。

○　"东四"元代称"十字街"，明代于十字路口四面各建一座四柱三楼式木牌楼，因位居皇城之东，故称"东四牌楼"，简称"东四"。早已消失，"东四"作为地名沿用至今。从今东四北大街到东直门南大街一线路东，至今朝阳门北小街到东直门南小街一线路西，自南向北共排列着十四条东西走向的胡同。东四十条即由南向北排列的第十条胡同，并非"东面的第四十条胡同"。

○　北京称"条"的地名很多，"东四十条"是其中之一。所谓"条"，是指狭长的街巷，它是老北京小胡同的统称，可以说是北京本土的发明创造，在几百年的时间里，与街、巷、胡同共存，延续至今。

○　东四头条到十条是明代保留下来的，而东四十条在清朝称"十条胡同"，属正白旗。东起富新仓西墙，西至和亲王府，长不过几百米，宽只有四五米，民国时仍称"十条胡同"。1953年修建下水道时将北门仓的一部分拆除，将胡同展宽成为一条大街，由此开通了城外道路。1979年东四十条立交桥建成后，街道再次展宽，成为京城通向东部地区的一条主要道路。1999年修建平安大街时，将东四十条规划为该街东段，并拓宽了道路，通车后仍沿用"东四十条"这个老地名。

○   北京站位于东城区东南部偏北，北京站街与北京站东街、北京站西街交会处，北京站北侧。

○   北京站的历史可追溯到清光绪二十七年（1901年），原址位于正阳门瓮城东侧，始建于1901年，建成于光绪二十九年（1903年），旧称"京奉铁路正阳门东车站"。历史上曾沿用前门站、北京站、北平站、北平东站等站名。1949年9月30日改称"北京站"至今。

○   1949年以后，原车站客流量俱增，远远满足不了客运要求，为此决定另选地址兴建新的车站。1959年1月20日，新北京站在今天的东城区东南部正式破土兴建。其所在的位置，清朝时为正蓝旗所属区域，有几十条胡同，居住的多是旗人。1949年后仍为平房区，属东城区辖域。为了兴建新北京站，先后拆除了南城根、西复兴里、复兴里、梅竹胡同、二眼井等胡同，并将毛家湾等七条胡同部分拆除。同年9月15日正式运营。毛泽东视察新建北京站后题写"北京站"站名，周总理指示将这三个立体大字放置于车站正面中央正上方。北京站的占地范围从内城墙北侧往北到今天的北京站东街西段。在1996年北京西站建成以前，北京站一直是北京最重要的火车站，规模最大、设备最先进。从北京站始发的列车开往全国各地，北京站也因此成为全中国客流量最大的车站。

○   1965年7月，北京第一条地下铁道开工建设，其始发站确定在北京站站前广场，经过4年多的施工，1969年9月建成通车，1971年1月15日开始试运营，线路由北京站至立新站（今公主坟站），8月5日延长至玉泉路站，11月7日延长至古城路站（今古城站），1973年4月23日延长至苹果园站。1987年12月地铁环线（后称2号线）建成后，北京站改成经停站。

20世纪60年代的北京站 →

北京站
BEIJING Railway Station

041

○　前门站位于东城区西部，前门东大街与前门西大街衔接处，正阳门城楼与箭楼之间。

○　"前门"实为俗称，正规的叫法为"正阳门"，为明清时期北京内城的正门。

○　元朝营建大都城时，南城垣正中为丽正门。"丽正"二字典出《易经·离卦》"日月丽乎天，百谷、草木丽乎土，重明丽乎正，乃化成天下"。明成祖朱棣将国都自南京迁至北京，将元大都南城垣南移，丽正门也迁至现正阳门的位置，但仍然沿用了旧称。原先的城门都没有城楼，直到明正统元年（1436年）才开始为京城的城门修建城楼，丽正门也由此改称为"正阳门"。到了正统四年（1439年），又添建了箭楼和瓮城，所以说到"前门"时，应当包括正阳门和箭楼。

○　"正阳"二字取"圣立当中，日至中天，万民景仰"之意。正阳门是内城正南门，为"京师九门"之首，皇帝出城去往天坛、先农坛祭祀及南巡时，其龙辇要出入此门，所以有"国门"之称。其门洞只有在举行国家活动和皇帝出行时才开启。"前门"是因正阳门位于皇城之前，城楼亦俗称"前门楼"。

○　前门瓮城中的关帝庙为九门之首，故有"正阳关帝"之称。正阳门自明正统四年建成至今多次毁于大火，其中明代两次被焚毁，清代经历了三次火灾，而以1900年第五次被毁最为惨重，直至1906年才修复。

○　民间有"前门楼子九丈九"之说，2005年曾对正阳门进行了修缮，施工前夕对其实际测量，得出了最为精确的数据：城楼通高（从室外地平线到门楼正脊上皮）43.65米，约合14.4丈。

民国时期前门外的停车场 →

前门
QIANMEN

○　崇文门站位于东城区中部，崇文门内大街、崇文门外大街与崇文门西大街交会处西侧，可与5号线换乘。

○　崇文门原为元大都的11个城门之一，时称"文明门"，是南城三个城门中最东面的一个。"文明"二字出自《易经·同人卦》"文明以健，中在而应"。明永乐十七年（1419年）将城墙南移后重建，仍称"文明门"，为明清时北京内城九门之一。正统年间取《左传》"崇文德也"之典，改称"崇文门"，与"宣武"相对，呈"左文右武"之势。

○　崇文门是北京老城门中别称最多的城门。明清时因是向皇城内运酒的专用通道，故称"酒门"，也是才子进京赶考必经之门，雅称"幸运之门"。明代将"京师税务衙门"设于今崇文门外大街路东，清朝沿用明朝旧制，仍设"监督署"，专收货税，所以又有"税门"之称。而老北京人多称其为"哈德门"，相传元朝时哈达王府建在"文明门"（崇文门）内，故将"文明门"称为"哈达门"，后又将"哈达"谐音为"哈德"，天长日久，"哈达门"便被演绎成了"哈德门""哈大门""海岱门"等。

○　崇文门城楼与宣武门城楼规制相同，体量均大于东、西、北各垣城门，略小于正阳门城楼，为三滴水重檐歇山顶二层楼阁式建筑，上下两层均为面阔七间，进深五间。城台以上楼高25米，楼连台通高将近40米。其箭楼规制与其他各城门的箭楼相同，但体量要显得高大雄伟。"崇文铁龟"为崇文门旧景，即崇文门外吊桥东北桥翅曾有直径1米之铁龟，传为镇水之物，造型古朴独特。据说，因护城河桥下有一海眼，为保百姓平安，设铁龟镇之。

○　明末以来，崇文门外便是比较热闹的地方，大小商贩，车水马龙。自明弘治六年（1493年）起，朝廷即在崇文门设立税务衙门，对过往客商征收赋税，历经三个朝代，至1930年撤销，长达437年之久。1950年崇文门瓮城、箭楼、城楼全部被拆除。

民国时期的崇文门 →

⑤ 崇文门
CHONGWENMEN

○　宣武门位于西城区中部偏南，宣武门西大街、宣武门东大街与宣武门内大街、宣武门外大街交会处，可与4号线换乘。

○　宣武门是明清时北京内城九门之一。元代称"顺承门"，明正统年之前沿用。明永乐十七年（1419年）扩建北京南城墙时修建，明正统四年（1439年）重修城楼、瓮城后，取东汉张衡《东京赋》"武节是宣"，有"武烈宣扬"之义，改称"宣武门"。因与位于正阳门东的崇文门对称，故有"左文右武"之势，意味"文治武功，江山永固"。清朝入主京城后，"宣武门"的名称一直沿用。

○　宣武门城楼高30余米，为三滴水檐歇山式重楼建筑。在其瓮城内，原有砖砌的"五火神台"（亦称阏伯台、火星台），雨季时以水淹神台的位置来判断城内积水的状况，适时开门宣泄城中的雨水，故有"宣武水平"之说。宣武门曾是京城西部内外城的唯一通道，往北是西单、西四商业区，往南是菜市口、骡马市商业街。在此门之外不远处曾有多处墓地，送丧（灵车）的人多出宣武门，故有"灵门"之称。清代刑场也在宣武门外的菜市口，押送死囚的车马也出宣武门，于是此门又俗称为"刑门""死门"。清朝时曾对宣武门的城楼加以修葺，但其规制基本沿袭明制，民国年间箭楼被拆掉。

○　民国初年京城改用铁炮报时，钟鼓楼不再使用，每到午时正点，宣武门瓮城上的铁炮便会响起，声震四九城，人们以此对时，故称"宣武午炮"。

○　1949年后，宣武门城门洞宽和高度已不适合于现代化交通工具，尤其是无法为无轨电车搭建电线。1952年3月，在宣武门东侧城墙开辟了一个豁口，并在豁口外的护城河上架起了混凝土石桥，交通车辆均从此通行。

○　1965年修建地铁时，宣武门城楼及附近城墙皆被拆除，在城墙原址建设地铁，护城河被填平为路。宣武门城楼、城墙和护城河从此不复存在。此后数十年间，宣武门外大街不断被拓宽，成为京城西部南北向的主干道。

民国时期的宣武门 →

 宣武门
XUANWUMEN

04

○ 和平门位于西城区中部略偏东南，宣武门东大街、前门西大街与北新华街、南新华街交会处。

○ 和平门并不是明清时期北京城的老城门，而是80多年前在老城墙上开凿的一个"门"。民国初期，正阳门与宣武门之间没有城门，人们往返于内外城，不是绕行正阳门，就要绕行宣武门，极不方便。袁世凯统治时期，曾有人提及在正阳门与宣武门之间开辟城门，袁世凯开始时表示同意，但前门一带商人唯恐人们不再绕行前门影响生意，遂散布舆论说北京是帝王之都，随意开凿城门会致"王气"泄漏。袁世凯便将此事予以否决。民国十三年（1924年）冯玉祥讨伐张勋复辟回京，有商会代表提及开城门之事，冯玉祥欣然同意。当时是段祺瑞执政，名义上须报请他核准。冯玉祥遂将此事交与京畿警备司令兼北京市政督办鹿钟麟办理。不久在正阳门与宣武门之间开辟了一座城门，说是城门，可实际上并无城台、门楼，只是于城垣挖出两个门洞，随后又在护城河上筑起一座石桥，以方便商旅、百姓往来。但不久奉系入关，张作霖进京当执政大元帅。此时新开城门尚未取名，经请禀"大帅"认可，取名"兴华门"，寓"奉系得胜、中华兴盛"之意。

○ 但"兴华门"的匾悬挂时间不长，便有人向张作霖进言：李大钊之女名星华，城门取名"兴华"，岂非为李大钊作了纪念？张作霖闻言大吃一惊，因他进京后刚刚杀害了李大钊等国共两党人士多人，便下令将"兴华门"改为"和平门"，取"中正和平"寓意。

○ 20世纪50年代为改善京城交通，将和平门的门洞拆除，形成更为宽阔的城墙缺口。60年代修建地铁时，和平门东西城墙被拆除，但"和平门"之称却以地片名的形式保留下来。1971年1月15日地铁正式运行时，因此处所设的车站位于南北新华街交界处，所以称"新华街站"，后更名为"和平门站"。

和平门落成仪式 →

和平门
HEPINGMEN

复兴门
FUXINGMEN

○ 长椿街位于西城区中部偏南，宣武门西大街与闹市口大街、长椿街交会处。

○ 《北京市宣武区地名志》记载：长椿街呈南北走向，北起宣武门西大街，南至广安门内大街，因该街中段西侧原有古刹长椿寺而得名。

○ 长椿街历史悠久，辽代南京城（即燕京）内有一条纵贯南北的大街，北起拱辰门，南至开阳门，该街的北段即现在的长椿街，而辽南京城是唐幽州城的延续，因而长椿街的历史可追溯至唐代。金代时拱辰门改称"崇智门"，今长椿街这一段当时也称"崇智门街"。

○ 明万历二十年（1592年），神宗皇帝的生母孝定李太后下令在今长椿街南口路西敕建寺庙，用以供养水斋禅师。水斋禅师又名归空和尚，自幼出家，曾云游各地名山宝刹，据说他修炼的功德相当圆满，能"一再七日不食，日饮水数升，持之五年，遂众号之曰水斋也"。这件事惊动了李太后，敕令建寺。神宗为该寺赐额"长椿"，含有长寿之意，典出《庄子·逍遥游》"上古有大椿者，以八千岁为春，八千岁为秋，此大年也"。寓意祝愿其母健康长寿。此后街以寺为名，寺北的街道称"长椿街"。

○ 长椿寺规模宏大，曾为京师之首刹。清康熙十八年（1679年），该寺因地震被破坏，后由文华殿大学士冯溥捐资重建，乾隆二十一年（1756年）又加以修葺，但远未达到鼎盛时期的规模。在长椿寺旁有清初文人龚鼎孳所修妙光阁，乾隆年间倒坍，嘉庆时重建，改名浙寺。李大钊等革命者遇害后，其遗体曾先后在长椿寺和浙寺停厝，后安葬于西郊万安公墓。如今长椿寺尚有遗迹可寻，为宣南文化博物馆所在地。

20世纪90年代的长椿街 →

长椿街
CHANGCHUNJIE

车公庄
CHEGONGZHUANG

○ 车公庄站位于西城区北部，车公庄大街、平安里西大街与西二环路交会处，可与6号线换乘。

○ "车公庄"这一地名的来历，目前比较通行的说法是早年间附近曾有车轱辘庄，后谐音为车公庄，而对车轱辘庄的来历又有两种说法。

○ 一说清朝时，京城西部城墙之外是一片乱坟岗子，出西直门往南再向西有一条土路，当时运输货物除了用骆驼，就是用木轮马车，每次走过之后，便留下很深的车轱辘印迹，日子久了，人们便把路边的村子叫成"车轱辘庄"，后来谐音为"车公庄"。

○ 二说很久以前，此地生长着一种多年生草本植物，因叶片呈圆形而称"轱辘菜"，又因多长在路边，也叫"车前草""车前子""车叶菜""车轱辘圆"，可以食用和入药，每到农历三月中旬便有人来此采摘。在此形成的村落称为"车轱辘庄子"，后来人们觉得这个名字叫起来有些拗口，被谐音为"车公庄"。

○ 20世纪40年代，车公庄地区逐渐形成居民区，50年代建成一条东西走向的大街，因临近车公庄而被命名为"车公庄大街"。

○ 该站所处的位置实为西二环路的官园桥，其得名缘于东侧紧邻的官园。官园旧名瓜园，与明代的朝天宫有关。朝天宫在元代为天师府，明宣德八年（1433年）仿南京朝天宫改建而成，位于白塔寺西北，内设道录司以主天下道观之事，也是百官演习礼仪的处所。朝天宫规模宏大，南抵阜内大街，北至官园，西接福绥境，东界翠花横胡同，宫门在今天的宫门口西。90年代末，在官园附近形成小商品批发市场和花鸟鱼虫市场，成为京城西部较大的商品集散地。

○ 阜成门站位于西城区西北部，阜成门内大街、阜成门外大街与西二环路交会处。

○ 阜成门为明清京师内城九门之一，元至元四年（1267年）元世祖忽必烈在金中都城东北修筑新城，共设11座城门，其西城垣中间一座为平则门，城门内为通往大内宫殿方向的平则门街。"平则"二字典出《易·象》"平亦谦之意也"，"谦不讳则也"，有平易近人，民心归附之意。

○ 明初仍沿用旧称，明正统元年（1436年）诏修内城九门城楼，至正统四年（1439年）重建城门后，取《尚书·周官》"六卿分职，各率其属，以倡九牧，阜成兆民"，寓"物阜民安"之意，改称"阜成门"，修筑城楼、城门、箭楼、瓮城、瓮城门各一，其规制较元大都城门为高。城楼为三重檐歇式重楼建筑，台座呈梯形，连同城楼通高35.1米。其余箭楼、瓮城及瓮城门的规划均类似西直门。城内道路亦改称阜成门街，南侧有西成坊、福田坊、集庆坊及大圣寿万安寺（今妙应寺，即白塔寺），街南侧有金城坊、咸宜坊、安富坊及巡捕厅等机构。清乾隆五十二年（1787年）曾对城门、箭楼等进行较大规模的维修。

○ 当年阜成门是通往京西门头沟等地的门户，明清皇宫所需煤炭，皆由阜成门进京，故有"煤门"之称。因旧时皇帝发往各地的诏书由此门出城，传诏的马队耀武扬威，飞驰而过，常常打破百姓平静的生活，故此门亦俗称为"惊门"。

○ 20世纪70年代修建环城地铁（今2号线）时，其线路基本上沿着老北京的内城墙而建，于是一些城楼及附近城墙被拆除，阜成门也在拆迁范围内，并将护城河填平，改为道路，还在城门旧址附近兴建了一座大型立交桥，得名"阜成门桥"。

民国时期的阜成门城楼 →

阜成门
FUCHENGMEN

安河桥北	ANHEQIAO North
北宫门	BEIGONGMEN
西苑	⑯ XIYUAN
圆明园	YUANMINGYUAN Park
北京大学东门	East Gate of Peking University
中关村	ZHONGGUANCUN
海淀黄庄	⑩ HAIDIANHUANGZHUANG
人民大学	RENMIN University
魏公村	WEIGONGCUN
国家图书馆	⑨ National Library
动物园	BEIJING Zoo
西直门	❷ ⑬ XIZHIMEN
新街口	XINJIEKOU
平安里	❻ PING'ANLI
西四	XISI
灵境胡同	LINGJING Hutong
西单	❶ XIDAN
宣武门	❷ XUANWUMEN
菜市口	⑦ CAISHIKOU
陶然亭	TAORANTING
北京南站	⑭ BEIJING South Railway Station
马家堡	MAJIAPU
角门西	⑩ JIAOMEN West
公益西桥	GONGYIXIQIAO
新宫	XINGONG
西红门	XIHONGMEN
高米店北	GAOMIDIAN North
高米店南	GAOMIDIAN South
枣园	ZAOYUAN
清源路	QINGYUANLU
黄村西大街	HUANGCUNXIDAJIE
黄村火车站	HUANGCUN Railway Station
义和庄	YIHEZHUANG
生物医药基地	Biomedical Base
天宫院	TIANGONGYUAN

北京地铁4号线·大兴线

北京地铁4号线与大兴线贯通运营，大致呈南北走向，串联海淀、西城、丰台、大兴4个行政区，北起安河桥北站，南至天宫院站，全长50.7公里，设有35座车站，换乘站10座。

安河桥北
ANHEQIAO North

○ 安河桥北站位于海淀区中部，京密引水渠东侧，东临龙背村路。

○ 初设地铁站时因紧邻龙背村而称"龙背村站"，后因南邻安河桥改称"安河桥北站"。龙背村临近安河桥，因肖家河（今清河西段）裁弯取直以前，该村邻近的河道向北呈弯曲形状，远远望去，形似龙背，故此得名。

○ 作为古桥，安河桥已有200多年的历史。该桥的修建与清代圆明园护军营正红旗的设立有关。清雍正二年（1724年），为了保卫皇家园林圆明园的安全，清廷特设守卫圆明园及保卫皇帝由紫禁城赴圆明园沿途安全的"圆明园八旗内务府三旗护军营"，简称"圆明园护军营"，其正红旗在萧（肖）家河北侧，河南为丰益仓，由正红旗营兵看守。为通行方便，在河上修建了一座桥梁。最初是一座木桥，但因过往的人员车辆较多，没过几年木桥就被压坏，随后在原址上重修一座石桥，另在桥的附近设置水闸，控制上游水流，并取"安澜平和"之意，称"安和桥"，在桥拱正中央置石额，上刻"安和桥"三个大字。因石桥呈拱形，俗称"罗锅桥"，又因临近丰益仓而被称为"丰益桥"。

○ 此外，"安和桥"还称"安河桥"，当时的萧家河是西山、玉泉山一带河湖的泄水河，此处设有水闸，其功能是在正常水情下向瓮山泊（今颐和园昆明湖）输水；在山洪暴发时则向清河排洪，所以"安河"乃"安定河水，防灾慰民"之意。

○ 作为古村落，安河桥村大约在清光绪年间形成，因紧邻安河桥得名。民国时期已成较大的聚落，有安河桥西街一巷、二巷，安河桥北胡同、后胡同、礼拜寺胡同等。20世纪六七十年代为海淀人民公社青龙桥大队所辖村，而今已消失，地名尚存。

北宫门
BEIGONGMEN

1900年前后的北宫门 →

○　北宫门站位于海淀区中部偏南, 颐和园北宫门东侧。

○　北宫门是"三山五园"之一的颐和园北门, 始建于乾隆年间, 原名"北楼门", 光绪年间重建后改称"北宫门"。

○　北宫门坐南朝北, 为颐和园的主要宫门之一, 是一座面阔七间的两层门楼, 歇山式, 周围有廊。前檐两层明间悬匾额"凤策仰辉", 后檐两层明间悬匾额"兰馨菊香", 其门联为"雉扇开时娲簧喜奏齐天乐, 凤韶谱处舜珰偕陈益地图"。

○　据传, 北宫门在乾隆年间曾是清漪园(今颐和园)的正门, 因清漪园南面为昆明湖, 并没有大门, 视北为上, 故北侧的宫门为正门。乾隆至咸丰年间, 帝后及大臣们到玉泉山静明园、香山静宜园, 多出此门, 经青龙桥镇一直向西, 过功德寺至静明园等处。

○　1860年清漪园被"英法联军"焚烧, 同治年间慈禧太后"垂帘听政"时, 挪用建海军的款项重建, 并更名为"颐和园"。同时将东宫门改为颐和园的正门。从此北宫门便成为颐和园的北门, 其名气也远不如东宫门知名了。

○　进入北宫门是颐和园万寿山的后山, 早年间有许多建筑。其中苏州街是仿江南水镇而建的, 俗称"买卖街"。清漪园时期岸上有各式店铺, 如玉器古玩店、绸缎店、点心铺、茶楼、金银首饰楼等。店铺中的伙计都是太监、宫女装扮。皇帝游幸时开始"营业"。后湖岸边的数十处店铺, 1860年被列强焚毁。现在的景观为1986年重修, 是颐和园后山的主要景区。

○ 西苑站位于海淀区中部偏西，颐和园路与中直路交会处西北侧，可与16号线换乘。

○ 《汉书》曰："苑，谓马牧也。"远在明代，此地水草丰美、林木茂盛，适养牲畜、禽兽，故而称"苑"，因地处京城之西而得名"西苑"。关于这一地名的具体所指，有几种说法。

○ 一是指颐和园东宫门外的街区及村落，曾有西苑一道街、西苑二道街和西苑三道街，其前街的操场为西苑之营盘，1915年至1928年设有西苑兵营。后因此地北靠圆明园，西邻颐和园，逐渐形成商业区，并持续到本世纪初。西苑地区的西苑营市街，曾是京西　处商业街区，繁荣一时。

○ 二是泛称海淀一带的皇家园林。清代从康熙年间修建畅春园起，就有园居的习惯，此后又在西郊营造了清漪园（颐和园）、圆明园等多处皇家行宫御苑，既有宫廷建筑的雍容华贵，又有江南水乡园林的委婉多姿，皆因位于北京城的西北部而泛称"西苑"。

○ 三是清康熙年间将畅春园称为"西苑"，位于今天的北京大学西侧，是康熙皇帝在"李园"旧址上建造的规模宏大的第一座皇家园林。"李园"本是明朝神宗的外祖父李伟修建的"清华园"，因建筑规模宏大，曾被称为"京师第一名园"，后废弃。康熙二十三年（1684年），康熙皇帝南巡归来后在此大兴土木。康熙二十九年（1690年），新修建的园林被命名为"畅春园"。

○ 咸丰十年（1860年），"英法联军"攻入北京焚烧圆明园时，将其一并烧毁。此后畅春园旧址失于保护，园内残存建筑在同治年间被拆，用于圆明园复建工程。光绪二十六年（1900年）畅春园又遭"八国联军"洗劫，至民国时期，其遗址已成荒野，仅有恩佑寺和恩慕寺两座山门残存，即今天北京大学西门外南侧的两处古建筑遗迹。

圆明园
YUANMINGYUAN Park

○ 圆明园站位于海淀区中部偏西，清华西路中段，圆明园遗址公园南门西侧。

○ 圆明园由圆明园、长春园、绮春园（后改名为万春园）组成，呈倒"品"字形。三园紧相毗连，统称"圆明园"，始建于康熙四十八年（1709年），最初是康熙皇帝赐给四子雍亲王胤禛的赐园。雍正即位后将其拓展，御以"避喧听政"。乾隆皇帝在位期间除对圆明园进行局部增建、改建之外，还在东邻新建了长春园，在东南邻并入了万春园，由此圆明三园的格局基本形成。它是自康熙末叶起，历经150余年建造的一座大型皇家宫苑。雍正、乾隆、嘉庆、道光、咸丰五代皇帝每年大部分时间居住在圆明园，在此举行朝会，处理政事。

○ "圆明园"为康熙命名，并御书金字匾牌悬挂于圆明园殿门楣上方。对"圆明"二字，雍正皇帝的解释是："圆而入神，君子之时中也；明而普照，达人之睿智也。"另说康熙题名"圆明园"，是取意于雍正信奉道教，其法号为"圆明"。

○ 1860年"英法联军"焚毁了圆明园，同治帝时欲修复，后因财政困难被迫停止。圆明园1900年再次遭到"八国联军"的破坏，此后又遭到军阀、地痞等的巧取豪夺，残存的建筑被拆毁，石料、木料被掠夺，逐渐成为一片废墟。随后，附近的村民及来自河北、河南的流民在园内任意开垦，平山填湖，种植水稻和蔬菜，就近建房居住，短短几十年就形成了大村落。20世纪80年代初属海淀人民公社二大队的自然村，因地处圆明园内而称"圆明园村"。

○ 1983年《北京市城市建设总体规划方案》明确规定了"整建圆明园……建成圆明园遗址公园"，随后成立了"圆明园遗址公园筹建委员会"，并对圆明园遗址部分景观恢复建设，逐渐将园内的村民、企业迁出。1988年6月29日，圆明园遗址公园正式对社会开放。

○　北京大学东门站位于海淀区东南部，中关村北大街与成府路交会处，北京大学东侧。

○　该站因地处成府路西口，初设置地铁站时称"成府路站"。这里最早是明代成王的墓地，以"阴间地府"称"陈府"，明朝有两位成亲王，一位是朱让栩，一位是朱弥𬭶，此陈府到底是哪位的墓地已无从考证。到了清朝，乾隆皇帝的第十一个儿子永瑆也被封为成亲王，所得宅园离陈府不远，故称"成亲王府"，只因这个王府是"阳宅府第"，永瑆于嘉庆元年（1796年），取消了"陈府"的称谓，改称"成府"。其具体位置在当时静春园东南，正蓝旗护军营房之西，南边与治贝子园搭界，这一带形成村落后，称"成府村"。1860年"英法联军"火烧圆明园时"成府"被焚毁。成府村有近30条胡同，成府街为其中之一，后向东延伸的道路称"成府路"。1982年至1985年清华园以西仍称"成府路"，以东因临近当时的东升人民公社驻地而称"东升路"。本世纪初该路拓宽、取直并向东延至京昌公路后，统称为"成府路"。

○　北京大学创建于清光绪二十四年（1898年），初名"京师大学堂"，校址在地安门内马神庙，1912年改名为"北京大学"，1916年迁校址至沙滩，后曾几次更名，1929年恢复"北京大学"校名。1952年全国高等学校院系调整，位于成府村西部燕园的"燕京大学"被撤销，其校舍由北京大学接收。最初并没有东门，只有一条出入校园的通道，后辟此门，门外紧邻成府村。

○　燕京大学创办于1919年，创始者为美国人司徒雷登先生。选址于海淀镇北部，以早年的淑春园遗址为中心，1926年基本落成。

← 1982年的成府路

北京大学东门
East Gate of
Peking University

○ 中关村站位于海淀区东南部，北四环西路与中关村北大街、中关村大街交会处南侧。

○ 关于"中关村"的由来，追溯寻源，说法不一。

○ 一说这里曾是永定河故道，有旱河流过，被称为"中湾"，形成村落后，称"中湾村"，以后河道逐步消失，便把"中湾村"谐音成了"中关村"。

○ 二说清代有位太监在这里购置田地，打算作为养老和葬身之地。没过几年他就出宫住到这里，以后陆续来了不少年老的太监，于是这里被称为"太监营房"，后来有太监死了，就埋在附近。"中官"二字在过去有太监的意思，时间长了，这一带就成了"太监义地"，形成村落后，也称"中官坟"，后因忌讳"坟"字而讹称为"中官村"，又谐音为"中关村"。20世纪五六十年代在此开发建设时，曾挖出数十座太监坟墓。

○ 三说清代雍正年间，在蓝旗营控制的辖区内设五关，其中蓝旗营汛防居中，所设之关被称为"中关"，以扼住西南通向东北的要道。此后中关一带形成村落，被称为"中关屯"，后改称为"中关村"。

○ 四说光绪三十一年（1905年），慈禧太后七十大寿，京城搭了许多大戏台，连唱数日，以示祝寿。在海淀镇东北方向也一连搭了三座大戏楼，因高达两丈多，故称"小城关"。其北城关在圆明园南门的成府村外，南城关在今天的海淀黄庄附近，中城关在南北两个城关之间，也就是现在的中关村一带。后来人们就把搭建中城关的地方称为"城关村"，又因是中城关，也称"中关村"。

○ 20世纪六七十年代，这一带属于东升人民公社辖区。80年代初，中关村附近科研单位的一批科技人员率先突破传统观念，从科研院所走出来，"下海"创办民营高新技术企业，将科研项目转化为科技成果。短短几年，一大批高新技术企业应运而生。这些企业大多沿中关村道路而经营，到1986年底，从白石桥到中关村之间的道路两侧已有近150家民营科技企业，形成了著名的"中关村电子一条街"，后发展为"中关村科技园区"。

○ "中关村"到底何时何因而确切得名，仍有待考证。2002年5月10日在中关村大街矗立起一块高8米的"中关村纪念碑"，给予中关村新的"定位"。

○ 海淀黄庄站位于海淀区东南部，中关村大街与海淀南路、知春路交会处，可与10号线换乘。

○ "黄庄"本称"皇庄"，源于明洪武年间，发展于永乐初年，迅速增长于弘治年间。明朝时的土地分为官田和民田，官田最初叫"皇庄""官庄"，是皇室成员所经营的庄园，遍布京畿，占尽膏腴之地。嘉靖初年（1522年）明朝财政出现危机，世宗朱厚熜"改皇庄为官田"，从此京畿不复有皇庄。皇庄虽废，但与之性质相似的官庄一直保存到明末，而作为地名却流传到清代。1911年"辛亥革命"以后，取消封建帝制，以"皇"字相称的许多地名被改用"黄"字代替，"皇庄"也就改称了"黄庄"。

○ 位于海淀镇东南部的黄庄，因临近西土城，也称"土城皇庄"。清代《日下旧闻考》称："皇庄距南海淀二里许，盖沿明代俗称也。"清光绪年间出版的《京城简图》中标有"海甸皇庄"的字样，民国时的《京城街巷名称录》中已称"黄庄"，为区别于其他方位的"黄庄"，多称其为"海淀黄庄"。

○ 20世纪50年代在海淀区划分行政区域时，海滨黄庄东部为东升人民公社，西部为海淀人民公社，以种植蔬菜为主。从80年代开始，这一带被迅速开发，如今已无农田。

海淀黄庄
HAIDIANHUANGZHUANG

← 20世纪80年代的中国人民大学校门

○　人民大学站位于海淀区东南部，北三环西路与中关村大街、中关村南大街交会处。

○　初设地铁站时因临近双榆树而称"双榆树站"，后因地处中国人民大学东南侧改称"人民大学站"。

○　据传，"双榆树"本称"桑榆墅"，其得名与清代权臣纳兰明珠有关。

○　纳兰明珠，叶赫那拉氏，满洲正黄旗人，康熙朝最重要的大臣之一，官居内阁13年，"掌仪天下之政"，故有"相国"之称。

○　康熙初年，明珠在此修建了一座别墅，占地百余亩，园中有庭舍、回廊、小楼、果木，尤以桑树、榆树为多，故取桑榆为别墅之名，称"桑榆墅"。

○　明珠当初建园于此，一则因为附近有明珠家的一处墓地；二则从京城到西郊海淀、畅春园等地，这里是必经之路，可用作中途休息之所；三则其长子纳兰性德喜欢辞赋，为他提供一个幽静之所，便于他读书。纳兰性德特别喜欢这里的景致，常在此与文士、好友谈论学问，吟诗唱赋。百余年后，此园的景致逐渐消失，成为村落，地名由"桑榆墅"谐音为"双榆树"。20世纪六七十年代这里建成居民区，称"双榆树小区"。

○　1950年中国人民大学由河北省正定县迁至双榆树村西侧，其前身是1937年在延安成立的陕北公学，以及后来的华北联合大学和华北大学。1950年10月，以华北大学为基础合并组建了中国人民大学，该校校址原是海淀镇南部的农田及乱坟岗子，零星地有几个村落，其西北部有一处坟圈子，据传是明末太监王承恩的墓地。该墓直到民初尚在，民国时此地形成聚落，时称"王公坟"。1952年兴建人民大学时村子被征用，王公坟被拆除，在其西侧建成万泉庄小区，村民多搬迁至此，今称"王公坟小区"。

○ 魏公村站位于海淀区东南部，魏公村路、学院南路与中关村南大街交会处北侧。

○ 魏公村的来历和古代畏兀儿人（维吾尔族）有关，目前通常的说法是此地因元朝初期为畏兀儿人聚居地而得名"畏吾村"，明代称"苇孤村"，清代称"魏吴村""卫伍村"，后谐音为"魏公村"。

○ 明代成化年间，太监墓志铭称这个村为"谓务村"。正德年间，太监墓志铭称"委兀村"，张爵《京师五城坊巷胡同集》称"畏吾村"，万历年间成书的《宛署杂记》称"苇防护林地"。直到清道光十四年（1834年），这个村子仍叫"畏吾村"。清人乔松年《萝藦亭札记》载："畏儿村，盖京西直门外村名。本西域畏兀部落，元太祖时来归，聚处于此，以称村焉。"清人查礼《畏吾村考》中写道："京师西直门外，有村名畏吾。"1915年绘制的《实测京师四郊图》标有"魏公村"。"文革"期间改为"为公村"，1982年又恢复"魏公村"之名。

○ 《魏公村研究》称，魏公村在元朝时是畏兀儿人仕官的宅墅及其家族墓地之所在，如受封宅邸并敕封"魏国公"的阿里海涯及其子廉希宪家族都葬于此。元帝还追封畏兀儿重臣扎马拉丁、阿里罕、亦不拉金祖孙三人为"魏国公"。因此推断，魏公村并不像有些学者所考证的是讹称、误读，更不是如"魏吴"之舛写，而是因为廉希宪等畏兀儿人被追封为"魏国公"，清代此地形成聚落称"魏公村"。

○ 魏公村可考的历史，从元朝开始。忽必烈的重臣、他的连襟、畏兀儿名臣、前燕京行省札鲁忽赤，蒙速思死后葬在这里。后来，另有两位畏兀儿名臣廉希宪、阿里海涯也葬在高梁河畔。由于这些畏儿儿大族坟茔的存在，这里形成了由畏兀儿守墓坟户和农户组成的村落，称之为"畏兀村"，后谐音为"魏公村"。

魏公村
WEIGONGCUN

○ 国家图书馆站位于海淀区东南部，国家图书馆东侧，南邻白石桥，可与9号线换乘。

○ 因地处白石桥北侧，初设地铁站时称"白石桥站"。白石桥始建于元至元二十九年（1292年），横跨高粱河（长河），因使用的石料为白色，时称"小白石桥"，明代重建后称"白石桥"，清代改建为单孔、米黄色花岗岩砌筑的梯形石桥，依然称"白石桥"。桥长10米，宽6米，高3米，两侧立有石刻护栏，两端戗以抱鼓石，是北京地区保存较好的古桥之一。

○ 清代时，此处也称"郑亲王坟"，又称"王爷坟"，坟主人是清顺治皇帝之叔济尔哈朗，被封为郑亲王，后代世袭，最后一位郑亲王叫端华，即清光绪年间军机大臣肃顺的哥哥，后来被慈禧太后赐死。在郑王坟旁边有看坟人居住的地方，叫"胡家楼"，后来展宽西颐路（今中关村南大街），"胡家楼"地名遂取消，唯有"白石桥"这个古老的地名被保留下来。

○ 为适应现代交通的需要，1982年在古桥西侧又建了一座钢筋混凝土梯形跨河公路桥，两桥"合二为一"。1998年扩建白石桥路时，拆除了旧石桥的护栏，在扩展后的两侧修建了白色的新栏杆。

○ "国家图书馆"原称"北京图书馆"。1909年9月，清政府批准军机大臣、学部尚书张之洞的奏请，筹建"京师图书馆"。1916年教育部饬京师图书馆，凡在内务部立案的出版图书均交京师图书馆庋藏。1949年改名为"北京图书馆"，原址在北海附近的文津街，1987年在白石桥西北侧建成新馆，被确定为中国唯一的国家级图书馆，1998年12月更名为"国家图书馆"。

初建时的国家图书馆一

9 国家图书馆
National Library

○　动物园站位于西城区西北部,西直门外大街中段,北京动物园南侧。

○　北京动物园的历史可追溯到清光绪三十二年(1906年),当时被称为"万牲园",其前身为清农工商部农事试验场,集农作物种植试验与动物养殖于一体,兼有公园性质,是在乐善园、继园和广善寺、惠安寺的旧址上兴建的。

○　光绪三十四年(1908年)6月,农事试验场全部竣工,开放接待游人。最初展览的动物是两江总督端方自德国购回的部分禽兽及全国各地抚督送献清朝政府的动物,约百余种。

○　辛亥革命后,农事试验场几易其名,从"中央农事试验场"到"国立北平天然博物院"再到"实业总署园艺试验场"直至"北平市园艺试验场"。由于连年战乱,民生凋敝,大部分动物夭折,所剩无几。1949年9月1日定名为"西郊公园",将园内的围墙、牡丹亭、豳风堂、动物园兽舍等加以修缮,并整修了鸟笼、鹿棚、猴山和甬路,增添一些小型动物。

○　随着动物种类和数量的增加,动物园的基本设施建设也得到迅速发展。1955年4月1日,西郊公园正式改名为"北京动物园",此后兴建了象房、狮虎山、猕猴馆、猩猩馆、海兽馆、两栖爬行动物馆等场馆,其中狮虎山、猩猩馆、两栖爬行馆等场馆,使用至今,并成为北京动物园的标志建筑。

○　而今北京动物园已饲养展览动物500余种,5000多只;海洋鱼类及海洋生物500余种,10000多尾,成为中国开放最早、饲养展出动物种类最多的动物园,也是中国最大的城市动物园和世界知名的动物园。

06.

民国初年的动物园 →

动物园
BEIJING Zoo

13 **西直门**
XIZHIMEN

2

新街口
XINJIEKOU

20世纪80年代的新街口 →

○　新街口站位于西城区中部偏北，西直门内大街与赵登禹路、东新开胡同交会处。

○　此地元代曾有漕运水道与积水潭相连。明代改建元大都时，积水潭码头被废弃，将西直门北侧至今新街口北边的水域填成陆地，有的建为居民区，有的修成道路。相对于旧有街道，便有"新开"之意，称"新开道街"，后衍化成"新街口"，即新开街道的路口。明嘉靖年间《京师五城坊巷胡同集》中便出现了"新开路"的地名，而万历年间的《宛署杂记》已有"新街口"的记载。清代昭梿《啸亭续录》有"董太保赐地新街口，谦郡王府在羊肉大街"之记载。明代后期，新街口地区的工商业已发展起来，从今天的新街口东街西口往南至护国寺大街西口，店铺一家挨一家。探其原因，一是新街口靠近西直门，为进出西直门的必经之地；二是护国寺庙市对新街口地区工商业繁荣影响极大。清末和民国年间这里成为京城的商业中心。

○　新街口地处丁字路口，早年间往西可看西直门城楼，往北能望到北城墙，往南可到西四牌楼。由路口往西到崇元观，也就是现在的赵登禹路北口，称"新街口西大街"，往北到城根称"新街口北大街"，往南到护国寺称"新街口南大街"。

○　20世纪50年代进行城市改造时，为方便车辆出入，在新街口北面的城墙上打开一个缺口，使北京城西北角又多了一个通道，称"新街口豁口"。出豁口往北，是一大片水域，称"太平湖"，原本是和积水潭连成一片的。随着豁口的打开，新街口一带更加繁荣，是京城西北部重要的商业街区，其南北大街两侧商店众多，以日用百货、服装、餐饮等综合商业为主。

65

○ 平安里站位于西城区中部，平安里西大街、地安门西大街与新街口南大街、西四北大街交会处，可与6号线换乘。

○ "平安里"这一地名只有80多年的历史。相传明朝时此地为太平仓，平安里原本是明代太平仓后面的狭窄无名夹道，处于皇城的西北角之西。太平仓建于明正德五年（1510年），前身为永昌寺。东起今护仓胡同，西抵西四北大街、新街口南大街，北始群力胡同，南达太平仓胡同。清代废弃，改为承泽亲王府。承泽亲王是顺治第五子硕塞，其子博果铎袭封，改号庄，无嗣，康熙皇帝以十六子允禄为后，其府遂称庄王府。1900年"庚子之变"中毁于大火。据说曾有人在此挖出黄金。为了获得财宝，民国军阀李纯与其弟李馨，仅以20万银元就从穷困潦倒的末代庄亲王手中买走了这座王府。李纯系直隶（今天津市）人，曾任江西都督、江苏督军。在任期间于津京两地广置房产，是当时天津最大的房产主之一。但他在拆除王府的旧建筑时并没有挖出什么财宝，遂将庄王府的地上建筑尽数拆除，把砖瓦、木料运到天津建了李氏祠堂（今南开文化馆）。此后在此重新建房，其样式为中西合璧式房屋，门前无名夹道被拓宽，并取了一个吉祥的名字——平安里。1938年出版的《最新北平全图》中已有了"平安里"的街名，此后其附近的街区也被泛称为"平安里"。

○ 北京历史上曾有五个叫"平安里"的地方，分别在东城、西城、宣武、丰台和昌平，但只有位于西城的平安里最为著名，并保留至今。

○ 西四站位于西城区中部偏北，阜成门内大街、西四东大街与西四北大街、西四南大街交会处。

○ "西四"是"西四牌楼"的简称，处于东、西、南、北相通的十字路口，早年间每个路口各建有一座四柱三楼式木结构牌楼，檐下有如意斗拱，俗称"四牌楼"或"西四"。

○ 据《日下旧闻考》载："宣武门北有单排楼曰瞻云，又北二里有四牌楼，东曰行义，西曰履仁，南北曰大市街。"故西四牌楼南北路口的牌楼上书"大市街"，东路口牌楼上书"行义"，西路口牌楼上书"履仁"。它与皇城以东的东四牌楼相对称，是北京城两个繁华的商业街。

○ 西四牌楼以北，曾叫"西大市街"，是南北走向的街道。西四牌楼以南，从明代至清光绪年间也称"西大市街"，清宣统时称"丁字街"。因东为西安门大街，往西没有街巷，形成"丁"字。西四牌楼东面的街道很短，往东约三百米就是皇城根。西四牌楼西面一直到阜成门，从明代至清乾隆年间，称"阜成门大街"。约在乾隆年后，从沟沿往东，直至西四牌楼称"羊市大街"；沟沿以西，仍称"阜成门大街"。

○ 西四十字路口，是明代处决犯人的刑场。英宗复辟后，天顺元年（1457年）保卫北京的于谦也在这里被杀害；武宗时期的大太监刘瑾在这里被处死；崇祯二年（1629年），后金军队围困北京，袁崇焕带兵增援大败金兵，崇祯皇帝中了皇太极的反间计，袁崇焕在这里含冤被杀。清朝则将该刑场改到宣武门外菜市口。

○ 1954年12月底到1955年1月中在展宽马路时，将西四牌楼拆除，但"西四"这一地名沿用至今，成为京城繁华的商业街区。

06

← 民国时期的西四牌楼

西四
XISI

灵境胡同
LINGJING Hutong

○ 灵境胡同站位于辟才胡同、灵境胡同与西单北大街交会处北侧。

○ 明朝时，灵境胡同分东西两部分，东段因坐落有灵济宫，被称为灵济宫；西部南侧有宣城伯府，故称宣城伯后墙街。清朝时，以西黄城根南街为界，东段因原"灵济宫"逐渐谐音为"灵清宫""林清宫"（传说与嘉庆年间攻打皇宫的义民林清有关），因此被称为"林清胡同"，西段则称为"细米胡同"。1911年后，东段改称"黄城根"，西段则称为"灵境胡同"。1949年后两段并称为"灵境胡同"。

○ 灵济宫全称"洪恩灵济宫"，是一座道教宫院，供奉的是洪恩灵济真君，俗称"二徐真君"，他们分别是五代吴国大臣徐知谔、徐知证，以"宽仁爱物，同心好善，精勤至道"而著称。

○ 据《帝京景物略》载：明永乐十五年（1417年），朱棣患病，入睡时，梦见两位道士前来敬献灵丹妙药，结果没过三天，他的病就痊愈了。为了感谢仙道的救命之恩，朱棣下令在城中为其建宫祭祀，封其为玉阙真人和金阙真人，赐名"洪恩灵济宫"。因是皇家敕建的庙宇，其规模相当宏大。每逢初一、十五、立冬、夏至等节令，皇家总要派大臣们前来烧香祷告，祭祀真人。

○ 崇祯十五年（1642年），有位大臣向皇帝写了一个奏章，说灵济宫供奉的两位真人是叛臣之子，不宜受朝臣敬拜，请示用帷帐将塑像遮盖起来，停止祭祀活动。崇祯皇帝信以为真，立即下令查封灵济宫，从此，香火旺盛了200多年的灵济宫衰落了。

○ 20世纪80年代和90年代灵境胡同曾先后被改造，而今成为长664米，最宽处达32米的街道，已完全看不出胡同的模样了，俨然是一条现代化的大街，故有"北京最宽的胡同"之称，而"灵境胡同站"是北京众多地铁站名中唯一以"胡同"命名的。

1

西单
XIDAN

4

↓

(17)

↓

(18)

06:

宣武门
XUANWUMEN

2

7

菜市口
CAISHIKOU

○ 菜市口站位于西城区南部,广安门内大街、骡马市大街与宣武门外大街、菜市口大街交会处,可与7号线换乘。

○ 早在一千多年前的辽代,这里是辽中都安东门外的郊野,金代为施仁门内的丁字街,明代是京城较大的蔬菜市场,沿街菜摊、菜店众多,故菜市最集中的街口易名"菜市街",清代时改称"菜市口",此名一直沿用至今。

○ 菜市口名声大振的主要原因,是清政府将杀人的刑场从明朝时的西四牌楼(当时称西市)移至宣武门外的菜市口。据说当年的刑场就设于今天的菜市口大街北侧的十字路口附近。马芷庠所编《北平旅行指南》载:每逢秋后朝审,在京处决犯人众多之时,由东向西排列,刽子手执刀由东向西顺序斩决,由此"菜市口"成为"刑场"的代名词。问斩时监斩官的高座位常设于老字号"西鹤年堂"店门口。搭一席棚,下放一长方桌子,上摆朱墨、锡砚和锡制笔架,笔架上搁放几支新笔。监斩官照例先要在西鹤年堂坐一坐,稍事休息,再升座行刑。

○ 清咸丰十一年(1861年),慈禧太后通过"辛酉政变"夺取大权,实行首次"垂帘听政",而受咸丰皇帝遗诏的八位赞襄政务大臣中的肃顺,就是在此被杀头的。光绪二十四年(1898年)慈禧下令逮捕的"戊戌六君子"谭嗣同、林旭、杨锐、杨深秀、刘光第和康广仁也被杀害于此。

○ 1911年随着清王朝的灭亡,刑场被转移至郊外,此后这一带逐渐成为繁华的商业街。后经改扩建,如今东为骡马市大街,南为菜市口大街,西为广安门内大街,北为宣武门外大街,成为京城西南部的交通枢纽。

○ 陶然亭站位于西城区东南部，白纸坊东街、陶然亭路与菜市口大街交会处，陶然亭公园西北部。

○ 据《陶然亭公园志》载：陶然亭为京师南城旧景，建于清康熙三十四年（1695年）。当时这一带是生产修建皇城所用砖瓦的窑厂，窑厂附近有一座元代古庙，称慈悲庵。工部郎中江藻是窑厂的监工，经常来此察看。他见这里有花有草有水塘，景色很好，便在慈悲庵的西面修建了三间宽敞的休息厅，并以自己的姓氏得名"江亭"。虽然得名为"亭"，其实就是供人歇息的房舍，并非园林景观中的亭子，故有"江亭无亭"之说。没过多久，江藻觉得这个名字太直白，有些俗气，于是翻阅了许多古代典籍，最后被唐代诗人白居易的诗《与梦得沽酒闲饮且约后期》最后一句"更待菊黄家酝熟，共君一醉一陶然"所吸引，觉得"陶然"二字别有意境，最富情致，于是将亭子改名为"陶然亭"。从此以后，他经常邀请一些文人雅士来此吟诗唱和，"陶然亭"也由此而出名。

○ 慈悲庵是创建于元代的古刹，距今已有700余年历史。山门朝东，整个建筑布局严谨，瑰丽庄重。庙内西侧的三间敞轩就是人们常说的陶然亭。主要建筑有观音殿、准提殿、文昌阁、陶然亭等。自清代以来，这一带由于富有自然风光，一直是文人墨客聚会游览的地方，留下了很多诗文作品。

○ 20世纪40年代，原有的部分建筑已经倒塌，只剩下遗迹，1949年后得以修复。从1985年开始，在此仿建了全国各地的十余座名亭，使陶然亭成为一座以亭文化为特色的公园。

← 陶然亭公园

陶然亭
TAORANTING

北京南站
BEIJING
South Railway Station

← 20世纪80年代的北京南站

○　北京南站位于丰台区西南部,可与14号线换乘。

○　北京南站兴建的历史可以追溯到清末。光绪二十二年(1896年),北京至奉天(沈阳)的铁路北京至天津段通车,在永定门外马家堡村设站,称"马家堡站",是北京最早的火车站。该站为英国人监造,有着典型的英式建筑风格。车站建成后,在其周围出现了很多新兴的店铺,例如茶棚、缸店、旅店、澡堂子、落子馆等,人来人往,热闹一时。1900年6月12日该站被"义和团"焚毁,1902年经英国人简单修复后恢复使用,因北距永定门不远,改称"永定门站"。因"八国联军"入侵北京而西逃一年多的慈禧太后回銮时,军机大臣便安排她从保定搭乘火车回京,在马家堡火车站举行了盛大的迎驾仪式。1906年此段铁路经永定门延伸到正阳门(前门),该站被撤销。

○　1957年,铁路部门决定在崇文门东侧修建新的北京火车站,为缓解施工期间北京地区火车运输压力,决定修建临时的永定门客运站,也就是在距离老永定门火车站以西1公里左右的地方修建新的永定门火车站。该站本打算作为临时客运站使用,设计寿命只有10年,结果超期使用了38年,1988年更名为"北京南站"。2006年5月进行改造,2008年8月开通运营。

○　北京南站所处的位置历史上为古村落彭庄,1949年以前有几十亩菜地,最初只有彭、贾两户,据传是清代乾隆年间从山东逃荒而来,在此安家,因彭为大姓户且居此年久,故称"彭庄"。当时附近除了菜地外,还有许多坟地和大苇塘,一条小路通往东北方向的永定门。1949年后,这一带的坟地和大苇塘经过平整建起了许多居民住房。1957年修建永定门火车站后,"彭庄"之名被逐渐淡化,但作为地名仍在使用,今属永外街道彭庄社区。

○ 马家堡站位于丰台区西北部，南三环西路与马家堡西路交会处南侧。

○ 因地处京南交通要道，明末清初时今天的马家堡一带便出现了许多驿站、店铺，其中开店最早、铺面最大的是马家铺。

○ 据传，开设马家铺的是回民马氏兄弟，他们为人和善，饭菜做得别有风味，更重要的是价格公道，生意做得很红火。短短几年，便有了些名气。日久天长，便把这里称为"马家铺"。十几年之后，他们有了一大笔积蓄，便在此修建了一座小楼，将小饭铺改成了既能吃喝又能住宿的客栈。清乾隆年间，在此开设店铺的人越来越多，逐渐形成较大的聚落，因马氏兄弟最早在此开设店铺，故称"马家铺"，后被谐音为"马家堡"。因"铺"与"堡"字义相近，均为驿站之义。

○ 马家堡地处京城南边，清代时紧临南苑皇家园林围墙，马家堡在围墙西北部。南苑共有十三座角门，马家堡角门旧址在马家堡南街西口。南苑的角门都已无存，只留"马家堡角门"（今简化为"角门"）这一地名。

○ 马家堡是北京城最早的火车总站。1896年，清政府修建卢汉（卢沟桥至汉口）铁路，1897年这条铁路由丰台接轨至马家堡，在距离永定门3公里的马家堡建造客货混运车站。车站气势恢宏，为当地地标式建筑。其实火车总站设在这里，还另有原因。当时火车还是个新鲜玩意儿，不但体积大噪声也大，慈禧害怕铁路进城破坏了北京城的"风水"，压着"龙脉"，原本铁路要修到正阳门（即前门），所以修到马家堡就不许再往前修了，于是马家堡成了北京最早铁路线的终点站。

○ 作为北京的铁路总站，马家堡火车站虽然只存在了7年，但对于促进中国铁路的建设和发展起到了重要作用。

← 清末的马家堡火车站

马家堡
MAJIAPU

角门西
JIAOMEN West

○　角门西站位于丰台区东部，嘉和路与马家堡西路交会处，可与10号线换乘。

○　该站因地处角门西侧而得名，角门实为马家堡角门，是清代皇家苑囿南海子（南苑）十三个角门之一，原址在马家堡南街一带，其迹已无存，只留下地名，而今成为京南地区的居民聚集地。

○　早在金代，南苑一带就是皇家禁苑，只是当时规模较小。元代为"下马飞放泊"，是帝王及贵族狩猎、游娱之地。明代成为北京城南一座风光绮丽的皇家苑囿。清乾隆年间又在南苑大兴土木，重建海子，将过去的土围墙改建成砖墙，用五尺厚三合土作根基垒四十八层灰色砖，墙基宽五尺，顶宽二尺，全长120多里，还将海子四门增为九门，除此之外还开辟了马家堡、栅子口、马道口等十三个角门。所谓"角门"，泛指官署、邸宅、园囿墙上小的旁门，均处于把角儿处。

○　马家堡角门位于永定门外西南六里处。实际上角门是南苑九门之外的便门，只有一个小门和一间值差（值班）的更房，是专为附近佃户（海户）、杂役进苑值差出入所设。

○　到了清末，列强闯入南苑，使其遭到严重破坏，并逐渐荒废，围墙、宫门及角门也随之消失，只留下一些与之相关的地名，角门是其中之一。民国时该地渐成农田并住有散居农户，随着村域逐渐扩大，被称为"角门村"。20世纪70年代后期，陆续在角门村及周边建成角门东里、角门路、角门北路等。

○ 新宫站位于丰台区东南部，南苑西路与槐房西路交会处南侧。

○ "新宫"为"新衙门行宫"的俗称，是南苑四大行宫之一（其他三个是旧衙门行宫、南红门行宫和团河行宫，均已无存）。清代《日下旧闻考》卷七十五《国朝苑囿南苑二》记载：新衙门行宫位于南苑西北隅，"镇国寺门内五里许"。

○ 据《南苑史话》载：新衙门曾为明代南海子内提督官署房，清朝初年改建成行宫，康熙年间名为"西宫"。新衙门行宫有宫门三楹，宫门前有元朝延祐元年（1314年）十月铸的一对铁狮子。左右垂花门里对面房十间，御题"迩延野绿"匾额。前殿三楹，后殿三楹。后殿屏扆间原有《乾隆大阅图》，后殿东有裕性轩五楹，是乾隆帝的书屋。裕性轩东小室的墙上，曾悬挂顺治帝御笔唐李白《清平调》诗，故苑户们将该小室俗称为"诗句房"。裕性轩西是澹思书屋，后有陶春室。另外还有古秀亭、春望楼等建筑。

○ 1900年"八国联军"侵入南苑后，新衙门行宫遭到破坏，遂被废弃。民国时新衙门行宫建筑又遭到奉系军阀的破坏，所有建筑消失，附近逐渐发展成村落，称"新宫村"。20世纪80年代为南苑乡辖域，与东面的旧宫相对应。

○ 新宫村为南苑乡南片行政村，由4个自然村组成，东临槐房村，西临花乡新发地，南临西红门镇，北临花乡草桥。2010年拆迁，建成新宫家园等小区。

4

25

新宫
XINGONG

○ 公益西桥站位于丰台区东部，公益西街、枫竹苑北路与马家堡西路交会处。

○ 公益西桥因临近公益庄而得名。公益庄地处明清皇家御囿南苑，清末列强闯入南苑后，明清两代苦心经营的南苑一蹶不振。光绪二十七年（1901年）七月《辛丑条约》签订后，为弥补国库空虚，于光绪二十八年（1902年）六月设立了"南苑督办垦务局"，将"南苑内闲旷地亩招佃垦荒"，实际上就是对外出租。南苑开放后，许多官僚、军阀、巨商、太监等纷纷抢占苑内的土地，建立私家庄园，龚记庄是其中之一。

○ 据说，龚记庄是清朝宣统年间一位姓龚的四品官员的私家庄园。最初为一位王爷所有，那位王爷败落后转给这位龚官员，由此他雇用数十人在此耕种，并兴建了一座四合院，以为夏日避暑之所，俗称"龚记庄园"。随着庄园面积的扩大，所雇用人员不断增加，逐渐形成一个小的村落，称"龚家庄"或"龚记庄"。民国时该园逐渐废弃，而农田被当地村民继续耕种，于是"龚记庄"被谐音为"公益庄"，其旧址在今天公益桥南大红门火车站附近。

○ 民国时期，公益庄属大兴县，实为大兴县与北平市三郊区接合处，有一条自北向南的大道，北至马家堡，南至新宫，道路两侧为大面积的农田。20世纪七八十年代这里是南苑人民公社的一个生产队。2000年修建的南四环路从村子北部经过，并分别在与马家堡路、马家堡东路和马家堡西路的交会处兴建了三座立交桥，于是将临近村子的立交桥称为"公益桥"，偏东的称"公益东桥"，偏西的称"公益西桥"。

公益西桥
GONGYIXIQIAO

西红门
XIHONGMEN

2006年的西红门村 一

○ 西红门站位于大兴区北部，宏福西路、宏福路与欣宁街交会处南侧。

○ 西红门一带辽金时形成村落，始称"西綦里"。元代在该村东部建"下马飞放泊"，供皇家狩猎之用。明代湖泊面积逐渐扩大，更名为"南海子"，且大兴土木，建成一处规模宏大的皇家苑围，时有大批民工陆续来此落户，村落进一步扩大，时称"千户屯"。永乐十二年（1414年）辟建南海子东、南、西、北四门，西红门为其西门，有兵丁驻守。

○ 清康熙年间于此设置邮舍，多以"西红门"为名，逐渐取代了原来的"千户屯"，成为正式的村名。清末，南海子被废弃，西红门村逐渐发展成为京南重镇，为京都顺天府大兴县管辖，1958年划归北京市，今属西红门镇辖域。

○ 西红门历史上以盛产萝卜而闻名京城。清光绪《顺天府志》记载：西红门"水萝卜，圆大如葵，皮肉皆绿，近尾则白。亦有皮红心白，或皮紫者，只可生食，极甘脆"。北京有句老话："西红门萝卜叫城门。"明清时期北京城门黎明开，日暮闭。如果有宫里发的"腰牌"（特别通行证）便可以不按钟点随时进城，故称"叫城门"。据传有一年冬天，慈禧太后到南苑打猎，玩累了想吃梨，随行的太监想拿出早已准备好的梨，可是由于保暖食盒的盖子不知什么时候跑丢了，梨冻成了冰坨子。这时，西红门行宫的管事端上一盘切好的"心里美"萝卜，请"老佛爷"解渴，这才给太监救了急。慈禧太后见这萝卜翠绿的皮，紫红的心，透着一股鲜亮，只吃了两块儿，便觉得清脆爽口。她连声称好，并随即传旨，将西红门萝卜列为宫中贡品，按时令进奉。从此，只要西红门的菜农给宫里送萝卜，什么时候叫城门什么时候就开，于是便有了"西红门萝卜叫城门"之说。

○ 高米店北站位于大兴区北部，兴华大街与香园路交会处。

○ 该站因地处前高米店村西北侧得名。《北京市大兴县地名志》载："明初因村旁有一清河，故名清河店。清初因水患，清廷于此放赈赐米，改称'高米店'。因聚落过大分设两村，有前后之分，该村称前高米店。清属顺天府大兴县黄村巡检司。1928年改属河北省大兴县黄村区，1949年属北平市24区，同年10月划属大兴县黄村区。1956年复属黄村镇至今。"

○ 所谓"高米"，据传是高粱米的俗称。高粱米是高粱碾去皮层后的颗粒状成品粮。高粱又称红粮、蜀黍，古称蜀秫，是我国传统的五谷之一。

○ 高米店具体何时发生水患及设置赈米发放机构，未见史料记载。民国时期，该村已成较大聚落，有几百户，村域呈矩形，主街道呈"井"字形。因地处永定河洪积—冲积平原，呈条状沙带地貌。2007年9月随着黄村新城北区建设，该村被整体拆迁，今属黄村镇辖域。

高米店北
GAOMIDIAN North

高米店南
GAOMIDIAN South

4
↓
28

○　高米店南站位于大兴区北部，兴华大街与金星西路交会处。

○　此站因地处黄村镇金星西路东端，初称"金星路站"，后因位于高米店村西南，且北部设有"高米店北站"而改称"高米店南站"。

○　另传，高米店曾是元代"下马飞放泊"（南苑）所建米粮仓。当时在园圈内种植水稻，一年一季，精耕细作，因"洼地种植，高地贮存"，俗称"高米"，是皇室内膳用米，所建储粮之仓称"高米殿"，后谐音为"高米店"。明代形成聚落仍称"高米店"，后分为两村，称"前高米店""后高米店"，但此说无考。

○　民国时期已成较大聚落，有百余户，村域呈方形，街道网状分布。该村土壤系潮土沙土，经济以农业为主，农作物以小麦、玉米为主，还有蔬菜种植，兼种花生、大豆等油料作物。2014年设立高米店街道。

○ 枣园站位于黄村镇西北部,枣园路与兴华大街交会处。

○ 早年间该村处于永定河洪积—冲积平原,村落居于沙岗子之上,因村民多姓洪,故称"洪村岗子",简称"洪村"。为固沙防风,村民们在沙岗子上种了许多枣树,明清时成枣林,其果实呈圆柱形,果皮红褐色,个大皮薄,核小肉多,质细甜脆,被称为洪村大枣、洪村脆枣,为大兴区特产,自明代开始已成皇室贡品,清嘉庆年间洪村大枣更是享誉京城。

○ 据《黄村镇志》载:有一年秋天,慈禧太后去团河行宫,路过洪村歇歇脚,尝到了香美可口、又甜又酥的洪村大枣,很是高兴,便将此枣赐予外国使臣和朝中大臣,由此洪村大枣便有"贡枣"之称。此后每年到了中秋之后,宫里都要派人到大兴督办洪村大枣采摘事宜,以供慈禧太后品尝。

○ 30多年前洪村一带还保留着枣树上百棵,1989年大兴县政府把这片枣林定名为"洪村枣园",加以保护。此后在其附近建成住宅区,称"枣园小区",东西走向的道路被称为"枣园路",并建成"枣林公园"。

枣园
ZAOYUAN

清源路
QINGYUANLU

○ 清源路站位于大兴区西北部，清源路与兴华大街交会处。

○ 清源路为黄村卫星城内东西向主干线之一，西起兴业路，与清源西路相连，东至京开公路（今大广高速公路），与兴办路（原清源东路）相接。其西段始建于1965年，旧名"黄鹅路"，即黄村至鹅房的县级公路。鹅房西邻永定河，历史上村域附近水多，村民多饲养鹅。清康熙皇帝巡视永定河堤时，常驻跸于此。相传康熙三十九年（1700年），一日河将决口，忽有一只大鹅自北飞来，引颈高歌，洪水遂退。康熙帝闻之，甚是惊喜，随即赐名"鹅房"。

○ "文革"时，"黄鹅路"曾改称"前进路"，1989年拓宽。东段形成于1979年，此后进行过改造。因大兴县第一自来水厂位于该路北侧，水厂建成后又称"水厂路"。1982年定名为"清源路"，寓意清泉水长流，饮水而思源。大兴县第一自来水厂是当时大兴县城供水面积最大的水厂，城区居民的主要生活用水多来自该厂，供水设备先进，输水管道密布。

○ 与清源路相交的兴华大街，有黄村新城"第一街"之称，为城市主干道，北起北兴路，西南至义和庄，由原兴华北路、兴华中路和兴华南路改造而成，全线8.3公里，是黄村镇最为繁华的地段。

○ 黄村西大街站位于大兴区西北部，黄村西大街与兴华大街交会处。

○ 黄村西大街为黄村卫星城内最早规划建设的商业街，建于1978年，初期曾名"向阳路"，长近600米，东西走向，东起兴丰大街，与黄村东大街相连，西至兴旺大街，并与兴华大街、兴业大街交会，因地处黄村镇西南侧而改称"黄村西大街"。

○ "黄村"这一地名始于元代，而成村于汉代，辽为析津县招贤乡东綦里。金元时这一带由于古浑河（今永定河）泛滥，风沙淤阻，形成大片沙丘荒地，出现聚落后遂称"荒村"，元代谐音为"黄村"，明代置黄村社。据传，元世祖忽必烈定都大都（北京）后，多次巡视京畿。一天他巡至大兴县的一个村落时，询问当地人："此为何地？"当地人答称"荒村"，意谓荒凉之地。忽必烈觉得不雅，于是将"荒村"谐音为"皇村"，意为真龙王子所到之地，但当地人不明其意而谓之"黄村"，且沿用至今。

○ 清康熙年间，黄村已成为京南商旅云集的重要集镇，直隶巡抚于成龙建议，在畿辅近地特设四路同知（知府的副职，正五品），其中南路同知府亦称南路厅。清代黄村已设官署，且建置完备，成为京城南部重镇。

○ 自古以来，南方各省官员、商贾若陆路进京，多在此落脚，由此这里成为北京南部最大的驿站，素有"京师首驿"和"京南门户"之称。

黄村西大街
HUANGCUNXIDAJIE

黄村火车站
HUANGCUN
Railway Station

2008年的黄村火车站 一

○ 黄村火车站位于大兴区西北部，林校北路与兴华大街交会处。

○ 该站因地处黄村火车站北侧得名。黄村火车站始建于清光绪十九年（1893年），两年后，即光绪二十一年（1895年），"京津铁路"筑成通车，投入使用，是北京历史上较为悠久的车站之一。黄村火车站的开通，为京南重镇黄村的繁荣起到了推进作用。

○ 光绪二十五年（1899年）末，"义和团"起于山东，次年蔓延至直隶境内，包括今天的北京、天津地区。团民先是烧毁教堂、洋宅、施药房（由外国人开设的带有慈善性质的药房）、医院等，随后又将"洋人"修的铁路视为"洋玩意儿"进行破坏，扒掉铁路，烧毁电线，驱赶铁路维护工人，最后将破坏的重点放在火车站。北京周边的马家堡、长辛店、琉璃河、涿州、高碑店等火车站相继被毁，黄村火车站也未能幸免。"义和团"首先将黄村火车站以及铁路沿线的几十根电线杆一起烧毁，使"京津铁路"陷入瘫痪状态。清末淮军名将聂士成奉命保护芦保、京津铁路，遭到"义和团"的迎击，伤亡数十人，随后黄村车站被焚毁，光绪二十八年（1902年）以后才得以修复。此后百余年，该站一直是京南铁路交通枢纽，曾有"京南第一站"之称。

○ 如今的黄村火车站主体建于1992年，2011年进行了修葺，依然是京南铁路上的重要一站，京山线、京九线、西黄线等铁路线在此交会。

○ 义和庄站位于大兴区西北部，兴华大街与新源大街交会处。

○ 义和庄明代属宛平县，清代属顺天府大兴县黄村巡检司，民国十七年（1928年）改属河北省大兴县黄村区，20世纪50年代划归北京市。据传，这一地名的由来与历史上的"义和团"有关。

○ "义和团"，又称"义和拳"，是清末发源于山东，针对西方在华人士所进行的大规模暴力运动，发端不久便受到各地的积极响应。"义和"二字出自《左传·襄公九年》："利，义之和也。"即道义的总和。

○ 清末时，受山东义和拳影响，有宛平县白家场、赵家场、王庄子等六个村子的村民自发组织起来设坛练拳，地点设在村中的一座庙宇内。为提高拳术，特从山东德州请来一位拳师为教习（教练）。当时这六个村子有百十来位二三十岁的青年都到庙宇里练拳。待拳术大大提高后，他们便参与了烧毁教堂、扒铁路等活动，同时将相邻的六个小村合并，改称"义和庄"，并铸造了一口大钟记录其事。

○ 义和庄地处黄村镇西南五里许，东北距京山铁路约三里，北临佟家场，聚落略呈方形，有三条东西走向的街道，民国年间还只是河北省大兴县一个很小的聚落，村民居住较为分散，1949年以后随着村民的增加，村域不断扩大，20世纪90年代初为黄村镇行政村，有200余户，上千人。因地处永定河洪积—冲积平原，属条状沙带地貌，地下水位较浅，水量丰沛，历史上以农业生产为主，当时属大兴县黄村镇行政村。2009年该村整体拆迁，村民全部上楼。附近建起多处住宅区，西南临近念坛公园。

义和庄
YIHEZHUANG

生物医药基地
Biomedical Base

○ 生物医药基地站位于大兴区中西部,新源大街与永大路交会处南侧,京开高速公路西侧。

○ 因北临中关村科技园区大兴生物医药基地得名,此地实称"韩园子",故规划车站时初称"韩园子站"。

○ 《北京市大兴县地名志》称:"明时村址原为纪百户庄韩家菜园子,清初有村民迁此,渐成村落,故名韩园子。清属顺天府宛平县。1928年改属河北省宛平县,1956年属大兴县黄村镇至今。"

○ "纪百户庄"在明代《宛署杂记》中已有载:"自(宛平)县出重城右安门,过大兴县界五十里,曰纪百户庄,分为二道。一道自纪百户庄东南十五里曰凼垡村,一道自纪百户正南七里曰天官院村。"这里所说的"纪百户庄",就是地处韩园子东北部的大庄村,如今已拆迁。《大兴史话》载:大庄明代成村,曾因纪姓以功封百户,得名纪百户庄。清朝末期,因永定河水患,该村受灾南移到今天的地址,因为人丁兴旺,村落较大,习惯称为大庄,1981年地名普查后正式定名为"大庄"。清光绪年间属顺天府大兴县黄村巡检司。

○ "百户"为古代官职,金初设置,为世袭军职。元代相沿,设百户为百夫之长,隶属于千户,而千户又隶属于万户,同为世袭军职。驻守各地者,设百户所,分隶于各千户所。据传明代此地为百户所军营,最高官员姓纪,称"纪百户",其聚落称"纪百户庄",后因此地有韩家菜园子而称"韩园子"。民国时期韩园子已成较大聚落,东北为大庄村,西南为张家庄,村域呈"L"形,主街道南北走向两条。因地处永定河洪积—冲积平原,土壤潮湿,农作物以小麦、玉米为主,兼种花生、蔬菜等。2002年以后因大兴生物医药基地的兴建,该村整体拆迁。

○　天宫院站位于大兴区中西部，思邈路与新源大街交会处，京开高速路（大广高速路）西侧。

○　天宫院金代成村，原名"史家庄"。《宸垣识略》载："天宫院在（宛平）县南六十里，旧名史家庄，因金章宗驾幸本村打围举膳，改名天宫院。"

○　关于"天宫院"的历史，史籍记载极少，据传其得名与金章宗有关。

○　金章宗完颜璟是金朝的第六位皇帝，女真名麻达葛，为金世宗完颜雍的嫡孙，在位20年，颇好巡游京畿。有一年春天，他带着十几个人到京南狩猎场打猎，不想马惊了，一路向南跑了四五公里，来到一个叫史家庄的村子。此时正是晌午，到了用膳时辰，一行人便走进路边的一家饭馆。章宗一边吃一边问随行的大臣，这村子叫什么名字。大臣也不知道，便到后厨问大师傅。大师傅说这村子叫史家庄，大臣刚要回禀皇上，只见章宗吃得正香，赶紧又回到后厨，告诉大师傅，千万别说这村子叫"史家庄"。大师傅问为什么，大臣说皇上正在用膳，提"史（屎）"字，太不吉利，属大不敬，是杀头的罪过。大师傅一听吓得连忙问道："那叫什么呀？"大臣指着不远的一块空地问："那块空地是干什么用的？""是村民打场轧麦子的场院。"大臣想了想言道："这村子就叫天宫院吧？天宫本是天帝、神仙居住之宫殿，皇帝贵为天子，用膳之地自是不凡之处。"大师傅应了一声。大臣随即向章宗回禀，说这村子叫"天宫院"，因早年间村中有座供奉天神的庙宇而得名。章宗信以为真，回宫后即兴御题了"天宫院"三个字。其字为"瘦金体"，颇有几分宋徽宗墨迹之遗韵。随后制成匾额，令人送到史家庄，从此"史家庄"就改称为"天宫院"。

○　明清时天宫院属宛平县，1958年划归北京市，曾属大兴区北臧乡，2009年7月设天宫院街道。

天宫院
TIANGONGYUAN

天通苑北		TIANTONGYUAN North
天通苑		TIANTONGYUAN
天通苑南		TIANTONGYUAN South
立水桥	⑬	LISHUIQIAO
立水桥南		LISHUIQIAO South
北苑路北		BEIYUANLU North
大屯路东	⑮	DATUNLU East
惠新西街北口		HUIXINXIJIEBEIKOU
惠新西街南口	⑩	HUIXINXIJIENANKOU
和平西桥		HEPINGXIQIAO
和平里北街		HEPINGLIBEIJIE
雍和宫	❷	YONGHEGONG Lama Temple
北新桥		BEIXINQIAO
张自忠路		ZHANGZIZHONGLU
东四	❻	DONGSI
灯市口		DENGSHIKOU
东单	❶	DONGDAN
崇文门	❷	CHONGWENMEN
磁器口	❼	CIQIKOU
天坛东门		TIANTANDONGMEN
蒲黄榆	⑭	PUHUANGYU
刘家窑		LIUJIAYAO
宋家庄	⑩ 亦庄	SONGJIAZHUANG

5

北京地铁5号线

呈南北走向，串联昌平、朝阳、东城、丰台4个行政区。北起天通苑北站，南至宋家庄站，与亦庄线衔接，全长27.6公里，设有23座车站，换乘站10座。

天通苑北
TIANTONGYUAN North

○ 天通苑北站位于昌平区东南部，东三旗路与立汤路交会处西侧。

○ 京北有东二旗、西二旗、东三旗、西三旗等地名，均与明代屯兵建营有关。

○ 据史料记载：明代军队编制的特点之一，是在一些要害之地设置"卫"或"所"。一般来说，一个"卫"有5600人，一个"千户所"有1120人，一个"百户所"有112人。每个"所"统领两个"总旗"和十个"小旗"。每个"总旗"有50名兵卒，而每个"小旗"有10名兵卒。由此可见，明代军队的"基层单位"称"小旗"，很像现在军队中"班"的编制。

○ 为了给驻守边关的将士提供战马，明廷在内地设立了许多牧马草场和马房，抽调部分官兵专门牧马养马。北京周边地区所设的牧马草场和马房很多，并集中在京北、京东一带。其中在今东三旗附近设有东二旗、东三旗等牧马养马场。明代后期牧马养马场逐渐废弃，附近形成村落，便多以当时小旗的编号和所处方位命名。"东三旗"之称，就是当年东边的三个旗营驻军之地。

○ 坊间另传，清朝初期，摄政王多尔衮率领三路大军进关，一路走山海关，一路经八达岭，一路过古北口，东三旗村就是从古北口进兵的那路大军临时驻兵的一个地方。因清兵多为八旗弟子，驻扎在这里的清兵又是八旗第三旗——正红旗的人马，故名东三旗。乾隆年间，这里逐渐繁盛起来，并建有当时京城北郊最大的药王庙，每逢旧历五月初一（药王爷生日），方圆几十里的善男信女都到这里来进香。这个庙会一直延续到1949年后，直到1957年才告一段落。村民绝大部分为汉族，只有少数满族和回族，现在王、孙、李、宋为村内四大姓氏。

○ 20世纪90年代属平西府镇自然村，经济以农业为主，今属北七家镇。

○ 天通苑站位于昌平区东南部,太平庄中二街与立汤路交会处北侧。

○ 天通苑所处的位置实为"太平庄",所以初设地铁站时称"太平庄站"。

○ 太平庄元代已成村,属军屯之地,清初只有几十户人家,叫小庄。传说康熙皇帝去汤山行宫(今小汤山)路过此地时,见这小小的村落景致幽静,炊烟缕缕,但觉得小庄这个名字不够雅致,便乘兴赐名"太平庄"。"太平",意为"盛世安宁,天下太平"。

○ 20世纪90年代初,该村属东小口乡,村域呈矩形,街中主路为东西走向,有近600户,以张、路、钱为村中大姓,村民以农业生产为主。

○ 1999年在此开发建设北京最大的经济适用房项目时,原本称"太平庄小区",后来开发商觉得北京叫"太平庄"的地方太多,比较俗气,于是改称"天通苑"。但建设用地周边5公里范围内,没有与"天通"二字相同、相似的任何旧有地名、建筑和称谓,也就是说"天通苑"之名没有任何历史渊源,实为开发商随意命名,即承担小区建设的开发商从企业名称中的"顺天通"三个字转意出"天通苑"之名。此后该地又兴建了多个小区,并依所处方位称天通东苑、天通西苑、天通北苑、天通中苑。每个苑又按照数字分一、二、三区,天通中苑分为东区、西区、南区、北区。在这片7.7平方公里的土地上生活着近40万人,被誉为"亚洲最大的社区"和"北漂一族"的重要聚集地。

← 天通西苑小区

天通苑
TIANTONGYUAN

○　天通苑南站位于昌平区东南部,太平庄中街与立汤路交会处南侧。

○　此站紧邻中滩村。《昌平文史》载:中滩村始于元代,因地理位置在安定门外小清河北岸的屯兵所在地,故称"中滩营"。该村旧址原来是一片沙滩。现在的村址已经从旧村址南迁400~500米,多年前从旧村址处挖出两块石碑,上面刻有"中滩营"三个字,由此推断,"中滩村"是由"中滩营"演变而来,历史上此地应设有军营。民间也有此一说,据传明代曾在此设置军营,建有营房数十间,且有炮台一座,清初废弃。

○　另据《北京市昌平县地名志》载:该村"清代成村,康熙年间称中滩村,以地貌得名,沿用至今"。东北临近太平庄,南临陈营,西邻贺村,西北邻单村,地处平原,地势西部高、东部低。故老相传,中滩村的村民祖上大部分是由外省迁来此处居住的,主要姓氏为邱、姚、史、邓。村内有三条东西走向的街巷。东北侧为太平庄村,西侧是贺村。

○　1949年该村属昌平五区管辖,1950年建立村政权,1953年7月撤销村政权后设中滩乡。1956年1月该村随昌平县划归北京市,同年8月划归东小口乡。1957年11月东小口乡与清河镇合并后,该村划归海淀区管辖,1959年11月由海淀区划归昌平沙河人民公社。1961年以后属东小口人民公社管辖,而今属东小口镇辖域。

○ 立水桥站位于朝阳区西北部，立汤路南端，立水桥北侧，可与13号线换乘。

○ 立水桥曾是清河中下游的一座古桥，始建于明代。清河发源于北京西山碧云寺，是流经京城北部（今海淀、朝阳、昌平、顺义四区）的一条主要河流，在沙子营附近入温榆河。为了通行方便，人们在河上修了多座桥梁，其中一座建在今天立水桥附近。大致修建于明代万历年间，初为木桥。由于过往的人员和车辆较多，没多久这座木桥就被压坏，随后在原址上重修了一座三孔小石桥。因采用的是十分坚硬的花岗岩，坚固的桥墩立于水中，故称"立水桥"。另传，小清河上有一座石桥，遇大雨时，河水满溢，从远处望去，石桥立于一片汪洋之中，故名。

○ 清康熙三十一年（1692年），康熙皇帝出京师安定门北巡游猎时，在今天的小汤山一带发现了明代皇家禁苑旧址，泉水沸而清，入浴之后，觉得温泉水"更得暄暖，乃宜于体"，于是在此修建了汤泉行宫，其中设有白玉方池，供皇帝、显贵洗浴。

○ 由安定门向北前往汤泉行宫，须经过清河，而今天的立水桥为途经之地。古代皇帝出行有一套严格的规制，随行人员众多。为了便于皇帝的"扈从仪仗"通行，便将小汤山南面数十里清河上的小石桥拆除，重新修建了一座宽大、牢固的平板石桥，仍称"立水桥"，此后离桥不远的无名小村也被称为"立水桥村"。1979年整治小清河时兴建一座钢筋混凝土结构的新桥称"立水新桥"。随着立水新桥的建设，由此通往南北方向的道路也越来越宽，多年后将安定门到立水桥的路段加宽后称为"安立路"，将立水桥到小汤山的路段加宽后称为"立汤路"，从此立水桥成为京北的咽喉要地和交通枢纽。

○ 如今古老的石桥已变成钢筋混凝土大桥，并在其西侧建成了亚洲第一座跨河城市地铁斜拉桥——"立水西桥"，成为立水桥地区的标志性建筑，而"立水桥"也不只是一座桥梁的名称，还成为京北的一个地域之名。

立水桥
LISHUIQIAO

立水桥南
LISHUIQIAO South

○ 立水桥南站位于朝阳区西北部，北苑路与春华路交会处北侧，地处历史上的立水桥村南部。

○ 立水桥村东临清河营，西隔小清河与昌平陈家营相望，南接羊坊，北界昌平区太平庄，村域为集团型布局，南半部略呈长方形。因临近清河故道，村域内有多条灌渠，水源丰沛，以水稻种植业为主，曾有近千亩稻田，所产稻米色泽光亮、透明、味道清香，粒粒如珠，入口劲道杳甜，俗称"清水稻""清香稻"。进入20世纪90年代中期以后，随着水资源的匮乏，水稻种植受到严重影响，亩产量较低，由此种植面积大为减少，而今已不见稻田的踪迹。

○ 据传，早年间小清河沿岸地势低洼，雨水大时立水桥一带经常漫坡，雨后则涝灾连年，为此村民们集资修了座"求晴不祈雨"的龙王庙，但规模极小，只有一间，高不过六尺，宽只有五尺，内供龙王泥胎神像。每当大雨绵绵时，村民们便到龙王庙里进香，以求龙王开恩，别下雨了，快放晴吧！而传说中每年的六月十三是龙王爷生日，所以每逢这一天，村民们多来此上香，膜拜龙神。民国时该庙废弃，今已无迹可寻。

○ 1979年整治小清河时立水桥老桥被拆，于此地新建一座钢筋混凝土结构的新桥，称"立水新桥"，以代替原有的老桥。多年前，随着安立路、北苑路沿线及北苑地区的开发建设，该村早已拆迁。如今这一带已成为京城北部的交通要道，安立路与北苑路在此交会，向南可通北五环路，向北通往天通苑、小汤山、兴寿，以及顺义、怀柔等地。

○ 北苑路北站位于朝阳区西北部，北苑路北段。

○ 此地初设地铁站时，因北临大羊坊村而称"大羊坊站"，后因地处北苑路北段改称"北苑路北站"。北苑路南北走向，北起立水桥，南至北土城东路。

○ 早在元朝的时候，大都的安贞门是通往关外的交通要道，时常有人从关外赶着羊群到安贞门外交易。到了明清时期，张家口外贩运羊只的人也到安贞门外进行交易。其中有的人在安贞门以北20多里的地方暂居下来，并修建羊圈，作为羊只暂养之处，随后将一些活羊屠宰后出售鲜羊肉，还有的人将羊的下水加工后拿到安贞门外的市场上出售。这种加工羊肉制品的小作坊称为"羊房""羊店"，后被谐音为"羊坊""羊坊店"。

○ 自元代以来，牛羊肉及牛羊制品日益成为京城百姓生活中不可缺少的东西，京城街头的羊肉铺很多，所以对羊肉的需求量很大，多在京北的"羊坊""羊坊店"趸货。时间长了这一带的"羊坊""羊坊店"越来越多，便形成了一个规模很大的活羊及羊肉制品的交易市场，俗称为"大羊坊店"，简称"大羊坊"。后来又形成很大的村落，称"羊坊村"，但民间多称其为"大羊坊"，沿用至今。

○ 清代出安定门经大羊坊、小汤山有一条土路，向北至密云古北口，是皇帝出行到热河（承德）的御道之一。据传清咸丰十年（1860年）七月，"英法联军"经天津向北京进军，八月初八，咸丰皇帝一见不妙，带着慈禧、慈安及皇子等亲信由圆明园出长春园大东门后向东而行，经大石桥，过清河镇后，向东北至小汤山，过古北口，仓皇逃往热河（承德）避暑山庄。20世纪40年代大羊坊部分路段取直拓宽后筑成水泥路，50年代又改为柏油路，因紧邻北苑而称"北苑路"。

北苑路北
BEIYUANLU North

大屯路东
DATUNLU East

○ 大屯路东站位于朝阳区西北部，大屯路与北苑路交会处北侧，可与15号线换乘。

○ 大屯作为京城北部的村庄，最早出现在清代《日下旧闻考》中，其中有"大屯村永安庄真武庙"和"大屯村在土关之北"的记载。

○ 关于这一地名的来历，有两种说法。

○ 一说大屯之名始于南宋。《北京市朝阳区地名志》中有"大屯村曾名永安庄，相传南宋时为屯粮之地"的记载，但此说受到史学家的质疑，因为南宋的管辖区域根本到不了今天的北京一带，有可能是金国的屯兵之地，但未见史料记载。二说大屯之名始于明代。《京师地名寻踪》中说："大屯乃（明）正统囤皇粮之地，称大囤，俗言大屯。"这两种说法哪一种更可信，无以考证，但多数学者认为后者有史料为佐证。明正统年间，败退朔漠的元朝残余势力渐渐恢复了元气，不断向南侵扰。为了加强防御，明朝政府便在京城北部地区驻扎了大量军队，并在军营附近建有许多粮仓。其中在今天的大屯附近建了几十座大粮仓，俗称"皇粮囤"，也称"大囤"。明朝灭亡后，大囤附近逐渐形成村落，俗称"大屯"。

○ 大屯村东邻关庄，西接豹房，南靠慧忠里，北隔北小河与六王村相望。村域呈横向矩形布局，村中曾有真武庙和护国天仙庙。村域周边河渠纵横，水源充沛。1953年在此设立乡制时，称大屯乡，1958年后为大屯人民公社，当时这一带有大面积的农田，粮食和蔬菜的种植持续到20世纪80年代初。1989年因兴建亚运村而逐渐开发，今已成繁华街区，并设有大屯街道办事处。大屯路为东西走向，东至北苑路东侧，西至京藏高速公路北沙滩桥与清华东路相接，全长4公里，与北辰东路、北辰西路、安立路等交会，为朝阳区西北部的城市主干道。

○ 惠新西街北口站位于朝阳区西北部，北四环东路与惠新西街交会处南侧。

○ 此地原称"干杨树"，故最初设置地铁站时称"干杨树站"，后因地处惠新西街北端而改称"惠新西街北口"。

○ 明清时出了安定门多是乱葬岗子，其间有一条大道北至小汤山。大道边依次有小关、茄市口、干杨树、大屯、立水桥、太平庄、北马坊、小汤山等村落。在今天的惠新西街北口附近，原本生长着十几棵枝叶繁茂的大杨树，有好几丈高，远远地就能望见。特别是炎炎夏日，树下一片浓荫，时常有过路的人在树下打尖儿（歇脚）乘凉。到了光绪年间，这些大杨树相继枯死，但坚实的树干依然矗立在路边，故称"干杨树"。民国初期，这些干杨树被附近的村民砍伐，但"干杨树"作为地名流传了下来。

○ 据传清嘉庆年间，有张姓两兄弟从安定门内到此开了家小饭馆，为南来北往的路人提供方便。他们待客热情，饭菜可口，颇受路人的青睐。道光年间，这一带已有二三十户人家，多是做小买卖的，有卖杂货的，有卖干果的，有开烧饼铺的，买卖都不大，多为一两间门脸儿。因紧邻干杨树，形成聚落，被称为"干杨树村"。

○ 20世纪七八十年代为大屯人民公社（乡）自然村。1986年始建亚运村时，征用大屯乡的大面积土地，撤销了慧忠寺、鱼池村、药王庙、干杨树等十个自然村，新的建筑及小区之名取代了老地名。

○ 惠新西街原为大屯乡村土路，1987年作为亚运会配套工程改建成南北向的次干线公路，北起北四环东路（后延至慧忠路东口），南至北土城东路，与樱花园西街相接，干杨树村旧址大致在惠新西街北侧。

惠新西街北口
HUIXINXIJIEBEIKOU

惠新西街南口
HUIXINXIJIENANKOU

○ 惠新西街南口站位于朝阳区西北部，北土城东路与惠新西街、樱花园西街交会处，可与10号线换乘。

○ 惠新西街为南北走向，北起北四环东路，南至北土城东路，原为大屯地区的乡间土路，1987年改造成沥青路面，因地处惠新里以西，1990年命名为"惠新西街"。

○ "惠新"二字源于附近曾有过的一座古刹慧忠寺。早年间，这里是元大都北城墙外的荒地，人烟稀少，形成村落后因临近慧忠寺而称"慧忠寺村"。

○ 《朝阳文史》载：慧忠寺是为了纪念唐朝国师"慧忠"而建的，建庙的方丈是慧忠禅师的衣钵传人。该寺在安定门外正北六七里（偏西）处，坐北朝南，西面是一个土山子。整个庙为三进院落，五开间格局，自南向北依次是山门、天王殿、钟鼓二楼、大雄宝殿和法堂。东墙内有灵塔三座，并有刻着"建庙碑记"的石碑一座。西侧院墙内建有平房数间，为僧人居住区。民国初期，该寺整体保存完好。

○ 1937年后，第三进"法堂"被大火烧尽。数年后正殿由东面遇天灾"雷击"，削去大半房顶。方丈见此庙气数已尽，遂遣散僧众，弃庙出外云游。国民党军队曾将该庙改为军火库，并在周边修筑多个炮楼。至解放时寺庙残破，1949年有解放军暂时驻扎其间，人民公社时期改为生产队队部，而今已无迹可寻。

○ 1954年后，慧忠寺附近逐渐形成居民区，1985年以后又改建为住宅区。因其东部有慧忠寺村，古时"慧"与"惠"通用，于是将"慧"字谐音为"惠"，又因是新建小区，故称"惠新里"。其东西两侧所修建的道路，被称为"惠新东街"和"惠新西街"。当初修建地铁5号线时，在惠新西街南端所设的车站称"北土城东路站"，后确定为"惠新西街南口"。

○　和平西桥站位于朝阳区西北部偏南，北三环东路与樱花园西街、和平里西街交会处南侧。

○　1993年在和平街修建北三环路时，于此修建了一座菱形互通式立交桥，由东西两座桥梁连续组成，总长1126米，时称"和平桥"。三环主路平地起拱，桥下的和平东街（习惯上称"和平街"）与三环路交叉，故将东部的桥段称"和平东桥"，桥下的和平西街（农贸市场街）与三环路交叉，故将西部的桥段称"和平西桥"。修建地铁5号线时，在和平西桥南侧设站，故称"和平西桥站"。

○　和平街因地处和平里得名，如今和平里地区泛指雍和宫以北，元大都北土城以南，元大都东土城以西，安定门外大街以东的区域，跨东城区和朝阳区两个区界，具体又分为和平里（东城区管辖）与和平街（朝阳区管辖）两个分地区。

○　1952年在这一带辟建国家机关办公和住宅区时，正值"亚洲及太平洋区域和平会议"在京召开，于是把这个北京最早兴建的小区起名为"和平里"。和平里东街建成后，其南段属东城区，北街以北的北段属朝阳区，人们习惯把北段称"和平街"。

○　该站南侧为樱花园西街，因地处樱花园西侧得名，历史上樱花园一带为枪厂村和皇姑坟村农田。1981年以中日友好医院为主，联合附近多家单位在此共同始建住宅区。为体现中日两国人民的友好情谊，1982年9月以日本人民所喜爱的樱花（日本被誉为"樱花之国"，但樱花非日本国花，其国花为菊花）定名为"樱花园"。其西侧的道路为20世纪60年代中期随胜古东、南、北里住宅区的兴建辟筑成路，樱花园建成后，该路据其以西，且与东邻的樱花园东街相对应，遂定名樱花园西街。

和平西桥
HEPINGXIQIAO

← 1985年，电车、马车同行于和平里北街

和平里北街
HEPINGLIBEIJIE

098

○　和平里北街站位于东城区东北部，和平里北街与和平里西街交会处。

○　历史上的和平里一带原是元大都城区的北部，明清及民国时期为北京城外的郊区，当时只有几十户人家，多为乱葬岗子和坟地，较为荒凉，以后逐渐形成居民区。

○　1952年这一带准备成立两个街道办事处，正值当年在北京召开由亚洲及太平洋地区几十个国家参加的"亚洲及太平洋区域和平会议"，其主题是维护亚洲及太平洋地区的和平，反对战争，增强各国之间的交流。为了表达中国人民热爱和平之情，特将这里新成立的两个街道之一命名为"和平里街道办事处"，另一个命名为"渣子坡街道办事处"。1958年两个街道办事处合并，称为"和平里街道办事处"。此后这一带的街道、路面不断增加，逐步由"和平里"衍化出"和平里北街""和平里南街""和平里东街""和平里西街"以及"和平里一区"至"和平里九区"等地名。和平里北街地处和平里北部，呈东西走向，西起安定门外大街，东至东土城路。

○　"里"是我国古代城市居民聚居之处，最早是农村的聚居形式，后移入城市，又名"闾里"或"坊"。金代到清代，"里"作为一种地域的管理形式曾在北京周边部分地区出现过，称"里"或"里社"，清末时取消，但作为区域（居民区）名称仍有使用。

雍和宫
YONGHEGONG
Lama Temple

2

北新桥
BEIXINQIAO

← 复建的北新桥

○　北新桥站位于东城区北部，雍和宫大街、东四北大街与交道口东大街、东直门内大街交会处。

○　元朝时今天的北新桥一带称"兴桥"，明代叫"绒家务角头"，清宣统年间改称"北新桥"。关于这一地名的来历，民间还有一个广为流传的故事。

○　据传，燕王朱棣修北京城时，把苦海幽州的老龙王赶出了北京，为此老龙王怀恨在心，等到北京城建好后，又回到北京，想发大水，淹了北京城，于是燕王派降龙罗汉姚广孝去捉拿这条孽龙。那老龙王斗不过姚广孝，便钻进一口井里，姚广孝追上来就用一条长铁链锁住老龙王，接着往井上修了一座桥，把龙王压在了桥下，并说"等桥旧了再放你出来"。龙王一听挺高兴，心想，桥总有旧的时候，于是就耐心等待。谁知姚广孝又给这桥起了个名字叫"北新桥"，无论过多长时间，提起这桥，总是"新桥"，龙王就一直被压在桥下，再也没有出来。

○　1958年前后，北新桥扩宽马路，路口的东北角有一个小庙，庙边有一口井，传说就是锁龙的那口井，井下还有一个泉眼，谁要是动了泉眼，整个北京城就要被大水淹了。由于这口井碍事，于是有人就打开井盖，看到里边有一条很粗的铁链，井深不见底。当时的人很迷信，都说不能动，但有好事又胆大的，非要看看铁链下到底有什么，于是开始向上捯铁链，铁链越捯越多，却没有到头的意思，同时听见井中发出隆隆的沉闷响声和水声。人们害怕了，将铁链又放了回去，最后只将井口去掉，用大石条盖上，在上面修了路。据传修建地铁5号线北新桥站时，工地上曾发掘出一口老井，但经文物部门鉴定，这并非传说中的那口老井。缘于北新桥的传说，多年前在北新桥附近（地铁北新桥站D口南侧）修建了一座小石桥，上刻"北新桥"三个字。

○ 张自忠路站位于东城区中部偏北，张自忠路、东四十条与东四北大街交会处。

○ 北京、天津、上海、武汉都有张自忠路，以北京张自忠路最为有名，皆因纪念著名抗日将领张自忠而得地名。如今的张自忠路是"平安大街"的一段，东起东四十条西端，西止地安门东大街东端，长700余米；南侧与南剪子巷相通，北侧自东向西与中剪子巷、麒麟碑胡同相通。

○ 该路原称铁狮子胡同，是京城一条古老而又著名的街道，因胡同内有一对铁狮子而得名。这对铁狮子是元代成宗年间铸造的，当是元朝某贵族家门前的旧物。另传明代崇祯皇帝田贵妃之父田畹居住于此，门前曾有两只铁狮子，故名。

○ 张自忠路在中国近代史上有着非常重要的地位，见证了很多非常重要的历史时刻：1925年3月12日中华民国的缔造者孙中山先生逝世于铁狮子胡同23号的行辕；1926年3月18日在铁狮子胡同3号段祺瑞执政府门前发生了"三一八惨案"。

○ 张自忠是山东省临清县人，抗战时任国民革命军第33集团军总司令。1940年5月16日，在湖北"枣宜战役"中，张自忠率部与日军英勇奋战，最终陷入重围，为国捐躯。1940年5月28日，重庆国民政府为他举行了隆重的葬礼。抗战胜利后，为了纪念这位杰出的抗日将领，天津、上海、济南、武汉等几个大城市，都以他的名字命名了一条街道。1947年3月13日北平（北京）市将位于东城的铁狮子胡同改称为"张自忠路"。

○ 1965年整顿地名时，将"麒麟碑胡同"并入"张自忠路"；"文革"中又将"麒麟碑胡同"（一度称"红亮胡同"）分出；后又将"张自忠路"并入"地安门东大街"；1984年恢复"张自忠路"，以示对这位抗日烈士的永远纪念。20世纪90年代末修建平安大街时，该街被整体改造，仍称"张自忠路"。

← 张自忠路

张自忠路
ZHANGZIZHONGLU

东四
DONGSI

← 民国时期的东四牌楼

○　东四站位于东城区中部，东四西大街、朝阳门内大街与东四北大街、东四南大街交会处，可与6号线换乘。

○　从元朝开始，东四一带就是大都城内较为繁华的商业区，时称"旧枢密院角市"，俗称"十字街"，属明照坊。明代在朝阳门内大街与崇文门内大街交会处的十字路口修建了四座四柱三楼式的跨街木质牌楼，分别称"思诚坊""仁寿坊""保大坊""明照坊"，并在南、北路口的两座牌楼额书"大市街"，东边路口的牌楼额书"履仁"，西边路口的牌楼额书"行义"，此地遂称"四牌楼"。又因宣武门内大街与阜成门内大街交会处的十字路口亦建有四座牌楼，为了便于区分，彼"四牌楼"称"西四牌楼"，简称"西四"；此"四牌楼"称"东四牌楼"，简称"东四"。

○　清康熙三十八年（1699年）东四牌楼毁于火灾，一年后复建。民国年间，为修建有轨电车线路将东四牌楼改建成主体为混凝土结构的无戗柱式牌楼，仍为三间四柱三楼冲天式，并将牌楼各间的跨度和立柱高度相应增加，以应付路口日益增大的交通流量，而牌楼原有的柱冠、石匮等部分依旧利用。据《北平旅行指南》记载，东四牌楼曾一度支以木架，宣言拆去，以便于交通，经张作霖用电话制止，并云"何人主动拆毁，查明即将此人枪毙"，旋将木架移去，历经百年风雨的老牌楼终于逃过一劫。

○　1951年东四牌楼得以修葺，1954年12月因道路拓宽改造，将其拆除，但"东四"之名一直沿用至今。东四三条至八条的胡同及一些四合院保存较为完好。

102

○ 灯市口站位于东城区中部，东四南大街与甘雨胡同、干面胡同交会处。

○ 灯市口的由来可追溯到明代。永乐年间在今天的灯市口大街一带，形成了一条商业街，店铺聚集，喧闹非凡。每年的农历正月初八至十八，这里的店铺酒楼都各自挂出彩灯。从白天喧闹的市场一下子变成一条绚烂夺目的灯街。其中以上元节这一天的灯火最盛，因此又有"十四日试灯，十五日正灯，十六日罢灯"之说，"灯市口"之名便因灯市而得。

○ 灯市口的灯市一直持续到清朝中叶，到雍正年间时，雍正皇帝曾下令内城禁止开戏院及旅店，商人迁出内城。京城灯市遂移至外城，主要在正阳门外及花儿市、菜市、琉璃厂等处。清朝灯市以正阳门外西廊坊为最，每到灯市开市，正阳门外大街各家商铺争挂新灯，其中以糕点铺所悬灯盏最为美。清朝灯的种类在明朝基础上又增加了玻璃灯和西洋灯等。

○ 灯市外迁后，灯市口大街便日趋冷落。不仅无"灯"，就连"市"也消失了，只是"灯市口"作为地名得以保留。清代附近曾建有镶白旗满洲都统署、张贝子府、熙贝勒府、佟国纲府、育文图书馆、盐务学校等。

○ 1949年以后，这一带才逐渐恢复了商业街的景象。如今灯市口已是一个泛称，指灯市口大街、灯市口西街、灯市口北巷、同福夹道一带。

← 民国时期的美国公理会灯市口教堂

灯市口
DENGSHIKOU

1

东单
DONGDAN

5
↓
(17)
↓
(18)

崇文门
CHONGWENMEN

2

○　磁器口站位于东城区南部，珠市口东大街、广渠门内大街与崇文门外大街交会处，可与7号线换乘。

○　磁器口的历史可追溯到元代，当时这里地处文明门（崇文门）外，是元大都东南部进城的唯一通道。由于人员往来频繁，便有人在城门外设摊叫卖，其中以经营大蒜的居多，故称"蒜市"。明朝嘉靖年间修建北京外城后，这一带便成了城里，从万历至崇祯年间及清代乾隆年间，被称为"蒜市口"，形成南北走向的街道后称"蒜市口街"。

○　据传，乾隆年间有两位来自江西景德镇（宋真宗景德元年，即公元1004年，因该镇产青白瓷质地优良，遂以皇帝年号为名置景德镇）的商人，在蒜市口西南侧街道北口开设了"景德轩"和"精品阁"两家专门出售景德镇瓷器的商店。这两位"江西老俵"待客热情，买卖公平，加之景德镇瓷器造型优美，品种繁多，颇受青睐，生意兴隆。随后不少老乡相继来京，陆续在此开了几十家瓷器铺，街道两旁还有许多瓷器摊儿，成为名副其实的"瓷器一条街"，到了清朝宣统年间被俗称为"瓷器口"。

○　磁器口北口往东就是蒜市口（民国初年《北京内外城详图》和1950年《北京街道详图》均有标注），北对崇文门，西口往北是崇文门外大街，东接榄杆市大街，清代乃至民国初期，为京城东南部的繁华之地。因"瓷"和"磁"相通，1949年后被命名为"磁器口大街"。1965年蒜市口大街和榄杆市大街、大石桥大街合并为广渠门内大街，而"磁器口大街"尚存，位于崇文门外大街与珠市口东大街交会处的西南侧，而称"磁器口"的街区在其东南侧。

○　尽管这条街道只有500多米长，却是东城区南部东西、南北的交通要道。20世纪80年代崇文区在此开设了大型农贸市场，故有"农副产品一条街"之称。

←20世纪90年代的磁器口

磁器口
CIQIKOU

7

天坛东门
TIANTANDONGMEN

← 民国时期的天坛

106

○ 天坛东门站位于东城区南部,天坛路、天坛东路与体育馆路交会处,天坛东门外。

○ 天坛是北京"天地日月"诸坛之首,为明清两代皇帝"祭天""祈谷"之场所,坛域北呈圆形,南为方形,寓意"天圆地方"。

○ 据《天坛公园志》记载:天坛始建于明永乐十八年(1420年)。初建时称"天地坛",并配有日月、星辰、云雨、风雷四个从坛,皇帝来此,可以同时祭礼天地日月。嘉靖九年(1530年),在天地坛的大礼殿(祈年殿)南边,又建起了圜丘,称为祭天台、拜天台。天坛实为祈谷、圜丘两坛的总称,有两重坛墙环绕,将坛域分为内、外坛两部分,均为南方北圆,形似"回"字。坛内祭祀建筑集中于内坛,从南到北排列在一条直线上。全部宫殿、坛基都朝南成圆形,以象征天。

○ 祈年殿为皇帝祈祷五谷丰登的场所,是一座三重檐的圆形大殿,高38米,直径32.72米,蓝色琉璃瓦顶,全砖木结构,没有大梁、长檩,全靠28根木柱和36根枋桷支撑,在建筑造型上具有高度的艺术价值。天坛的内坛墙周长4152米,辟有六门:祈谷坛有东、北、西三座天门,圜丘坛的南面有泰元、昭亨和广利门。其中东天门位于祈谷坛东侧坛墙处,与西侧的西天门对称。天坛东外坛明清时期无门宇之设,民国年间为出入之便,时人多于坛墙间辟通道。1950年天坛公园建东门,与内坛东天门相对。

○ 而今所说的天坛东门,位于该园的东北角,建于1976年4月,为三间牌坊式建筑,平顶,蓝色琉璃镶边。门内有宰牲亭、七星石、七十二长廊等建筑,门外为南北向的天坛东路及东西向的体育馆路。

○ 蒲黄榆站位于丰台区东部，安乐林路、蒲方路与蒲黄榆路交会处，可与14号线换乘。

○ "蒲黄榆"这一地名只有50多年的历史，既是路名，也是区域名称。

○ "蒲黄榆"初为路名，南北走向，北起二环路上的玉蜓桥，南至南三环中路和南三环东路交会处。民国时期，城南一带人烟稀少，多为乱葬岗子和大大小小的坟圈子，十分荒凉，方圆数里只有几个很小的村落。

○ 在永定门外的东南面自北向南有蒲庄、黄土坑和榆树村三个相距不远的小村子。其中蒲庄也称蒲家庄和东蒲桥，因有蒲姓人家最早定居而得名，但聚落形成于何时，未见史料记载，有的说是清代咸丰年间，有的说是光绪年间，蒲姓人家由河南逃荒到此定居，遂以农耕为生。因早年间有人在此烧窑，留下一些大的黄土坑，形成村落得地名，聚落大致形成于清末。榆树村因村西有几棵老榆树而得名，据传最初有两户为大户人家看坟的在此地定居。

○ 20世纪五六十年代，随着老城墙的消逝，城里城外逐渐连成一片。为了使南城一带的交通更加便利，从1967年开始，在永定门与左安门之间，由北往南修建了一条道路，因途经蒲庄、黄土坑、榆树村，于是取三个村名的首字得名"蒲黄榆路"。最初只有六七米宽，后经多次改扩建，道路越来越宽，三个村子逐渐消失，建成大面积的平房及少数楼房。

107

○ "蒲黄榆"作为区域名称，始于20世纪七八十年代以后。随着北京城市化的推进，在蒲黄榆路的西北部建成多个居民区，泛称"蒲黄榆小区"，后分别称蒲黄榆一里、二里、三里、四里，不少居民因拆迁而从城内搬至于此。

蒲黄榆
PUHUANGYU

刘家窑
LIUJIAYAO

○　刘家窑站位于丰台区东北部，南三环路与蒲黄榆路、榴乡路交会处。

○　关于这一地名的由来，历来说法不一。据传，从明永乐年间开始，京城的南面开设了多处窑场，烧制砖瓦，以为修建北京城之用。今天的刘家窑一带当时是城外郊区，取土、用工相对便宜，周边又有水源，是窑主们的首选之地，而所开窑场多以窑主的姓氏而称，刘家窑是其中一家。

○　这刘姓窑主原籍山东济宁，祖上三辈均以烧窑为业，技术高超。北京城建完后，附近的窑厂相继关闭，只有刘家窑仍在经营，不但烧砖，还烧制泥瓦。因烧出的砖瓦成色好，不易碎，且价格较低，便有不少人慕名而来。后来在窑场周围逐渐形成村落，便依窑场之名，称"刘家窑村"。十几年后这一带的土被用得差不多了，刘家窑关闭，工人各奔他乡，但"刘家窑"之名却保留了下来。

○　另传，刘家窑是清光绪年间由一个刘姓太监出资兴办的，由其干儿子经营，专烧瓦盆。由于该窑烧出的瓦盆细腻，样式别致，销路很好，于是人们就把这一带叫"刘家窑"。到了民国初期，这一带的土被用得差不多了，只留下许多大水坑和洼地，再取土烧砖很是困难，刘家窑就关张了，但地名却保留了下来。

○　1949年前后，刘家窑一带是大片的农田和旧窑坑，北临丁家坟，西南临近赵公口，东南为胡村，村域处在左安门外关厢向西南，至木樨园大道南侧，民国三十六年（1947年）属北京市郊三区。从20世纪50年代开始在此建起平房宿舍区，1984年以后逐步改建楼房住宅区，1988年在此修建了一座下环形互通式立交桥，并以"刘家窑"命名桥名。

○ 宋家庄站位于丰台区东部，石榴庄路与宋庄路交会处，可与10号线、亦庄线换乘。

○ 说起宋家庄，在没有修建地铁5号线时，是个名不见经传的地方，在许多地图上都没有标注，连《北京市丰台区地名志》中也没有任何记载。经多方探询，得到这样一则掌故。

○ 清朝时，左安门外方圆数十里多为荒地和旧窑坑，大约在咸丰年间才有人在此开荒种地。相传最早来此耕种的是一位姓宋的庄稼人，他带着一家十几口从山东逃荒到此，见这里土地肥沃，便在此开辟菜园，种植多种蔬菜，并把刚下地的新鲜蔬菜拉到左安门内出售。因他种的菜品种多，其中以韭菜品质最好，尤其到了冬天，要建上几间暖洞子，专门种植韭菜。因为北京人讲究"初一饺子初二面，初三合子往家转"，大年初一吃韭菜馅饺子，初四吃韭菜馅合子是许多老北京人的最爱。又因"韭"与"九"谐音，有吉祥之意，新年吃韭菜，寓意天长地久（韭），会有好采（菜）头，所以春节上市的韭菜备受青睐。这老宋家的韭菜质地脆嫩、叶宽、水分大，还带有一股淡淡的香气，一上市，便被抢购一空，所以不少人特意来此买菜，并把这里称为"宋家菜园子"，以后来此耕种的人越来越多，形成村落后称"宋家庄"。

○ 20世纪50年代初期，宋家庄一带被辟建为居民区，并在此修建了一条南北走向的道路，因路旁曾有宋家庄而称"宋庄路"，道路两侧的街道多以"顺几条"和"横几条"而称。

○ 2002年规划地铁5号线时在此设站，因位于宋庄路中段而称"宋庄路站"。后来有人提出建议，说车站所处位置是当年的宋家庄，以此而称站名更贴切，故最终定名为"宋家庄站"。

宋家庄
SONGJIAZHUANG
亦庄

金安桥	Ⓢ	JIN'ANQIAO
苹果园	❶ Ⓢ	PINGGUOYUAN
杨庄		YANGZHUANG
西黄村		XIHUANGCUN
廖公庄		LIAOGONGZHUANG
田村		TIANCUN
海淀五路居		HAIDIANWULUJU
慈寿寺	⑩	CISHOUSI
花园桥		HUAYUANQIAO
白石桥南	⑨	BAISHIQIAO South
车公庄西		CHEGONGZHUANG West
车公庄	❷	CHEGONGZHUANG
平安里	❹	PING'ANLI
北海北		BEIHAI North
南锣鼓巷	❽	NANLUOGUXIANG
东四	❺	DONGSI
朝阳门	❷	CHAOYANGMEN
东大桥		DONGDAQIAO
呼家楼	⑩	HUJIALOU
金台路	⑭	JINTAILU
十里堡		SHILIPU
青年路		QINGNIANLU
褡裢坡		DALIANPO
黄渠		HUANGQU
常营		CHANGYING
草房		CAOFANG
物资学院路		WUZIXUEYUANLU
通州北关		TONGZHOUBEIGUAN
通运门		TONGYUNMEN
北运河西		BEIYUNHE West
北运河东		BEIYUNHE East
郝家府		HAOJIAFU
东夏园		DONGXIAYUAN
潞城		LUCHENG

BEIJING SUBWAY LINE 6

北京地铁6号线

呈东西走向，串联石景山、海淀、西城、东城、朝阳、通州6个行政区。西起金安桥站，东至潞城站，全长53.4公里，设有34座车站，换乘站11座。

金安桥
JIN'ANQIAO

北辛安旧影 一

○　金安桥站位于石景山区西部,广宁路、金顶南路与北辛安路交会处,可与S1线换乘。

○　金安桥因地处金顶街与北辛安之间得名,始建于1970年,曾称北辛安立交桥。多年后修建阜石路时,该桥扩建后,因处于金顶街西南,北辛安西北,故各取两个地名中的一字得名"金安桥"。

○　金顶街因临近金顶山得名,该山原名狼山,清初礼亲王代善之后,康亲王崇安、礼亲王永恩葬于此,其墓为竖井悬葬,谓之"金井御葬"。因临近狼山,认为不吉利,故将"狼山"改为"金井山",后谐音为"金顶山"。另说,其山有寺,殿顶覆黄瓦,遂命山为"金顶"。20世纪50年代在附近建成大面积的首钢居民区,因东临金顶山而称"金顶街"。

○　"北辛安"之名源自金元时期,该地原有田、薛两村,村间有一条人工河曰"金口河"。元至元三年(1266年)第一次开河时,为祈祥瑞,改河北"薛村"为"北辛安",河南"田村"为"南辛安"。元至正二年(1342年)第二次开河时,因坡度大,河流湍急,将南辛安冲毁,故今只有"北辛安"。

○　金安桥位于北辛安地区西北部,为石景山西部兴建较早的立交桥,是通往京西门头沟等地的咽喉之地。2010年随着阜石路高架桥的建设,该桥被整体改造为大型立交桥。

苹果园
PINGGUOYUAN

S1　　　1

6
→
2

13

杨庄
YANGZHUANG

○ 杨庄站位于石景山区中部,杨庄大街、苹果园大街与苹果园南路交会处东侧。

○ 杨庄曾称杨家庄,可村里老户却是张、程、姚、高、范、曹几家,而不是杨家,所以很长一段时间,杨庄村的来历成了不解之谜。

○ 2005年在杨庄村北施工时,发现了《御史中丞夏国杨襄愍公墓志铭》,由此解开了杨庄来历之谜。杨襄愍公即杨朵儿只,元朝大臣。因其葬于此,故得地名。

○ 据《元史·杨朵儿只传》载:杨朵儿只,唐兀氏,河西宁夏人,少时即知自立,语言仪度如成人。入朝后因秉公办事,刚直不阿,为仁宗皇帝所"嘉赖",先后任延庆司使、宣徽副使、侍御史、御史中丞,"上宠遇日隆,乃推恩二代皆一品","赐以所服金束带","迁中政使,未几复拜中丞"。延祐七年(1320年)仁宗去世,太后庇护下的奸臣铁木迭儿凶相毕露,捏造罪名,把杨朵儿只抓进大狱,将其杀害。四年后的泰定元年(1324年)才得以平反,被朝廷追封为思顺佐理功臣、金紫光禄大夫、上柱国、夏国公,谥襄愍。其孙子普颜于至正十五年(1355年)"修公墓于京城之西香山里",并有照应(坟户)看守,遂成聚落,称"杨家庄",后改称"杨庄"。

○ 杨庄曾以清代于成龙墓而知名。于成龙,奉天府盖平县(今辽宁省盖州市)人,为康熙时直隶巡抚,河道总督,精于河务,采用排浚筑堤的方法,使无定河免于泛滥。河道治理后,他奏请将霸州等处开挖的新河命名为"永定河"。康熙帝斟酌再三,最终将整个无定河干流赐名为"永定河"。康熙三十九年(1770年),于成龙积劳成疾,病逝于任上,随其父葬于京西杨庄村西,该墓今已不存。

西黄村
XIHUANGCUN

西黄村皇姑寺碉楼旧影 →

○ 西黄村站位于石景山东部，田村路与规划的西黄村路交会处。

○ 据《北京市地名志·石景山区卷》载："西黄村原名黄村，始称于金代以前。据该村西北翠微山麓出土的金代定远大将军利涉军节度副使吴前鉴墓志记：'以大定七年（1167年）二月二十五日举公与二夫人神枢合葬于大兴府宛平县房仙乡黄村之原。'据此可知，该村已有800多年的历史，元、明沿称。据明蒋一葵《长安客话》云："自平坡东转，望都城，平沙数十里。"中经黄村有保明寺，是吕尼梵修处。保明寺又名皇姑寺，明天顺初年（1457年）创建，清代康熙帝赐名显应寺，今尚存。由此证明这里记载的黄村即今之西黄村。

○ 西黄村金代属大兴府宛平县房仙乡，明代属顺天府宛平县香山乡，早年间为京西重镇，是京城通往西山的必经之路。天顺年间所建保明寺（皇姑寺）曾声名远播，香火盛极。因地处黄村，俗称黄村寺。

○ 相传，皇姑寺开山始祖吕牛，俗称吕姑。因救过明英宗朱祁镇，天顺元年（1457年）英宗复辟后诏封吕牛为"皇姑"，并赐银修建寺院，俗称"皇姑寺"。全盛时期分正院、东跨院、西跨院等十数所院落，是京城西部较大的寺庙。清康熙年间毁于火，康熙五十年（1711年）至五十八年（1719年）重修，改称"显应寺"。此后发展为京西著名的庙会，每年农历四月初一至十五，来自通州、三河、香河等京东八县的香客纷纷到皇姑寺顶礼膜拜，香火盛极一时。民国二十四年（1935年）该寺再次修葺。后寺废人散，中华人民共和国成立后改建为西黄村小学。90年代仅剩中部院落部分建筑遗存。自2007年至2014年两次复建维修，已基本恢复中路院落原貌，现为石景山区文物博物馆。

廖公庄
LIAOGONGZHUANG

○ 廖公庄站位于海淀区西南部,巨山路与田村路交会处。

○ 据《北京市海淀区地名志》载:"据传因古有两个廖姓老公(太监)在此居住得名。"有关这一地名的史料极少,但传闻多与此说有关。

○ 明朝宫中有位廖姓太监,为通州永乐店人,与万历皇帝(神宗朱翊钧)的母亲李太后为同乡,为人憨厚诚实,曾侍奉李太后多年,深受太后信任。60岁告老后,李太后赏银数千两。廖公公在京西置下一份田产,以颐养天年。故去后被安葬在田庄里,并有看坟者居住于此,清初形成聚落称"廖公庄"。

○ 民国时,该村只是一个有几十户人的小村,村域呈长方形,汉族居多,也有满族。20世纪六七十年代为四季青公社田村大队的一个自然村,以农业生产为主,如今古村落已被拆迁。

田村
TIANCUN

田村旧影 →

○ 田村站位于海淀区西南部，田村路与玉泉路、旱河路交会处。

○ 田村元代已成聚落，明代沈榜所著《宛署杂记·街道》载："自阜成门二里曰夫营……一道二里曰两家店，曰松林村、曰阮家村、曰田村。"有关该村之得名，历来说法不一。

○ 《北京市海淀区地名志》称：田村"清乾隆年间已是'三街六市七十二眼井'的大村，建有虎皮石寨墙，围长近1公里，东西各设一门，门已拆毁，仅存少量残墙"。另据《田村往事》载：历史上田村是京西古煤道上的重要路站，自明清以来，西山门头沟所产煤炭、石灰，多靠骆驼源源不断驮进京城，田村是必经之路。同时，一条南起直隶省城保定府，北至边关重镇张家口的官马古道与京西古煤道交会于田村西门之外，由此，田村成为南来北往、东西贯通的交通枢纽。至民国时期出阜成门往西至门头沟，田村仍是第一繁华之地，过了田村其沿途村落皆凋敝萧疏。

○ 田村呈长方形，除了前街和后街外，还有一条西街，在皇陵暂安处西墙外，自南向北再折向东，经大石桥与西门外前街相连。20世纪六七十年代该村为四季青人民公社田村大队，以蔬菜种植为主，如今古村落及周边农田几近消失。

海淀五路居
HAIDIANWULUJU

○ 海淀五路居站位于海淀区南部，西四环北路与玲珑路交会处东侧。

○ 北京称"五路居"的有两个地方，一个在海淀，一个在朝阳。为有所区别，多将位于京城西部的五路居称为"西五路居"或"海淀五路居"，而将位于京城北部的五路居称为"北五路居"或"朝阳五路居"。

○ 有关海淀五路居的来历，有两种说法。一说早年间此地有一家经营茶水和小吃的餐馆，称"五禄聚"，是宋、杨、刘、陆、靳五位结拜兄弟合开的，后因"禄""聚"二字笔画太多，不便书写而简写成"五路居"。据说这个茶馆一直开到清末民初，往来于京西门头沟、石景山一带的生意人（多为拉骆驼送煤和贩卖山货的人）多在此歇脚。

○ 另说清末此地为五条小路的交会处，原是半壁店至徐庄、八里庄至郑王坟两条大路的交叉口，还有一条路向南通往恩济庄。路口有山东人开的饭馆，被称为"五路"或"五路聚"，后谐音为"五路居"，在此形成村落后以饭馆之名为村名。

○ 清光绪三十三年（1907年）三月詹天佑主持修建京门铁路，东起京张铁路西直门站，向南在车公庄出岔，西经五路村、田村等站，再向西至门头沟三家店、色树坟、大台各站至木城涧，并在五路村设站，称"五路居车站"，后简称为"五路站"。1939年该站扩建时，占用五路居村北侧，致使村落北迁。

○ 20世纪六七十年代五路居村为玉渊潭人民公社五路居大队所属的一个生产队，"文革"时期曾改称"支农村"。村域以团块状为主体，分为四个部分，有7条胡同，90年代初期有230余户，除汉族外，还有满族。20多年前随着这一地区的改造建设，村落及农田消失。1971年因京门支线影响交通，西直门站至五路站区间被拆除，起点改为五路站，仍为货运站，不办理客运业务。

慈寿寺
CISHOUSI

清末慈寿寺塔 一

○ 慈寿寺站位于海淀区南部，玲珑路与蓝靛厂南路交会处，南邻古刹慈寿寺旧址，可与10号线换乘。

○ 慈寿寺也称永安寺，建于明万历四年（1576年），由明神宗万历皇帝生母慈圣皇太后卜地选址，主持修建。两年后塔和寺建成，由万历帝赐塔额 "永安万寿塔"，寺名 "慈寿寺"，意为祝其母后纳福延寿。

○ 该寺在建造过程中除朝廷出资外，亲王、公主、太监等也纷纷出资资助，显示了皇家对佛教的重视与崇奉之情。慈寿寺废于清光绪年间，原因无从考记。据传清光绪年间的一场大火，将寺内建筑全部烧毁，只留下一座砖塔，就是现在位于京西八里庄玲珑公园内的玲珑宝塔，俗称 "八里庄塔"。

○ 该塔高约50米，是一座仿木结构的八角十三层密檐实心砖石塔，仿广安门外天宁寺辽塔而建，而雕饰工艺则比天宁寺塔更柔和细腻，属明代建筑风格，是典型的明代密檐塔。自下而上略有明显的收刹，檐下用砖砌斗拱支撑，每根檐椽都挂有铁制风铃，共3000余只，每层檐下设24个佛龛，内供铜佛。塔檐的八个角下各悬吊一枚风铃，风一吹，声音和谐悦耳，俗称 "玲珑塔"。该塔虽历经数百年依然清晰可见，是北京现存明塔的代表作，也是北京西郊的标志之一。

花园桥
HUAYUANQIAO

○ 花园桥站位于海淀区南部，玲珑路、车公庄西路与西三环北路交会处。

○ 花园桥因邻近花园村得名。据《日下旧闻考》引《明一统志》载：花园村在钓鱼台附近，金代文人王郁曾在此隐居。《北京市海淀区地名志》称：该地"因金王郁曾在此建花园，故名花园村"。由此来说，此地曾是金代文学家王郁所建花园的旧址。关于这一地名的由来另有一说，称元朝大臣廉希宪因在此地兴建花园而得村名。

○ 廉希宪是元代一位赫赫有名的人物，维吾尔族人，其祖卜为高昌世臣。成吉思汗兴兵崛起时，其父投附蒙古，后于燕京（今北京）、真定（今河北正定）任职。他出生时，其父正任廉访使，主管监察事务，遂以官职为"廉"姓。元中统元年（1260年）廉希宪被忽必烈任命为中书右丞，并赐宅地十余亩于大都（北京）之西郊外（今阜成门外），即金章宗所建钓鱼台旧址北侧。廉希宪遂建别墅及花园，其南侧因种植柳树百余株，被称为"万柳堂"，其北侧因种植有多种花木而得名"大花园"，俗称"花园子"或"西花园"。

○ 至元十七年（1280年）廉希宪病逝，大德八年（1304年）被元成宗追封为"魏国公"，加赠"恒阳王"，葬于京西（今魏公村）。多年后"万柳堂"被废弃，此后附近形成村落，便依"花园子"而称"花园村"。

○ 明清时，花园村一带曾是京城西部的重要通道，附近虽有零星的聚落，但人烟稀少，较为荒凉。民国时期，花园村还只是阜成门外的一个小村落，当地农民在此开辟果园，种植大片的桃树。20世纪60年代以后，陆续在这一带兴建宿舍楼，逐渐形成居民区，仍沿用旧村名。1994年修建西三环路时在此建成一座菱形互通式立交桥，长308米，因临近花园村而称"花园桥"。

白石桥南
9 BAISHIQIAO South

20世纪80年代的白石桥 一

○ 白石桥南站位于海淀区南部，车公庄西路与首都体育馆南路交会处，可与9号线换乘。

○ 该站因紧邻四道口，初设地铁站时称"四道口站"，后因地处白石桥南侧改称"白石桥南站"。

○ "四道口"之得名，有两种说法。据传，明清时有两条古道在此交会，一条是东南、西北向的，由三塔寺到白石桥；一条是东西向的，由西直门外黄土坑通往西八里庄。道口东北侧有一水井，有常姓人家在井旁开设茶馆。门面虽小，但东南西北四个道口往来于此的客商较为频繁，逐渐形成聚落，依道口之名称"四道口"。另说，"四道口"得名与清末所建"京门铁路"（也称"京门支线"）有关。"京门铁路"是詹天佑所建京张铁路的辅助铁路，同由詹天佑主持修建，原自西直门站南侧车公庄出岔，西经五路、田村等站，再向西至门头沟三家店、色树坟、大台各站至木城涧。其修建是为了将门头沟的煤炭运抵西直门，供"京张铁路"蒸汽机车燃料之用，为单线行驶。"京门支线"东侧起点为西直门站，出西直门站向南经过西直门城楼（1969年拆除）外后拐向西，并与"京张铁路"分岔。拐弯地点在西直门立交桥西南侧（今地铁大厦附近）向西后，其路线大致沿着今天的西直门外南路行驶，再向西，抵达今白石桥南以北，跨今首都体育馆南路，如今唯一可以找到的遗迹就是称"四道口"的地方，也就是说"四道口"是"京门支线"自东向西的第四个铁路道口，故此得名。

○ 1971年因通过列车时影响交通，西直门站至五路站区间被拆除，起点改为五路站。如今该铁路西直门站至五路站已无踪迹，只有与之有关的"四道口"之名尚存，并设有"四道口社区"。

车公庄西
CHEGONGZHUANG West

○ 车公庄西站位于西城区西北部，展览馆路与车公庄大街交会处。

○ 初设地铁站时因地处展览馆路中段而称"展览馆路站"，后因位于车公庄站西侧改称"车公庄西站"，此地历史地名为葡萄园，且紧邻三塔寺。

○ 展览馆路为南北走向，因其北端有北京展览馆而得名。北京展览馆始建于1953年，当初是为举办苏联工农业生产展览，介绍苏联文化教育事业的成就，由苏联专家与中国技术人员共同设计建造的一座大型展览馆。1954年9月落成，初名"北京苏联展览馆"，1958年以后更名"北京展览馆"。

○ 该站西南侧曾称葡萄园，明清时为农田，明初曾被赐给开国重臣滕国公孟善作为私人花园，因以栅栏视墙，俗称"滕公栅栏"，后来成为西方传教士在京安息的墓地，称"滕公栅栏传教士墓"，占地数十亩。光绪二十七年（1901年）七月《辛丑条约》签订后，其地由法国人管理，因为教堂举行宗教仪式需要使用葡萄酒，于是法国修士从法国引进了葡萄秧苗，在此开辟了葡萄园。清末，尚义酒厂在此种植葡萄，以供酿酒之用。20世纪50年代于此兴建住宅，形成居民区，遂以"葡萄园"命名，大致位于今天的车公庄西站D口及南部区域。

○ 此地曾有三塔寺村，大致在展览路与车公庄大街十字路口处东北侧。三塔寺也称"西域寺"，民国时余棨昌所编《故都变迁纪略》称："明宣德年建，为灌顶广善西天佛子大国师荼毗之所。今其地即名西域寺。"《日下旧闻考》云："西域寺在阜成门外马家沟，俗呼三塔寺。"民国时三塔寺村只有几户人家，主要是一陈姓看坟的。而今已无村落，但公交车仍设有"三塔寺站"，使旧名得以留存。

⑥

→

⑫

→

⑬

123

北海北
BEIHAI North

20世纪40年代的北海公园 →

○　北海北站位于西城区东北部，地安门西大街中段，北海公园北侧。

○　北海与中海、南海合称"三海"，已有近千年的历史。作为皇家园囿，北海最初是根据我国古代神话故事幻想中的仙界建造的。据说，东海上有三座仙山：蓬莱、瀛洲、方丈，山上住着长生不死的神仙。秦始皇统一中国后曾派方士徐福前往东海寻找不死药，可一无所获。到了汉朝，汉武帝下令在长安北面挖了一个大水池，名曰"太液池"，池中堆起三座假山，赐名"蓬莱""瀛洲""方丈"，从此历代皇帝都在皇殿附近兴建"一池三山"。

○　辛亥革命后，北海曾一度被军阀占有，袁世凯暂住于静心斋。民国十四年（1925年）8月辟为公园对外开放。园内景观众多，如永安寺、法轮殿、悦心殿、庆霄楼、九龙壁、龙亭、静心斋等，而琼华岛上的藏式白塔为京城的标志性建筑之一。乾隆皇帝御题的"琼岛春阴"石碑立于绿荫深处，为"燕京八景"之一。

○　北海公园辟有多座园门，其北门位于北海东北隅，东邻蚕坛，为民国十五年（1926年）所建，坐南朝北，是在原北海园墙上所开，此后几经改建，如今是进入北海公园北部的主要通道。

南锣鼓巷
⑧ NANLUOGUXIANG

20世纪80年代的南锣鼓巷 →

25

○ 南锣鼓巷站位于东城区西北部,地安门东大街与南锣鼓巷交会处,可与8号线换乘。

○ 南锣鼓巷曾是元大都的南北通道,今北起鼓楼东大街,南至平安大街,全长近800米。在元大都"左祖右社,前朝后市"的城市格局中,南锣鼓巷是"后市"的组成部分。元代以南锣鼓巷为轴线,东侧地区属昭回坊,西侧地区属靖恭坊。明代属昭回靖恭坊。清代乾隆年间属镶黄旗。因该街东西各有8条胡同整齐排列着,西面的8条胡同是福祥胡同、襄衣胡同、雨儿胡同、帽儿胡同、景阳胡同、沙井胡同、黑芝麻胡同、前鼓楼苑胡同;东边的8条胡同是炒豆胡同、板厂胡同、东棉花胡同、北兵马司胡同、秦老胡同、前圆恩寺胡同、后圆恩寺胡同、菊儿胡同。这些胡同在元朝时没有名称,其名是明朝以后逐渐演变来的。南锣鼓巷从外形看好似一条蜈蚣,据说以前在南锣鼓巷的最北处有两眼古井,恰好成了蜈蚣的两只眼睛,故称"蜈蚣街""蜈蚣巷"。

○ 《京师五城坊巷胡同集》称该街为"锣锅巷"。据传早年间该巷因其地势中间高、南北低,如一驼背人,故名"罗锅儿巷"。清乾隆十五年(1750年)绘制的《京城全图》将"罗锅儿"讹为"锣鼓"。以鼓楼东大街为界,北称"北锣鼓巷",南称"南锣鼓巷"。

6

16

17

12

东大桥
DONGDAQIAO

20世纪60年代的东大桥 一

○ 东大桥站位于朝阳区西部，朝阳门外大街、朝阳北路与工人体育场东路、东大桥路交会处东侧。

○ 东大桥距朝阳门不足三里，据《日下旧闻考》载："自朝阳门至通州四十里，为国东门孔道，凡正供输将，匪颂诏糈，由通州达京师者，悉遵是路。"这里原有的一座石桥，是出京东去的必经之路。

○ 据《朝阳文史》载：早年间今天的工人体育场一带是一片水塘洼地，有一条排水沟从水塘沿今工体东路西侧往南流，到了朝阳门外正好与城门外往东的一条道路相交。为了方便交通，明代在此修建了一座木桥，清朝末年改为石桥，桥身不高，长60多米，宽13米多（另传桥长十余丈，宽三丈多），桥面为虎皮条石铺成，桥栏用花岗岩镶砌，做工精巧。因地处朝阳门之东侧，俗称"东大桥"，其大致位置在今蓝岛大厦东楼马路北对面的机动车道与非机动车道分界处。

○ 经过上百年的车碾马踏，东大桥的桥面已破损严重，青石上已布满沟沟壑壑，很不好走，石栏也破损很多。1937年"七七事变"后，驻守附近的日军将桥上和桥两侧的条石拆掉，铺成了石子路，但桥基尚存。

○ 20世纪50年代末，东大桥地区被逐渐开发，建起工厂和住宅楼，特别是随着工人体育场的建成，在铺修体育场东路时，东大桥桥基被埋在马路下。此后为缓解朝阳门外的交通压力，这一地带又经过多次改造，如今成为朝阳门外大街、东大桥南路、朝阳路、朝阳北路、工体东路五条交通要道汇集之处。

呼家楼
HUJIALOU

○ 呼家楼站位于朝阳区西部,朝阳北路与东三环路交会处,可与10号线换乘。

○ 呼家楼所在地最早叫"皇姑坟",但到底埋的是哪朝的哪位皇姑,已无从考证。因这里地处朝阳门外,人员往来频繁,于是出现了许多客栈。清末民初时,有一呼姓(也有说胡姓)人家在此盖了一幢小两层楼,一层为门面,用于经营杂货,二层为客栈,用于招待南来北往的路人。因小楼位于村口,远远就能望见,被称为"呼家小楼",后简称为"呼家楼"。也有人认为呼家楼之"楼"并非楼,而是一栋建在高坡上的大房子,远远望去显得很高大,就像一幢小楼,因房主姓呼,故称"呼家楼"。日子一长,村名也由"皇姑坟"改成了"呼家楼"。

○ 1947年出版的《北平市图》上便有"呼家楼"的标注。但同年四月立生图书社印行的《北京市城郊地图》则标注为"胡家楼",地处关东店村与小猪店村之间,东北临近皇姑坟村。当时这一带为朝阳门外六七里的郊外,一条大道自西向东,通往十里堡、大黄庄、定福庄,东至通州。大道旁多为农田,还有几家大车店及乱葬岗子、大粪场子。

○ 20世纪50年代初,因北京第一机床厂等企业在此兴建厂区和宿舍区,逐渐形成了一些街巷。从80年代开始,原有的平房宿舍区被改建为高层建筑群,逐步形成了呼家楼南里、北里、西里等小区。

14

金台路
JINTAILU

○ 金台路站位于朝阳区西部，朝阳北路与金台路、甜水园街交会处，可与14号线换乘。

○ 金台路北起朝阳北路，南至朝阳路，与西大望路贯通，路名源于"燕京八景"之一的"金台夕照"。

○ "金台"取自燕昭王筑台，置千金以延揽天下贤士的典故。据传，燕国与齐国有仇，齐缗王便趁燕国内乱，把燕国的大半领土据为己有。燕太子平继位后，称昭王，听从相国郭隗的建议，励精图治，招贤纳士，在易水旁筑起一座高台，台上存放黄金，以馈赠四方贤士，被称为"招贤台"，又称作黄金台。此台一立，燕昭王惜才重贤的名声很快传播开了，各国也纷纷效仿，于是在各地出现了许多叫黄金台的地方。由于年代久远，关于金台在北京城内的确切位置，一直有很多说法。乾隆皇帝依据历代有关记述，于乾隆十六年（1751年）作诗，概括了黄金台的历史情况，并立"金台夕照"碑于此。此碑曾消失多年，2002年在附近出土，如今竖立在地铁"金台夕照站"C出口西侧不远的一个广场中。

○ 金台路建于20世纪50年代，原为煤渣路，60年代改筑水泥路面，80年代中期拓宽改建成现状。

十里堡
SHILIPU

1983年十里堡大街上的电车 一

○　十里堡站位于朝阳区中西部，朝阳北路与石佛营路、十里堡路交会处。

○　十里堡因距离朝阳门十里而得名，据传早年间是京东地区一个较大的驿站。

○　驿站是中国古代供传递官府文书和军事情报的人或来往官员途中食宿、换马的场所。清代驿站分驿、站、铺三部分。古有"三十里一驿"之说。驿站有大小之分，多将相距十里的称"铺""堡"，相距三十里、五十里或百里以上的称"驿"。因十里堡是通往东北地区的第一个驿站，来京城的人员，在进京之前，大多在此休整，然后经朝阳门，进入北京城，所以规模较大，形成村落后称"十里堡"。

○　元大都建有11座城门，其中的东南门名为"齐化门"。建成后，车马由此进城出城，逐渐形成一条土路，是元大都东去的驿路。当时，这条路两侧多是荒郊野地，只有零星的几个驿站。明正统年间重修齐化门后，改名为"朝阳门"，城门外的土路也由驿路逐渐变成运粮通道。明清时，自运河漕运来的粮食抵达通州后，多"舍舟遵陆"，改用车辆，运进朝阳门内的粮仓，原来荒凉的小路逐渐热闹了起来。因车马长年累月的"轮蹄络织"，这条路变得破旧不堪。每逢雨雪，路上"积涝成洼，经潦作泞"。为方便通州到京师运粮及行走之需，清雍正七年（1729年），皇帝诏令修建朝阳门外石路。由于工程浩大，众多工匠只能在路边住宿。石路沿线由此形成一些村庄，其中一村落距朝阳门十里，故名"十里堡"。

青年路

QINGNIANLU

○ 青年路站位于朝阳区中部，朝阳北路与青年路交会处。

○ "青年路"是城镇道路名，国内有多个城市街道同名，而位于北京市朝阳区的"青年路"为其中之一，是一个具有时代印记的地名，只有近60年的历史。

○ 历史上，青年路一带处于朝阳门外十余里的地方，民国时在朝阳门通往通州的道路上，即十里堡与太平庄之间，有一条南北走向的大道，宽不过四五米，北至姚家园，大道旁有红门村、佟家坟，今天的青年路大致与这条大道并行，当时附近多为农田及岗丘。

○ 《北京市朝阳区地名志》载："青年路位于朝阳区中部，平房乡和八里庄街道办事处辖域内。北起东坝路与原将台路南段相接，南至朝阳路，长3565米，宽7米。""1959年10月区团委组织团员、青年参加修路的义务劳动，路修成之后，为表彰青年们的劳动成果，故定此名。沿路附近有姚家园村、甘露园，跨亮马桥灌区和平房干渠，与姚家园路交叉，两侧修明沟排水，行道树为杨、柳、国槐等。沟旁植紫穗槐及荆条等灌木，是区域东部南北向的重要通道。"

○ 此后几十年间，该路几经改扩建，拓宽取直，两侧广植树木，并向北延至姚家园路，成为双向城市干道。多年前再次向北延至东风公园，称"青年北路"。

褡裢坡
DALIANPO

○ 褡裢坡站位于朝阳区中东部,朝阳北路与定福庄路交会处。

○ 《北京市朝阳区地名志》载:褡裢坡村"东与黄渠村交界,西与东白家楼为邻,南靠定福庄北里,北与石各庄接壤。原为蒋氏坟地,成村后因聚落居高坡之上,形似褡裢,故名"。何为"褡裢"?即老年间人们使用的一种布口袋,中间开口,两端装东西,出行时搭在肩上,存放些小物件儿,俗称"褡裢袋子",土名又称"钱叉子",山西、河北等地多有此称谓。

○ 历史上的褡裢坡,村形为中间高,两边洼,为防水患,民居多建在高坡上,由此聚落故称"褡裢坡"。之所以用"褡裢"命名,图的是个吉利。据传褡裢坡村最早落户的村民为明代山西移民,山西人以"褡裢"为名,即希望财源滚滚,日子红红火火。

○ 由于褡裢坡村为中间地势高,东西地势低,村民在中间高坡种植谷子、玉米旱地作物,低洼地以种植高粱、水稻为主。据传这里最初种植的水稻其稻种来自玉泉山下,名为"紫金箍"。每到金秋时节,京城一些大户人家便到此购买当年的稻米,借以品味皇家御稻的味道。

○ 20世纪90年代初,此地尚有水稻种植,村属朝阳区三间房乡,而今褡裢坡的地形地貌已发生根本变化,难寻"褡裢"之形,村落与稻田均已消失。

黄渠
HUANGQU

○ 黄渠站位于朝阳区东部,朝阳北路与黄渠东路交会处。

○ 《北京市朝阳区地名志》载:"该村原属通县,1958年划归朝阳区。1986年因修建黄渠渔场将原么家店、双山子两个自然村合并于该村,形成现今规模。成村初,村民多为山东迁来的黄姓灾民,因村中有一条水渠,故名。"

○ 明清时期这一带属顺天府大兴县,民国时期属郊一区,1950年属东郊区,为平原地带。其中黄渠村地势最低,多洼地,地下水位偏高,土质肥沃。据传,明万历四十三年(1615年),山东大旱,数十个州县受灾,许多灾民背井离乡,各谋生路。其中有曹县(今菏泽市)黄姓灾民十余人逃荒于北京,定居于今黄渠附近的一条沟渠旁,开荒种地。最初只有三五户人家,几年后形成聚落,因村民多散居于沟渠两侧,以最初定居于此的黄姓而称"黄家渠",后简称"黄渠"。因沟渠密布,早年间盛产水稻,曾有"京东稻乡"之称。今属平房乡,村落及农田、河渠均已消失。

○ 该村曾有清代工部、刑部侍郎徐大贵墓。徐氏系汉军正白旗人,顺治十四年(1657年)以军功晋二等男,谥勤果。该墓占地约三亩,坐北朝南,建有虎皮围墙,入口在正南侧,外围以林木环绕,清末尚有遗迹,民国时被毁。

常营
CHANGYING

清末常营清真寺 一

○　常营站位于朝阳区东部，朝阳北路和常顺路交会处。

○　常营为北京市回族居民聚集地之一，历史悠久。明初名将常遇春（回民）从徐达北征攻克元大都后，洪武二年（1369年）为抵御元朝将领也速侵犯通州，曾在此屯兵扎营。此后常遇春所率的一支回民军队长期驻扎在这里，形成村落，因村民多系常氏后人，故称"常家营子"，后称"常营""长营"。

○　明代《嘉靖通州志略·官纪志》记载了常遇春在通州的两次军事活动。第一次是洪武元年（1368年），常遇春作为大将军徐达的副将北伐，攻下通州。第二次是洪武二年（1369年），常遇春进军山西，此时元将也速残兵再次侵袭通州，通州告急，常遇春奉命率兵驰援通州，击败也速，通州转危为安。另据《康熙通州志》载：徐达、常遇春等筑台驻军于通州，距城三十里为营。今天常营距京城朝阳门、东直门大约是二十五里。

○　常营有一座清真寺，始建于明正德年间（1506—1521年），清嘉庆年间重修，是京城近郊规模最大的一处清真寺，自南至北依次有三座寺门，整体建筑坐西朝东，两进院落，目前仍是穆斯林同胞礼拜的场所。

○　常营东与东十里堡毗邻，西接黄渠村，南接管庄村，北临东小井。民国时期常营属河北省通县，1958年3月随通县划归北京市，同年4月划归朝阳。人民公社时期将"常营"改为"长营"。1984年3月恢复民族乡建制，但仍称"长营"，直到1984年6月才恢复"常营"之名。

草房
CAOFANG

○ 草房站位于朝阳区东部，朝阳北路与草房西路、常营南路交会处。

○ "草房"之得名与明代在通州西北所设御马场储存草料有关。据传，嘉靖年间户部在此地东三里处设御马场，草房附属御马场。此地处于京城东部，人烟稀少，多为空旷之地，每至夏季，绿草如茵。

○ 所谓御马草场，有两种情况。一是收草储料之所，即草料场，所存草料为皇家御马专用。二是牧马草场，即放牧场。据考，此地当为收草储料之所，俗称"草房"。对于草料场，御马监的职责是监守仓场、收纳发放草料。设有掌场太监一员，另有贴场宦官、金书宦官数十员。草料场所收草料的数量根据在房牲口数量而定。明末清初，该草房逐渐废弃，形成聚落，仍称"草房村"。

○ 清康熙四十三年（1703年），皇太极之第十四女和硕恪纯长公主死后葬于该村北部，时称"公主坟"，也称"草房公主坟"。和硕恪纯长公主的母亲为皇太极庶妃蒙古察哈尔部奇垒氏，初号和硕公主。顺治十年（1653年）13岁时嫁给平西王吴三桂之子吴应熊。顺治十六年（1659年）十二月被封为和硕建宁长公主，后改为和硕恪纯长公主。她是有清一代唯一嫁给汉人的公主。吴应熊与公主婚后被授三等子，顺治十四年（1657年）加少保兼太子太保，康熙七年（1668年）晋少傅兼太子太傅。吴三桂谋反后，吴应熊及其子世霖被诛，因公主是康熙帝姑母，得到康熙帝特别慰谕，谓其"为叛寇所累"。康熙四十三年（1704年）去世，时年63岁。多年后公主坟形成聚落，称"公主坟村"。

○ 草房东与通县邓家窑村交界，西与东十里堡毗连，南接东军庄，北与五里桥相邻。1958年草房村与公主坟村合并，称"公主坟村"，1982年改名"草房村"。如今公主坟早已平毁，草房村也消失了，建成"草房小区"。

物资学院路
WUZIXUEYUANLU

○ 物资学院路站位于通州区西北部，物资学院路与朝阳北路交会处。

○ 此地旧属邓家窑，地处京杭大运河北端。

○ 历史上这一带地势平坦，土壤多为黏性两合土，适宜烧制砖瓦，故设有多处窑厂。大约在明万历年间有邓姓山西榆次人最先至此建窑。据传这邓姓窑主与榆次"琉璃赵"师出一门，也是以烧制琉璃为业。但琉璃属御用品，没有朝廷旨意，是不能随意烧制的。邓姓窑主迁徙此地后，见这一带的土质适宜烧制砖瓦、瓦盆，便修建起窑厂，多年后形成聚落称"邓家窑"。到民国时已有上百户，东临纪庄，西临县界（朝阳区），南至西马庄，村域呈不规则状，东西向主街两条。1980年村东的破店村并入，20世纪90年代初属通县城关镇，尚有大片农田。

○ 1980年在此兴建国家第一机械工业部仓库，1982年转给国家物资局，1983年改建为北京物资学院，随后自该校南门向南建成道路，称"物资学院路"。后几经改造取直，并向南延至通燕高速路（京榆旧线）。

○ 北京物资学院的前身为始建于1956年的中央劳动干部学校，此后改称北京劳动学院、北京经济学院。1980年北京经济学院物资管理系改建为北京物资学院。

通州北关
TONGZHOUBEIGUAN

○ 通州北关站位于通州区西北部,永顺南街与北关大道交会处。

○ 该站初期规划时因临近北关环岛称"北关环岛站",后称"北关站",开通时正式定名为"通州北关",因临近通州旧城北关得名。这里所说的"关"不是关口或关卡,而是关厢。经过一千余年发展起来的通州城,旧新两城相连相扣,有五座高大的城门,却只在旧城南门外、北门外、东门外、新城西门外,形成四个关厢。

○ 北关南起北门瓮城西门外,北到盐滩、皇木厂,东起运河西岸,西至皇木厂西侧洼地——通惠积水,更西北是温榆河向东南拐弯处——大湾和小湾。北关东依北运河,南靠通惠河,历经明清两代发展,先后设立了石坝、下关、黄船坞三座码头。北关大街是一条拐棒形街道,在三座码头影响下,市面繁荣,1937年改名通榆大街。

○ 辛亥革命后,通州城经天灾兵燹,城垣破败不堪,1952年被拆除,只留下北关、东关等老地名。而今所称的"北关"非老城关。老城关在通惠河北岸数里处,现"北关"之名只是一个泛称。

○ 通州北关以北关闸桥而得名,如今被确认为京杭大运河最北端的"运河源头第一桥",在地铁站东侧通惠河上。据《北京市通县地名志》载:该桥原为浮桥,明代本在通州东关,清代改移至通州北门外水浅处。乾隆三十年(1765年)因河水涨发,河岸冲刷宽阔,不敷搭济,加用18只船。因位于州城北,以船代桥,故曾名北浮桥。为清代通往东陵的御道和通往冀东必经之处。1935年弃船架木桥,夏季水发,桥被冲毁,仍以船为之。1939年建设总署为沟通京东各地交通运输,重建木桥,1963年建成永久闸桥。

○ 北关环岛地处地铁站西北部,因位于通州旧城北关厢,故名。环岛1988年7月动工,1990年8月竣工。此后经改造成为立交桥,通燕高速路与新华北街在此交会。

通运门
TONGYUNMEN

○ 通运门站位于通州区西北部，新华东街与东关大道、故城东路交会处北侧。

○ 通运门为通州旧城东城门，是通州古城通往运河的主要通道，"通运"为通达、畅运之意。据《通州史话》载：明洪武元年（1368年），徐达率军攻克通州，大将孙兴祖受命修筑通州城，"甃以砖石，周围九里十三步，高四丈六尺"，"城建四门，东曰通运，西曰朝天，南曰迎薰，北曰凝翠"。新建的通州城是在金元时期通州城基础上扩建而成。

○ 通运门位于东城墙上，门外有一个半圆形的瓮城。《燕行录》载："由通运门而入，即通州城东门也，门设曲城，谯楼坏毁。""曲城"就是东门的瓮城。瓮城开有两个门，南北两侧各开一门，分别叫作南小门、北小门。

○ 明清时，通运门外有多处运河码头，来自国内外的各种物资在此上岸，并经东门入城，因此通运门内外为通州商业繁盛之地。位于通运门内的东大街是通州城内最繁华的商业街，大街两侧店铺林立。

○ 民国时通运门尚存，1952年通州城拆除时，通运门也随之拆除。自1368年建成，直至拆除，共存在了584年。此后由此向西修筑了一条大街，取"新中华"之意称"新华大街"。最初修建地铁站时，因地处新华大街东口而称"新华大街站"。2012年施工发现了明清通州古城东门和瓮城遗址，位于原通州新华东街东段通州旧城地区的北小门胡同，距离北运河西岸约300米，由此证实了传闻中的北小门为通州东门所在的说法。经征求多方意见，最终站名改称"通运门站"。

北运河西
BEIYUNHE West

清末的北运河 →

○　北运河西站位于通州区中北部，北运河西岸，玉带河东街与滨河中路交会处。

○　初设地铁站时因地处玉带河东街东段而称"玉带河大街站"，后因东临北运河而得名"北运河西站"。

○　玉带河大街为通州城区东西走向的城市主干道，东起滨河中路，西至北苑南路，以新华南路为界，分为玉带河东街和玉带河西街两段。

○　早年间，在今地铁北运河西站西侧是一大片空场。玉带河东街最初为北运河至通州城南关的土路，随漕船北上的运夫（船工）多由此进入通州城，于是有人在距运河不远的这片空场上建房，以为船夫暂住。为居住方便，也有船夫出资在此建房，逐渐形成聚落，因居住于此的多为南方人，俗称"南蛮子营"，后简称"蛮子营"。

○　清末漕运废弃后，不少南方的运夫留在了北京，相当一部分人居住在通州一带，"蛮子营"也是其聚集地。1946年因"蛮子营"从字义上具有明显歧视的性质，故更名为"上营"，意为随漕船北上的运夫曾上岸居此。20世纪90年代属通州镇所辖村，今属中仓街道辖域。

北运河东
BEIYUNHE East

○ 北运河东站位于通州区中北部，北运河东岸，运河东大街与东六环路交会处。

○ 北运河是流经北京市东郊和天津市的一条河流，为海河的支流。干流通州至天津段即京杭大运河的北段。其上游为温榆河，源于军都山南麓，自西北而东南，与通惠河相汇合后始称北运河。自古以来，北运河有过许多名称，如鲍丘水、沽水、潞水、潞河、白漕、通济河、外漕河、自在河、泗河等，历史上对南北物资的交流、中外文化的沟通曾起过极大作用。同时北京城近郊区的河流，如北部的清河、南部的凉水河等几乎均注入北运河，由此它也成为北京地区最主要的排水、泄洪河道，尤其是汛期能起到防洪的重要作用。

○ 北运河沿岸有多处村落，位于北运河东侧的地铁站紧邻杨坨村，故初设地铁站时称"杨坨站"。《北京市通县地名志》载：杨坨明朝成村，但最初在此定居的人家并不姓杨，而姓周，他们建村于土坨之上，故名"周家坨"。坨，乃形似蛇形扭摆状的长土岗。清初有姓杨人家到附近定居，形成聚落称"杨家坨"。因杨家坨发展得较快，村域规模大大超过了周家坨，又两村基本相连，民国时二村被并称为"杨家坨"，后简称"杨坨"。

○ 杨坨东距郝家府1公里，西邻北运河，北至霍屯2公里，村域呈矩形，主街东西两条，南北两条，20世纪80年代末有村民300余户，千余人，均为汉族。因临近北运河，历史上这一带水源丰沛，有多种作物种植，曾是京东一带的粮食主产区。而今随着京东地区的开发，村落已消失，建成杨坨新村，今属通州区潞城镇所辖行政村。其东侧通胡南路与东六环路交会处建有杨坨立交桥。

郝家府
HAOJIAFU

○ 郝家府站位于通州区北部偏南，运河东大街与临境路交会处。

○ 《北京市通县地名志》载："明代中期皇亲贵族，文臣武将，豪门僧侣，各有封地，宦官郝巡偕吏役至此，占有东从大台、留庄，西至北运河，南自黎辛庄，北至辛安屯的大片土地，形成聚落后，故因姓得名'郝家府'。清初圈地，该地被圈占，更名为郝家甫。1913年后复称今名。"

○ 宦官郝巡未见史籍记载，据传为明代太监，今河北容城人，十三岁净身进宫。他聪明乖巧，最初只是一个清扫宫苑的小太监，9年后到乾清宫当差，从此步步高升，在宫中40年，荣升内官监右监丞、御马监总管，显赫一时。为年老体弱出宫后有个安身之所，他在通州北运河畔圈地百余亩，并建有一座大宅园，雇百余人于此居住，以为耕作和看守宅园，时称"郝家府"，形成聚落后称"郝家府村"。

○ 通州城东门外有个铜关庙胡同，因有建于明初的"铜关帝庙"，简称"铜关庙"得名。隆庆二年（1568年）郝巡增广重修，改为家庙，除内供奉列祖五代牌位外，还供奉"冶铜镀金"关羽神像。十几年后郝巡出宫来到郝家府的宅院养老，死后被葬于宅院的北墙外，其宅园为他的三个侄子所有，但其侄均好逸恶劳，短短3年后便家业衰落，部分田地被典当或变卖。清康熙年间朝廷在此大量圈地，封给王公贵族，此地被封给一位王爷，并改称"郝家甫"。"甫"原意为田里长得壮健的新苗，寓意五谷丰登。民国二年（1913年）复称原名"郝家府"。

○ 20世纪90年代，该村属胡各庄乡，村域呈矩形，东西主街4条，村民多从事农业生产。今属潞城镇。

东夏园
DONGXIAYUAN

○　东夏园站位于通州城区东部，运河东大街与通怀路交会处。

○　初设地铁站时，因地处规划中的通州新城区而称"通州新城站"，此地旧属东夏园村。《北京市通县地名志》载：东夏园"清初已成村，孙、吴、苏、冯、宋五姓逃荒至此，安家落户，为肃王府黎姓管事种菜园，因吴姓为大户，故曾称吴家园；后因夏姓至此为大户而更名为夏家园，简称夏园村；1981年由于县境内重名，此地位于东，更今名"。

○　据传，此地曾是清太宗皇太极第一子、"八大铁帽子王"之一的肃亲王豪格之菜园，初为朝廷给予皇亲国戚的"封地"。因距京城较远，肃亲王无以打理，遂由几户逃荒者耕种，每年象征性地向肃王府交一些银两。顺治三年（1646年）正月，肃亲王被授为靖远大将军出征四川，同年十二月灭张献忠政权。顺治五年（1648年）二月凯旋回京，三月却被多尔衮构陷削爵，事后被幽禁，同年四月死于狱中。此后位于通州的菜园转为吴姓大户，时称"吴家园"，所产蔬菜多销往通州城里。多年后吴家败落，将菜园低价转给夏姓大户，由此改称"夏家园"，俗称"夏园"，形成聚落称"夏园村"，后因通县境内重名，此地位于东侧而改称"东夏园"。

○　20世纪90年代初属通县胡各庄乡，今属通州区潞城镇所辖行政村。

潞城
LUCHENG

清末潞河书院 一

43

○　潞城站位于通州区北部，通胡南路东端，北运河东部。

○　初设地铁站时称"东小营站"，后经考证历史上为潞城故址而改称"潞城站"。

○　《北京市通县地名志》载："西汉初（公元前206年）置路县治于此（今通州区潞城镇古城村），东汉改路为潞，县从水名（潞河、潞水，即今白河），渔阳郡治曾置此，曾建有土城，始称潞城。东汉建武中（公元40年前后）……成为普通聚落，因曾为潞县故城，故名。"经考古发现，西汉于今通州区境所置路县，其治所在今通州区城东八里古城村一带。王莽篡汉后，改路县为通路亭，属通路郡。东汉建立后，废王莽新朝所改名称，恢复西汉旧称，但改"路"为"潞"，始称潞县。三国时，潞县归曹魏版图。

○　唐武德二年（619年），潞县为玄州治所。贞观元年（627年），废玄州，潞县属幽州。天宝元年（742年），幽州改为范阳郡，潞县仍属。乾元元年（758年），范阳郡复称幽州，潞县所属亦随之而改。唐代迁县治于今通州城区。天德三年（945年），潞县为通州治所。元至元二十一年（1284年），通州及所领潞、三河二县隶属于大都路。明洪武元年（1368年）八月，明将徐达攻占元大都，改名北平，并改元大都路为北平府。同时潞县入通州，从此潞县之名变成历史地名。1912年改顺天府为京兆地方，通州改名通县。如今通州区有潞城镇建制，位于城区东部，北运河与潮白河之间，是原甘棠乡、胡各庄乡撤并而设的新建镇。潞城镇的古城村有着悠久的历史，有通州"发源地"之称。

○　通州历史上以潞河书院而著名，最初由仓管总督张仪朝和通州知州朱英于康熙五十九年（1720年）创办，因古代通州称"潞河"而命名。该书院历经多次迁徙与重修，光绪六年到十五年（1880—1889年），因经费不济停办，光绪十七年（1891年），在天恩胡同东端北侧重建。光绪二十九年（1903年），潞河书院改为"通州官立小学堂"。

北京西站	⑨ BEIJING West Railway Station
湾子	WANZI
达官营	DAGUANYING
广安门内	GUANG'ANMENNEI
菜市口	④ CAISHIKOU
虎坊桥	HUFANGQIAO
珠市口	⑧ ZHUSHIKOU
桥湾	QIAOWAN
磁器口	⑤ CIQIKOU
广渠门内	GUANGQUMENNEI
广渠门外	GUANGQUMENWAI
双井	⑩ SHUANGJING
九龙山	⑭ JIULONGSHAN
大郊亭	DAJIAOTING
百子湾	BAIZIWAN
化工	HUAGONG
南楼梓庄	NANLOUZIZHUANG
欢乐谷景区	Happy Valley Scenic Area
垡头	FATOU
双合	SHUANGHE
焦化厂	JIAOHUACHANG
黄厂	HUANGCHANG
郎辛庄	LANGXINZHUANG
黑庄户	HEIZHUANGHU
万盛西	WANSHENG West
万盛东	WANSHENG East
群芳	QUNFANG
高楼金	GAOLOUJIN
花庄	八通 HUAZHUANG
环球度假区	八通 Universal Resort

BEIJING SUBWAY LINE 7

北京地铁7号线

大致呈东西走向，途经丰台、西城、东城、朝阳、通州5个行政区。西起北京西站，东至环球度假区站，与八通线衔接，全长40.3公里，设有30座车站，换乘站8座。

北京西站
BEIJING
West Railway Station

1996年1月12日，北京西站竣工 →

○ 北京西站站位于丰台区北部，北京西站内，可与9号线换乘。

○ 北京西站的建设构想早在1959年已经开始，历史上曾三次进行规划和研究，但出于多种原因被搁置。20世纪90年代初，为缓解北京站运行的紧张状态，最终在此兴建北京西客站，并于1996年初竣工，时为亚洲规模最大的现代化铁路客运站。

○ 车站所在区域南部曾为莲花池的一部分，东部为历史上的木楼村，原属丰台区卢沟桥乡。清末民初，此处有英国商人所建别墅，内有观望用的木楼，以为夏日观赏莲花池荷花之景观。

○ 1993年北京西站即将修建，其中一个选址方案为干涸多年的莲花池，这样可减少拆迁、征地，也便于施工。著名历史地理学家侯仁之先生得知此事后，以八旬高龄到现场查勘，随后表示"修建火车站绝对不能占用莲花池，莲花池一定要保留下来，可以把车站往旁边移一移"。侯仁之认为，莲花池是北京的生命源头，没有莲花池就没有北京城。尽管莲花池作为水源的作用已经消失，但是拆掉这样一个带有历史印记的遗迹，就是抹杀历史。随后，他"游说各方"，最终，在侯仁之先生的积极奔走下，有关部门将西客站向东挪移了100多米，使莲花池得以保留。

○ 北京西站是一座现代化客运站，采用的是中国传统的建筑理念，以仿古建筑为主、现代建筑为辅，严格按照对称、和谐的原理，整体设计成"品"字形，曾被誉为"亚洲第一大站"。车站分为南北两个站前广场，南广场临近莲花池公园，北广场正前方1公里处是中华世纪坛。

湾子
WANZI

○ 湾子站位于丰台区中北部，广安门外大街与莲花河胡同交会处。

○ 《北京市丰台区地名志》载："自清代以来，出广安门西行，时称西大道。至湾子村，大道明显转向西南方向，称此处为湾子，故以此为村名。原有深州馆（因民初直隶省范阳道深县人所开办得名）小村落点，现已不存，其村址并入湾子。"该村"居民区空隙间的村落，呈不规则散列方形聚落"。

○ 另据《丰台地名探源》称："卢沟桥乡东北3.3公里的'湾子村'，在金代位于出彰义门到卢沟桥直至太行山东麓、道路由东西向转为西南向的拐弯处，明清时期出广宁门（后改称'广安门'）西行至卢沟桥，具有历史继承性的道路依然在此转弯。村落也由于这种位置特征而得名，其形成年代至少应不晚于明代。"

○ 从民国时期的地图上看，湾子处在广安门外三四里的地方，东为深州馆村，西距莲花池不远，西南为水口子村，北面不远处是跑马场火车站，正处在西大道自东向西南转弯处的北侧，村落极小，不过几十户人家。因地处平原地带，村民历史上以种植蔬菜为主。据传清代曾有十几户菜农专门在此为皇家种植细菜，以补官菜园供应蔬菜之不足。尤其是冬天，专门设置暖洞子（温室），种植一些细菜，秋凉露地蔬菜逐渐减少后，便将种植的新鲜蔬菜定期送至皇城及王府里。

○ 20世纪80年代初该村尚有蔬菜种植，属卢沟桥人民公社太平桥大队，此后随着城市建设用地增加，村域周边被开发，村落消失，只有地名尚存，今属丰台区太平桥街道。

达官营
DAGUANYING

14

○ 达官营站位于西城区西南部，广安门外大街与马连道东街交会处。

○ "达官营"之得名，有多种说法。

○ 一说因早年间为镖师聚居处，"达官"是旧时对镖师的尊称。明清时广安门外大街是京城通往西南各地的官道，从西南方向进京的官员、参加贡院考试的学子也大多从广安门进城，各省押解进京的"官银"要从此道经过，因此在广安门有多家护送"官银"的镖局，故附近的街巷被称为"达官营"。

○ 二说达官营与古代驻军有关。"达官"为"鞑官"之异称。据传元代此处驻有元军，即蒙古军队，当时汉人称蒙古为"鞑靼"。忽必烈在北京定都后，大批蒙古军队驻扎于大都城及周边，汉人称之为"鞑子"。今天的达官营一带当年便有蒙古军营，故称"鞑子营""鞑官营"，后改为"达官营"。

○ 达官营一巷北起广安门外大街，西至达官营二巷。达官营二巷亦北起广安门外大街，南与红居街相通。1947年出版的《北平市图》上，此地只标出一条小巷，在广外莲花河甘石桥东，称"达官营"。1949年以后开通的6路公共汽车线路设有"达官营站"。如今旧街巷早已消失，建成住宅区。

广安门内
GUANG'ANMENNEI

清末广安门全貌 →

○ 广安门内站位于西城区西南部,广安门内大街与广义街交会处。

○ 广安门为明清时北京城外城七门之一,始建于明嘉靖三十二年(1553年),最早叫"广宁门",清朝道光年间为避清宣宗旻宁之讳改为"广安门"。因距金代彰义门旧址很近,也称"彰义门"。

○ 《北京城史话》载:广安门是外城唯一向西开的门,与广渠门相对。城楼形制一如内城,重檐歇山三滴水楼阁式建筑,灰筒瓦绿琉璃瓦剪边顶,面阔三间通宽13.8米;进深一间,通进深6米;高17.6米,楼连城台通高26米,另建有瓮城、箭楼。乾隆三十一年(1766年)以该门为南方各省进京的主要通路,故提高城门规格,仿永定门城楼加以改建。

○ 广安门城楼上有一尊石雕,呈三人背靠背、面朝外形状,传为金代遗物,故名"彰义金人"。

○ 由于广安门是各省陆路进京的必经之路,因此广安门内的彰仪门大街(今广安门内大街)在清代是比较繁华的,故有"一进彰仪门,银子碰倒人"之说。

○ 1956年,广安门以"年久失修、阻碍交通"为由被拆除,如今已无任何踪迹,而广安门内大街则成为京城西南部的繁华街区。该街东起宣武门外大街,西至广安门立交桥,是北京最古老的大街之一。远在唐代就是东西向街,称"檀州街"。辽时为安东门通向清晋门的大道。金时是施仁门通向彰义门的通衢,称"彰义门内大街"。明时建广宁门,这里为广宁门大街,东段为菜市口大街。清时把两段合并称"广安门大街",延至民国。1949年后称"广安门内大街"。

7
→
5

15

虎坊桥
HUFANGQIAO

20世纪70年代的虎坊路 一

○ 虎坊桥站位于西城区东南部,骡马市大街、珠市口西大街与南新华街、虎坊路交会处。

○ 虎坊桥因明代设有养虎之所"虎房"演化得名,故《京师坊巷胡同集》有"虎房桥西虎房"之记载。明代养虎的地方有多处,但目前有史料可查的有两处,一处位于今天虎坊桥附近,曾是明廷最大的养虎之所。这座虎房(俗称"虎城")大约建于明正德年间(1506—1521年),位置在今天骡马市大街北侧的魏染胡同一带。

○ 明武宗朱厚照为了享乐而兴建虎城,命人精心驯养虎豹。《明史·江彬传》中就有正德皇帝经常"搏虎为戏"的记载。明代此处曾有骡马市街(今骡马市大街),北侧是宫廷圈养老虎的地方。街西头北侧的铁门胡同即铁栅栏的位置,街东头即虎房桥。明万历年间的《外城琐记》有"城南虎城,梁园之西南,近临骡马市街,武宗曾戏之"的记载。清代程迓亭在《箕城杂缀》称:"虎坊桥在琉璃厂东南,其西有铁门,前朝虎圈地也。"由此可以看出虎城当年所处的大概方位。虎房桥是明嘉靖三十二年(1553年)增筑外城时,在虎城东侧一条南北走向的明沟上修建的,是通往虎城的专用桥梁,故称"虎房桥",清代被谐音为"虎坊桥"。

○ 清代大学士纪晓岚曾在《阅微草堂笔记》中多次提到"虎坊桥"这个地名,还解释过这处宅邸的来历:"余虎坊桥宅,为威信公故第。"威信公即清初将领岳钟琪,因平大小金川之役有功,乾隆帝赞其为"三朝武臣巨擘"。

○ 20世纪20年代填埋了大明沟,拆除了石桥,只保留"虎坊桥"这个地名,此后附近修建的道路被称为"虎坊路"。

珠市口
ZHUSHIKOU

民国时期的珠市口教堂 →

○　珠市口站位于前门大街中部,珠市口西大街、珠市口东大街与前门大街交会处,可与8号线换乘。

○　珠市口位于前门外,明代在此设有猪市,时为正东坊。据《城南史话》载:"猪市为交易生猪、猪秧儿之所。市当始于其地尚未划入外城之先,至迟废于明末。至于市之具体坐落,今已不详,后为雅化,而易猪为珠。"由此可见珠市口是由"猪市口"谐音而得。

○　旧时这里是北京外城最热闹的地方之一,人来车往,十分繁华。当时皇帝每次出巡或去天坛、先农坛祭祀都要从这里经过,而猪市上臭气熏天,故崇祯皇帝传下旨意,将猪市移到了东四的猪市(即今天的东四西大街)。猪市移走后,人们觉得"猪市口"这个地名已名不副实,于是谐音为"珠市口"。

○　清乾隆年间称小市街、三里河街,宣统年间自西向东分称东珠市口、三里河、平乐园、东柳树井。清末《京城坊巷志稿》中始见"东珠市口大街"。1965年合并各段统称珠市口东(西)大街。由此来说,这里从没有出现过珠宝商业的买卖,珠市口与珠宝无关,故有"珠市口无珠市"之说。

○　早年间有"道儿北"和"道儿南"的俗称,这个"道儿",指的就是珠市口,足见珠市口地位的重要。从清朝到民国,好的店铺大都在珠市口以北,好的戏园子也都在珠市口以北,而"道儿南"被视为下九流汇聚之地。

○　2001年宣武区与崇文区联手扩宽珠市口东西向的大街之后,珠市口往东改称"珠市口东街",往西称"珠市口西街",成为北京市中心第三条东西走向的交通要道。

桥湾
QIAOWAN

○ 桥湾站位于东城区南部,珠市口东大街与金鱼池小区中街交会处。

○ 该站因地处古河道转弯处得名。"桥湾街"为南北走向,向南直通天坛。《北京市崇文区地名志》载:"该街形成于明朝,称北桥湾,属正东坊,沿用至清、民国,1965年定现名。元代此处有文明河,后称三里河,有桥名三里河桥,其南有南桥湾,其北有北桥湾。现此街不长,住户和商店交错。"

○ 历史上在前门与崇文门之间,是一条古河道遗迹。元代这条河叫"文明河",位于元大都城丽正门与文明门之间。北端接护城河,并引护城河水向东南流入芦草园,到北桥湾桥经三里河桥流经薛家湾、水道子、河泊厂、缆杆市、南河漕、三转桥等地,然后转向东南经八里河、十里河流向张家湾烟墩港并入通惠河。

○ 当年这条文明河是重要的水道,沟通着大运河至元大都的漕运,源源不断地把南方的粮米运到京都的南大门外。到了明代,由于长期未加疏浚,河道逐渐淤塞,失去了漕运的功能。永乐皇帝迁都北京后,下令将南城墙向南推移,原来的城壕也随之填塞。正统年间,重新开挖南护城河,并筑坝蓄水,为防止雨季水溢泛滥,便在正阳桥东低洼处开通壕口,用来泄水。因壕口距崇文门外大通桥约3里,文明河自此改称"三里河"。为有别于京城西部的三里河,多将此河称"崇文门三里河"。因疏于治理,三里河水道日益淤塞,到明代中叶以后,水干草尽,形成了陆路。到清代初期,这一带居民日益增多,形成多条街巷,桥湾街为其中之一。该街以珠市口东大街为界,分别称南桥湾街、北桥湾街。

○ 2016年随着三里河水系恢复工程实施,消失多年的前门三里河经过水系治理、生态修复、民居修缮等,再现了"水穿街巷、庭院人家"的景象。

广渠门内
GUANGQUMENNEI

清末时的广渠门 →

○　广渠门内站位于东城区东南部，广渠门内大街中段。

○　该站因地处明清时北京城外城七门之一的广渠门内得名。明嘉靖三十二年（1553年）未建外城时，这里是北京城东南郊，多为乱葬岗子和菜地，但已出现较为分散的民居。外城修建后，这里变成了城区，但到崇祯年间城门内尚未形成街巷，由此向西至米市口可进入揽杆市大街，再向西，经抽分厂大街、东三里河、西三里河，到正阳门大街。清乾隆十五年（1750年），自广渠门向西至米市口已形成街巷，时称"广渠门大街"。

○　广渠门内不远处有古刹安化寺，民国时该寺尚有正殿六间，房一百余间，菜田四十五亩，此后渐废。其西侧南北走向的街巷称安化寺街，1965年新建楼区后称"安化北里"，沿用至今。

○　据传，广渠门内大街207号（原蒜市口16号）为清代文学家曹雪芹故居，即"十七间半房"。清雍正七年（1729年）《刑部致内务府移会》有"京城崇文门外蒜市口地区十七间半房、家仆三对，给予曹寅之妻孀妇度命"的记载。曹寅系曹雪芹之祖父，曾出任江宁织造。康熙五十四年（1715年）曹雪芹的叔父曹頫袭江宁织造职。雍正六年（1728年），因骚扰驿站获罪，又因转移家产企图"赖债"被抄家，银铛入槛。同年初夏，18岁的曹雪芹随同祖母、母亲等全家老少，由金陵（南京）回到北京，住在崇文门外蒜市口的曹家旧宅，开始了穷困潦倒的悲凉生活。2000年在"广安大街"施工时，多位史学家、红学家建议保护这处京城仅存的曹雪芹遗迹，但最终还是被拆除了。2019年1月曹雪芹故居重建工程启动，位置相较原址向东北方有所移动。

○　"广安大街"又称为"两广路"，西起广渠门内大街，向东经虎坊路、珠市口、磁器口、幸福大街，东至广渠门内大街。

广渠门外
GUANGQUMENWAI

清末时的广渠门外 →

○ 广渠门外站位于东城区东南部，广渠门外大街西段。

○ 《北京城史话》载：广渠门是明清时北京城外城七门之一，也是外城城墙东侧的唯一一座城门，始建于明嘉靖三十二年（1553年），曾称"大通桥门"。包括城楼、箭楼和瓮城，与北京外城西侧的广安门相对称。

○ 广渠门名称之由来有二说：其一，根据"广"的释义，推测"广渠"的意思应是宽广的大渠。其二"广"和"渠"都有"大"的意思，是同义词，因此"广渠门"可能是当时北京城规模宏大的一座城门。另说广渠门取"泄水"之意，"渠"，即沟渠。广渠门外关厢街中原有一条数百米长的大沟，汛期可泄城中之水。

○ 广渠门门楼低矮，仅一层，廊面阔五间，单檐歇山顶，四周有回廊。瓮城呈弧形，箭楼为单檐山顶，正面及两侧各辟箭窗二层，正面每层7孔，两侧每层各3孔，共26孔，箭楼下开拱形门洞。

○ 明代修建外城后，广渠门之外属荒凉之地，有一条大道向东通潞县、通州、永乐店一带，当时东南方向去往京城的人们多由此入京城。明朝崇祯二年（1629年）11月，皇太极率领八旗军进军北京，次年1月3日，兵临北京城下，八旗军几万人，进攻广渠门，督师袁崇焕闻讯率领9千骑兵直奔京师，与清军大战于广渠门外，袁崇焕冲锋在前，身中数箭，大战几个小时，击退了八旗军。皇太极觉得袁崇焕是其入主中原的最大障碍，于是便用反间计，制造了袁崇焕"通敌"的消息，故意让被俘的明朝太监听到，并放他们回朝报信。刚愎自用的崇祯皇帝果然中计，处死了袁崇焕，最后落得国破身亡。

○ 1937年"七七事变"之后，日军占领北京时期将箭楼拆除，1953年为道路通畅又拆除了城楼和瓮城，从此这座具有400年历史的城垣彻底消失，城里城外连成一片，中间只有护城河相隔。

双井
SHUANGJING

○ 双井站位于朝阳区东南部，广渠门外大街、广渠路与东三环路交会处，可与10号线换乘。

○ "双井"之名颇有说法。《朝阳地名史话》称："出广渠门五里许，有地名曰双井，因皇家鹿园内有二井得名。金代东海产鹿，可代替牛马'被鞍服箱'。东海人以驯鹿为贡品，献给章宗，完颜璟命建鹿园，放养驯鹿。因饮水之需，遂凿二井，东西相距丈余，得名双井。明时园废，而二井存之，遂成聚落，名沿之。"

○ 也有人认为，一块菜地里有两口水井很少见，"双井"之称并非因两口相距较近的水井得名，而是一口井，因井口较大，便在上面铺上一块很大的石板，然后在石板上凿出两个提水的井口，并用木栏将水井围护其中，故称"双口井"，后简称"双井"。

○ 据传，有一年夏天，嘉靖皇帝微服私访路过此地。此时烈日当头，一路走来，口干舌燥。当走到双井旁，正好看见菜农从井里提上一桶水，便饮上几口，顿感心情舒畅，暑热渐消。他围着水井转了一圈，见这围护水井的木栏已经很破旧，便对随行的人说："此处为城门外，京东入城之要道，多有人员往来，此井围护之木栏已破旧，可换成汉白玉护栏，再修凉亭一座，为路人歇息之地。"从此，多有路人在此歇息，附近形成聚落后被称为"双井村"。

○ 20世纪50年代初，北京市确定在双井地区建设以机械加工业为重点的工业区，先后建起了北京汽车制造厂一分厂、北京第一铁工厂，同期还建起了化工、玻璃、制药、建材、乐器等门类的大中型工业企业，辖域东部还在北京东站、百子湾路两侧建起了仓库，形成仓存密集区。

○ 随着这一地区的开发建设，菜园和水井消失了，70年代双井村也没有了。据说双井的旧址大致在今双井北里小区的南面，也就是原双井村的北面。

九龙山
JIULONGSHAN

→
13

○　九龙山站位于朝阳区中南部，广渠路和西大望路交会处，可与14号线换乘。

○　昔日九龙山的位置大致在今天东三环路外，广渠路北侧，它不是自然形成的山脉，而是人工堆积而成的土丘，其得名说法较多。

○　《朝阳地名史话》称：元代郭守敬开凿通惠河，与大运河相通，历时两年告成。由于二闸一带地势较高，囤土量甚大，河土居然堆成一座山。登上其岭，但见九龙山脊蜿蜒二里许，宛如九条巨龙而卧，因以"九龙山"称之。最高的一条山脊上，还有一座观音庙，据说是为保佑水运永远畅通而建。

158

○　清代吴长元所著《宸垣识略》记载，九龙山是"乾隆间疏壑凉水河之图堆成"。《京东史话》称："九龙山在东便门至通州的通惠河二闸段深沟村南，是一座东西走向，约三里长，高二三丈，逶蛇起伏，如游龙之土山。"1935年出版的《北平旅行指南》记为："东便门外五里许，黄木厂迤东，有土阜高数丈，蜿蜒里许，形势苍龙。主峰有庙一，清末尚未拆尽。山门匾题'观音阁'三字，碑为道光六年（1826年）三月重修。门外有铁钟一，为乾隆五十四年（1789年），大通桥科房车户、皂役、各仓挡手捐铸。"

○　1936年第一次北平市寺庙总登记时，有"观音阁，坐落东郊东便门外黄木厂九龙山十一号，建于明，道光六年重修，属募建。不动产土地一亩六分，房屋十五间；附属土地一顷五十七亩，房屋三间"的记载。从登记的寺庙占地规模，可以想见坐落其下的九龙山应该是一座不算小的土山，起码山顶上能够放下"房屋十五间"。民间传说，明末起义军李自成的军师宋献策，兵败后曾隐居于观音阁内。

○　当年九龙山的确切位置在今广渠路北侧九龙花园小区后身，并由此向东"蜿蜒里许"。清末民初，九龙山一带日益荒凉。日寇占领北京时曾在此修建锻造厂。1949年后该厂几经改造成为北京内燃机总厂。建厂初期，尚存一座小土山，后因扩建厂房，此山无存。

○　如今九龙山踪迹全无，甚至连《北京市朝阳区地名志》上也没有记载。

大郊亭
DAJIAOTING

○ 大郊亭站位于朝阳区西南部,广渠路与东四环中路交会处西侧。

○ 有文献记载,早在辽代,大郊亭一带曾是一大片浅水湖泊,被称为"郊淀"。当时辽国的首都称"上京",在今天的内蒙古巴林左旗南部,而当时的北京称"燕京"(也称"南京"),是辽国的陪都。"郊淀"位于燕京的东北部,相距不到百里。辽太平六年(1026年),一位皇子到燕京的东郊打猎,当来到今天的大郊亭一带时,见这里水草茂密,野鸭野鸟成群,很是高兴,仅半天的工夫就打了十几只野鸭子,临走时说以后还要来这里打猎。一个随从听见后,为了在皇子面前讨好,便叫人在湖泊的东西两侧各修建了一座凉亭,以供皇子休息之用。因西侧的凉亭较大,故称"大郊亭",而东侧的较小,称为"小郊亭",可那位皇子再也没来打过猎。

○ 到了金大安元年(1209年),金卫绍王完颜永济也到此打猎,他觉得"大郊亭"和"小郊亭"这两个名字不雅,就给改成了"大交亭"和"小交亭"。元灭金后,大郊亭一带便是元大都的东南郊。一次,元帝文宗到此打猎,当他得知此处原来叫"大郊亭"和"小郊亭",是金朝人改的名字之后,摇了摇头,认为现在的名字还不如原来的名字好听,于是又将名字改了回来。此后这一带的湖泊逐渐消失,大郊亭和小郊亭也被废弃,但作为地名却流传下来,并形成聚落。

○ 元代郭守敬开凿通惠河,为控制水位,便于漕运河上设五闸二坝,五闸中的平津上闸临近历史上曾有的大郊亭、小郊亭,故改称郊亭闸。

○ 因大郊亭地处北京城的东南部,属下风下水之处,为避免对北京城区的污染,1949年以后,大郊亭一带被确定为北京市的化学工业生产区,兴建了数家大中型化工及仓储企业,使"大郊亭"这个地名为人们所熟知。

百子湾
BAIZIWAN

160

○　百子湾站位于朝阳区西南部，广渠路与石门村路交会处。

○　《北京市朝阳区地名志》载：百子湾"村名来历据传有三：从高碑店至东便门原有一条土路，蜿蜒似蛇，弯道近百处，故称百子湾；曾名败子湾，后嫌此名不雅，取谐音为'百子湾'；原为一片洼地，只能种植稗子，故有'稗子湾'名。1948年定今名"。

○　据传，早年间这一带人烟稀少，稗子丛生，形成聚落称"稗子庄"。稗子是一种一年生草本植物，繁殖能力极强，其形状似稻但叶片毛涩，颜色较浅，与稻子共同吸收稻田里的养分，因此被视为恶性杂草，植物学上称"禾本科杂草稻稗"，俗称"败子""稗草"。据传俗语"败家子"中的"败"字就是从"稗子"演变过来的。

○　另传，此地曾有旧河道，自西向东十余里，沿河道有土路，随河道而曲曲弯弯，俗称"百道湾"，附近形成聚落称"百道湾村"，后谐音为"百子湾"。1947年出版的《北平市图》中已有"百子湾"这一地名。

○　百子湾村东邻水南庄，西至深沟村，北与熏皮厂接壤，南抵东石门，村域呈散列形，20世纪90年代初属南磨房乡，有120多户，以农业生产为主，本世纪初这一地区被逐渐开发，而今村落已消失，成为百子湾社区。

○ 化工站位于朝阳区南部，化工路北侧。

○ 该站因地处原北京化工二厂东侧，初设地铁站时称"化工二厂站"。

○ 这一带清朝时多为"旗地"，当年的居民亦以"旗民"为主，均为满族人。清末民初形成多个村落，唐家村为其中之一。据传唐代有一员战将阵亡后葬于此，故名"唐将坟"，形成聚落后称"唐家坟"。1947年出版的《北京市城郊地图》则标注为"唐家坟"，地处广渠门外不远，北为鸭子嘴村，西南为大郊亭村，东南为大桥村、太平庄村，村域在一条南北走向的大道与一条东西走向的小道交会处，当时属北平市二郊区，地荒人稀，有大片农田及乱葬岗子，尽管有一些村落，但规模较小，村与村之间有土路相通。

○ 1958年在此始建北京化工厂聚氯乙烯工地，1959年建成投产后独立建厂，定名"北京化工二厂"。因该厂的兴建，唐家村部分村民被搬迁。1974年又因化工厂污染严重，唐家村的农业户籍村民迁往化工厂南侧，新建居民楼称"唐新村"，而唐家村则成为非农业人口的居民区。

○ 随着北京化工二厂的建设，这一地区先后又兴建了染料厂、玻璃厂等化工企业，由此成为北京重要的化学工业区。

○ 几十年之后，这一地区的化工企业出于转制及污染等原因，一一停产或外迁。2007年11月，为净化首都大气环境，北京化工二厂关闭搬迁，由此"化工区"名存实无。

○ 最初在此设置地铁站时，因地处百子湾南侧而称"百子湾南站"，后因该站位于北京化工二厂东侧，而该厂具有近50年的历史，附近又曾有多家著名化工企业，为北京经济发展做出巨大贡献，为顺应保护工业遗产的需求，采用了"化工"二字为站名。

○ 南楼梓庄站位于朝阳区南部，大柳树路与金蝉西路交会处。

○ 《北京市朝阳区地名志》载：南楼梓庄"成村于明永乐年间，村中建有一座小石楼，楼前有随南方移民栽种的梓树，故村以'楼'和'梓'二字命名。1982年地名普查时，为避免与区域东北部的楼梓庄重名，遂改为今名"。

○ 有关"楼"字，另有一说。据传明初有娄姓人自山东逃荒至此，见这一带地势平坦，便落户于此，开荒种地，多年后形成聚落称"楼各庄""楼子庄"，后谐音为"楼梓庄"。

○ 民国时期出版的《北京市城郊地图》则标注为"楼梓庄"，属北平市二郊区，东北有大柳树村，西南为大山子，村东南为厚俸村，村域处于官庄向西南，经小武基、周庄、吕家营，至南苑小红门的大道旁，周边多农田，较为荒凉。

○ 南楼梓庄有一座关王庙，建于明末，清康熙年重修，属合村公建。1928年北平特别市寺庙登记、1936年第一次市寺庙总登记对此庙均有详细记载，1949年后改为堡头小学。

○ 20世纪90年代，该村属南磨房乡辖域，本世纪初整体拆迁，原址建成住宅区，其村民大多回迁到紫南家园。

162

南楼梓庄
NANLOUZIZHUANG

○ 欢乐谷景区站位于朝阳区南部,金蝉北路与金蝉西路交会处西侧。

○ 此站因临近厚俸桥,初称"厚俸桥站",后因地处欢乐谷景区东南部而改称"欢乐谷景区站"。

○ 厚俸桥因厚俸村得名。《北京市朝阳区地名志》载:"据传该地原为金蝉庵用优厚俸禄所购置的庙产,故名。村东的金蝉庵早已废圮。"

○ 金蝉庵建于何时无从考证。据传庵中住持是一位常为百姓行善的僧人,除了平日对穷苦乡亲多有接济,遇有大灾年月,还开办粥厂,暂解村民糊口之忧,故颇受当地人的尊敬,百岁之时圆寂后葬于庵中。附近百姓将其善举行文报到顺天府,希望给其以褒扬。顺天府尹上报朝廷,皇帝赐该庵白银三千两,继任住持用赐银重建了该庵。因是用优厚的俸禄重建,故将金蝉庵更名为"厚俸庵",其附近的村子被称为"厚俸村"。

○ 该村东界金蝉北里,西邻南大山子,南与邱家庄毗连,西北靠南楼梓庄,村域呈横向长方形布局。如今村域一带已被开发,建成多处居民区。北京欢乐谷景区于2006年建成开放。

欢乐谷景区
Happy Valley Scenic Area

○ 堡头站位于朝阳区南部，堡头路与南武路交会处东侧。

○ 《北京市朝阳区地名志》载：堡头"明已成村，曾名德庄。明万历二十一年（1593年）始见堡头村名。因该地土壤质地黏重，耕作时易出土堡，故称堡头。1949年前原为前堡头、后堡头两个自然村，50年代初在此兴建北京焦化厂、北京玻璃厂等大型企业，大量征用土地，两村合并，遂称今名"。

○ 《堡头街志》称："堡"字意为耕地起土，也为名词"耕地翻起的土块"，均为耕地务农。"头"为首，第一。堡头即第一批来此开荒种地的人建起的第一个村庄。

○ 20世纪90年代，堡头为王四营乡所辖自然村，有农作物种植，而今村落已消失，建成多处小区，但"堡头"之名尚存。

○ 堡头地区属城乡接合部，曾是北京五大工业基地之一，即化工企业聚集地，建有多家大中型企业。而今随着城市环境治理与疏解，这些企业相继关闭或外迁，过去的化工区改建为居民住宅区。

堡头
FATOU

○ 双合站位于朝阳区南部,化工路北侧,原北京玻璃二厂和原北京染料厂之间。

○ 《北京市朝阳区地名志》称:双合村"因村西侧原有两座清代墓葬,故曾名双家坟。后因与西邻的东燕窝村合并,遂更为今名"。"村西有两座清代墓碑,列为区级文物暂定保护单位。一座东北向,碑首篆'皇清'二字,满汉碑文:'诰授光禄大夫文渊阁大学士兼礼部尚书加二级哈纳席公之墓';另一座西北向,碑首篆'诰封'二字,满汉碑文:'奉天承运皇帝制曰翼亮天工……益光会善……'两碑均为螭首龟趺,立于康熙四十二年(1703年)。"

○ 久居该村的村民则称:"双合"即早年间的双家坟,"双"为满族姓氏。珠尔苏氏在《皇朝通志·氏族略·满洲八旗姓》中又作"朱苏",满语"双层",世居安楚拉库(吉林省安图县西南)等地,后改汉字姓朱、双。双家坟是最后一任满族盛京将军增祺的墓地,其为满洲镶白旗人,光绪二十三年(1897年)擢福州将军,充船政大臣,兼署闽浙总督。光绪二十四年(1898年)任盛京将军。1909年迁广州将军。此后兼辖广西地区的广东、广西两省之最高统治者,为清朝封疆大吏之一,1911年去职。1919年去世后葬于京东孛罗营,因汉姓"双",时称"双家坟"。

○ 民国时期双家坟由看坟户形成一个小村落,称双家坟村。1958年,成立王四营人民公社,下属孛罗营生产大队双家坟生产队,而今双合村已拆迁,但地名尚存。

双合
SHUANGHE

○ 焦化厂站位于朝阳区南部，五环路与大鲁店北路交会处北侧。

○ "焦化厂"全称为"北京炼焦化学厂"，也简称"北焦厂"，始建于1959年3月，是"国庆十周年献礼工程"的煤气配套项目。该厂兴建前，北京市主要以煤为取暖燃料，当时的中共北京市委决定兴建一座煤化工厂，通过煤的气化，降低污染，达到能源综合利用、节省燃料的目的。

○ 1958年，北焦厂开始筹建。当时北京的东南郊是名副其实的远郊，交通不便，人烟稀少，多为乱葬岗子和农田。从1947年出版的《北京市城郊地图》中可以看到，该厂所处的位置为历史上的孳罗营村与孔家井村之间。

○ 北焦厂建设工程启动后，仅仅一年，在近2平方公里的低洼荒芜的土地上，巨大的烟囱拔地而起，体形庞大的焦炉开始喷吐烟火，1959年11月18日建成投产。这是1949年以后北京地区自主研制的第一台炼焦炉，并推出了第一炉焦炭，第一次将人工煤气通过管道输送到市区，结束了北京没有煤气的历史。

○ 到20世纪60年代末，北京焦化厂陆续建成三座新焦炉，产能大大提升，日供城市煤气达80万立方米，很多工厂和数十万居民家庭都用上了煤气。

○ 为了改善北京大气环境，该厂于2006年7月15日停产，但具有近50年历史的"焦化厂"依然保留，其厂址将改建为城市遗址公园。

166

焦化厂
JIAOHUACHANG

←20世纪80年代的焦化厂厂区

○ 黄厂站位于朝阳区南部,黄厂路东侧,因黄厂村得站名。

○ 该村东与孟家屯毗连,西邻亭罗营,南隔萧太后河与水牛房相望,北界白鹿司,为豆各庄乡所辖村。

○ 据《北京市朝阳区地名志》载:"黄厂村周围原为盐碱、低洼的荒地。村民从盐碱中提炼硝加工火药,形成生产作坊,又因火药为黄色,故作坊名为黄厂,村名亦沿用。"

○ 据传清代此地已有生产火药的作坊,称"火药厂",也称"黄药厂",简称"黄厂"。民国时当局严禁私人加工火药,火药厂相继关闭,村民另谋生路,但"黄厂"作为地名被沿用下来。

○ 该村聚落面积0.13平方公里,呈散列型,村域地势平坦,四周有排灌水渠,村内有水塘,大柳树沟西北至东南方向流经该村。村西有一条纵向道路,北与王四营路相交,与双桥路相接,南与郎各庄路相交;村东南有一条横向道路,通往孟家屯村。该村曾有77个姓氏,杨、李姓居多;有村民200余户,800余人,多为汉族,少量满族。

○ 1946年该村隶属于民国通县双树乡,1949年隶属河北省通县八区双树乡,1956年撤区并乡,隶属于通县豆各庄乡,1958年随双树乡划归北京市朝阳区至今。

○ 2009年8月至2011年8月分批拆迁,2012年村民迁入朝丰家园,由此村民转为城镇居民,融入社区管理。

黄厂
HUANGCHANG

○ 郎辛庄站位于朝阳区南部，万通路与郎辛庄西路交会处。

○ 据《难忘乡愁·朝阳乡村记忆》载："郎辛庄村位于乡域西北部，东邻黑庄户，南连郎各庄，西临孟家屯，北接东马各庄，辖域面积1.5平方公里。成村于1622年，原为郎各庄的一部分，因人口繁衍聚落扩大，单独成村。1957年至1958年曾与郎各庄合并，称'二郎庄'，进入人民公社后又分开。村名以先辈筚路蓝缕、艰辛开创为寓意，故名辛庄，渐变成郎辛庄。清末归直隶省顺天府通州管辖，1946年至1949年归河北省通县双树乡。这一旧制延续至1957年。1958年划归北京市朝阳区双桥公社黑庄户大队。1984年划归黑庄户乡至今。村内曾有满族，新中国成立后，由满族改为汉族。有22个姓氏，前有代、王、薛三姓人家在此定居，后有山西难民、山西盐商落户在此。王、张、李、陈四姓居多。"

○ 另传，郎辛庄曾为郎各庄的一部分。郎各庄明代成村，初为南方迁徙而来的郎姓居民，故称"郎家庄"，南方"家"的读音为"各"，所以也称"郎各庄"。随着居民的不断增加，村域向南扩展，形成新的聚落，被称为"郎新庄"，后谐音为"郎辛庄"。

○ 还有一种说法，清代有"满族八大姓"之一的郎姓人家在此居住，故名"郎家庄"，后称"郎辛庄"。郎氏满族宗族是由满族姓氏纽祜禄氏而冠用的汉字姓，他们冠用汉字姓的最初时间据其氏族谱所载为乾隆年间。郎姓是由纽祜禄满语汉译为"狼"而演变为郎。另说郎姓为兰库拉氏，满语汉译为"依托"之意，冠以汉字姓称"郎"。

郎辛庄
LANGXINZHUANG

○ 黑庄户站位于朝阳区东南部，万通路与万子营路交会处。

○ 该村东界四合庄，西南毗小鲁店，西邻郎各庄，北接万子营，属黑庄户乡所辖村。明代天启年间成村。据传因最初在此定居者所建居室为低矮的窝棚，一半在地上，一半在地下，里面黑乎乎的，俗称"黑窝"，形成聚落后称"黑庄窝"。"文革"时期更名为"红庄"，1989年定名为"黑庄户"。

○ 该村清代属直隶省通州，民国元年（1912年），沿前清旧制。1914年撤州设县，称通县，黑庄户亦属之。1928年属河北省通县，1946年属通县双树乡辖村。1949年10月，属通县八区。1958年9月，归北京市朝阳区双桥公社黑庄户管理站。1984年7月改设行政村，隶属黑庄户乡。

○ 该村域为集团型，村中主路为黑庄户中心街走向东西，村南街走向东西。村中有汉、回、满、蒙古、布依等民族，汉族人口居多。曾有118个姓氏，以王、张、郭、陈、赵5姓氏居多。

○ 历史上以农业为主，1958年平整土地，形成10个耕作区，稻麦轮作，20世纪60年代水稻亩产超千斤。

○ 早年间村域周边多水塘，自清朝以来当地便有养殖池鱼的传统。据传光绪年间村里有两户人家专为宫廷养殖金鱼。慈禧太后每年要在颐和园排云殿前临湖码头放生，而所放生之鱼，便来自京东黑庄户。而今黑庄户仍有人以养殖金鱼为业，并辟有观赏鱼市场。

黑庄户
HEIZHUANGHU

○ 万盛西站位于通州区西部，万盛南街与通马路交会处东侧，此站紧邻大稿村。

○ 据《北京市通县地名志》载：大稿村"梨园镇辖村，1983年7月设村民委员会。在通（县）黄（村）公路西侧，大稿沟之北。东距车里坟1.7公里，北距西小马庄0.6公里。聚落呈矩形，由9幢6层村民住宅楼组成，东西向主街2条。明代已成村，张、王、李、赵、邢五姓相继至此定居，在干枯的草地开荒种地，故曾名槁村；后因土地肥沃，精心耕作，所种稻麦秆粗苗壮，由于稻麦秆子谓之稿，故称稿村。清初圈地至此，先后在村子周围设南、北场院和投充人（失去土地的汉人）居住地"。

○ 明代村民企盼富裕发财且讲究邻里义气，故于原村东口建关帝庙。清代重修，为坐南朝北二进院落。清末民初，此处曾为天主教活动场所。1941年部分殿宇曾辟作本村初级小学（1—3年级）校舍，1949年以后发展为完全小学（1—6年级），遂拆改古代建筑，到1983年仅余前殿等。多年前旧村改造，该庙得以复建，并改称文庙。

○ 清末民初之季，大稿村邢四瞎子到东北深山淘金发达后，在村中建宅园，占地十多亩，大瓦房十多间，砖砌围墙高大，巨型红门临街，时称邢家大院。其规模档次，都非城内外平房建筑可比，实属庄园式建筑群，曾被列为通县文物保护单位。

○ 历史上大稿村域周边多坟地，2007年7月兴建住宅区时发现明清古墓，随即北京市文物研究所进行了考古勘探，先后发掘清理墓葬8座，其年代为明末到清代晚期。

170

万盛西
WANSHENG West

○ 万盛东站位于通州区万盛南街与九棵树中路交叉路口，紧邻大马庄村。

○ 据《北京市通县地名志》载：大马庄"梨园镇辖村，在九（棵树）新（河）公路与大稿沟交会处西北侧。东与魏家坟隔路相对，北距公庄0.5公里，该村地势平坦，聚落呈矩形，占地面积161.2亩，主街2条呈十字形。明代已成村，明景泰年间，官府规定顺天府农民代官养马，时称马户，先后在此地东西形成大小2个聚落，为官府养马，此位于中，时称马家庄；清代因其聚落较大而称大马庄，以示与东、西马家庄相别。1949年后简称今名。另一说，为马姓首居于此而名"。

○ 此地北邻北运河，历史上牧草丰盛，宜于牲畜饲养。明代实行马政，也就是政府对官用马匹的牧养、训练、使用和采购等管理制度。从明初开始，养马即成为百姓的重要义务。民间养马有三种形式：种马、表马、寄养马。民间为官府养马者，被称为马户。明末马政制度废弃，遂成聚落，俗称马庄，民国时成为较大的村落，遂称大马庄。

○ 清朝初期，这一带多被划为"旗地"，也就是清朝统治者赏赐给满、蒙古、汉军八旗官兵的土地。因这里临近京城，故为畿辅旗地。有史料记载：清廷入关后，从顺治元年（1644年）到康熙八年（1669年），清政府在北京附近500里以内进行了三次大规模的圈占土地，共圈地20万顷，设立畿辅旗地。今天京城东南的大部分地区当年多为旗地，而附近村民多为旗人所雇投充人。辛亥革命后，旗地与民地的界限消失。民国时期属河北省通县，1958年随通县划归北京市，属张家湾人民公社，而今属通州梨园镇，旧村落均已消失。

万盛东
WANSHENG East

○ 群芳站位于通州区西部，群芳南街与荟萃东路交叉口处，紧邻东小马庄村。

○ 小马庄也称东小马庄，梨园镇所辖村。在萧太后河北岸，九（棵树）新（河）公路与大高力庄路之间。东距楼子庄1.5公里，西距大马庄1公里，村落呈矩形，主街2条呈十字状。

○ 小马庄明代已成村，明景泰年间，官府规定顺天府农民代官养马，因系马户居此，形成聚落后，故曾名"马家庄"。清代因聚落较小，为别于村西马家庄而名"小马家庄"，1936年前后改称"东小马庄"，与西小马家庄相对应。

○ 历史上该村有一座马神庙，是明代实行马政时在此养马者为保佑马匹平安健壮而建。马神即传说中的马王，全名为"水草马明王"，是马匹等大牲畜的保护神。据传该庙只有三小间，并设有院墙，建于景泰年间，庙的正中有泥塑坐姿马神一尊，两侧为泥塑水神和草神，马神前塑两侍卫。墙壁上绘有"抛线图、赐草医病图、晒袍图、降龙伏波图、饲马和牧马图、天马行空、龙马驮书"等壁画。庙前为山门，左右各置饮马槽一个。据传每年的六月二十三为马王爷的生日，马户们便到此祭拜马神，祈求保佑马匹平安健壮，没有瘟疫。明末随着马政的废止，官府不再养马，马户各谋生路，该庙也就废弃了，如今早无踪迹可寻。

○ 多年前城市建设时，于此建成东西走向街道，西起九德路，东至张采路，因地处群芳园住宅区南侧而称"群芳南街"。

群芳
QUNFANG

○ 高楼金站位于通州区中部偏西,群芳南街东段北侧。

○ 据1990年《北京市通县地名志》载:高楼金为梨园镇辖村,"1983年7月高楼金村民委员会设此,辖高楼金、花庄、金庄、楼子庄4个自然村。位于通州镇南6公里,萧太后河北侧。东南临花庄,西北近金庄,北距楼子庄0.5公里。聚落由两部分组成,分别近似矩形,占地面积284.8亩(含所辖自然村),东西主街1条,南北主街1条,村民303户,1253人,汉族。其中高楼金180户,700余人"。

○ 另据《通州文史》载:"高楼金清代已成村,村民由高丽庄迁此,形成东、西两个小聚落,因西南近高丽庄,而名小高丽庄,习称东小高丽庄、西小高丽庄;高丽庄则改称大高丽庄;1946年撤销警区建乡时,村公所设此,辖花庄(清代成村,花姓首至此地定居建村,因姓而名)、金庄(清末已成村,金姓首至此地定居建村,因姓得名)、楼子庄(明代成村,娄姓迁徙于此定居,依姓曾名娄家庄,清光绪年间改称今名)、小高丽庄(因唐代有被俘高丽人定居于此,遂成聚落,称高丽庄,又因聚落较小而改今称)4个自然村,简称高楼金,成为村名,而小高丽庄之名被取代。"

○ 高楼金村紧邻萧太后河,历史上以蔬菜种植为主,兼有小麦、玉米、水稻等粮食作物,另有果园,种植葡萄、苹果、桃、梨等,为梨园镇蔬菜重点产地之一和全镇水果产量最多的村子。2011年旧村拆迁后,村民迁入新建的高楼金第小区。由此农田及果园、鱼塘消失。

7

28

高楼金
GAOLOUJIN

环球度假区站位于通州区中西部，京哈高速和东六环路交会处西北部，可与八通线换乘，暂未开通。此地实名大高力庄，其得名与唐代东征高丽（今朝鲜）有关。

据《通州史话》载：唐贞观十九年（645年）四月，太宗李世民为保境安边，在幽州城南誓师后，东征处于战乱的高丽。在战争中，生俘高丽民众一万四千口，先于十月带回幽州城中，然后分散幽州各地居住，建村耕织。今张家湾镇西部一望平川，且有河道穿流，适于开垦屯居，一些被俘的高丽人指令到这里居住耕垦，并以民族之名称"高丽庄"，明代成化年间成较大聚落。经历几百年的变迁和融合，逐步同化为汉民族。清代初期实行"圈地"政策，在本庄之北另立一庄，佣人耕种，渐成一村。因与原村同名，为有所区别，以村落大小而称"大高丽庄"和"小高丽庄"。1913年前后，依谐音改称"大高力庄"和"小高力庄"。1994年，高楼金村出土了明代戴芳墓志，其中对"高丽庄"的历史有所记述。

大高力庄地处萧太后河两岸，东距立禅庵1.5公里，西至田府2公里。村域地势平坦，海拔21.5米。聚落呈方形，沿河分布，主街东西走向，另有南北走向街道2条，有村民500余户。早年间村外曾有高丽坟，元代曾在张家湾建有高丽寺，明代依旧寺址重建，改名广福寺。

该村在1914年属通县第六自治区，1935年为第五警区所辖。1958年随通县划归北京市，属张家湾人民公社，1983年为张家湾乡，1990年以后为张家湾镇行政村。因属平原地带，历史上以农业生产为主，有小麦、玉米、水稻种植，另有菜地、果园，曾以葡萄知名。

174

环球度假区
Universal Resort

八通

花庄
HUAZHUANG

○ 花庄站位于通州区中部偏西，东六环路西侧，可与八通线换乘。车站紧邻梨园镇花庄村。

○ 据《北京市通县地名志》载：花庄"在萧太后河北侧，张（家湾）凤（河营）公路之西。东与张家湾镇周庄相邻，聚落呈矩形，东西主街一条与张凤公路相通。清代已成村。花姓首至此地定居建村，因姓而名花家村，1936年前后简称今名"。

○ 据《百家姓》注：花姓"系出华氏，古无花字，通作华，后专用花为花草之花，故华姓亦有改为花姓者"。清代《说文解字·华注》：花字"起于北朝，前此书中花字，出于后人所改"。唐朝以前，有华姓人以其与花字通用，自改为花姓。

○ 该村民国时期为通县所辖自然村，先后隶属于第五自治区、张家湾、大稿乡、土桥乡，1958年3月随通县划归北京市，曾属张家湾人民公社、梨园人民公社，今为梨园镇高楼金村委会所辖村。

○ 其南邻萧太后河，是北京最早的人工运河。萧太后为辽兴宗之母萧氏（即萧绰，小字燕燕，原姓拔里氏，后被耶律阿保机赐姓萧氏），为辽代政治家，景宗耶律贤之皇后。因其主持开挖河道而得名，始于统和六年（988年），为北京成为国都以来最早的漕运河。最初是为运送军粮所用，后成为皇家漕运的重要航道。它比元代漕运的坝河早280多年，比元明清漕运的通惠河早300多年，而今依然是北京东部的主要河流之一。明清笔记记载："河面船只穿行，河岸行人如织，如同江南水乡。"

○ 花庄村地势平坦，海拔21.3米，因紧邻萧太后河，水源丰沛，历史上以农业生产为主。

朱辛庄	昌平 ZHUXINZHUANG
育知路	YUZHILU
平西府	PINGXIFU
回龙观东大街	HUILONGGUANDONGDAJIE
霍营	⑬ HUOYING
育新	YUXIN
西小口	XIXIAOKOU
永泰庄	YONGTAIZHUANG
林萃桥	LINCUIQIAO
森林公园南门	South Gate of Forest Park
奥林匹克公园	⑮ Olympic Green
奥体中心	Olympic Sports Center
北土城	⑩ BEITUCHENG
安华桥	ANHUAQIAO
安德里北街	ANDELIBEIJIE
鼓楼大街	❷ GULOUDAJIE
什刹海	SHICHAHAI
南锣鼓巷	❻ NANLUOGUXIANG
中国美术馆	National Art Museum
珠市口	❼ ZHUSHIKOU
天桥	TIANQIAO
永定门外	⑭ YONGDINGMENWAI
木樨园	MUXIYUAN
海户屯	HAIHUTUN
大红门	⑩ DAHONGMEN
大红门南	DAHONGMEN South
和义	HEYI
东高地	DONGGAODI
火箭万源	HUOJIANWANYUAN
五福堂	WUFUTANG
德茂	DEMAO
瀛海	YINGHAI

BEIJING SUBWAY LINE 8

8

北京地铁8号线

大致呈南北走向，串联昌平、海淀、朝阳、西城、东城、丰台、大兴7个行政区，分南北两段。北段北起朱辛庄站，与昌平线衔接，南至中国美术馆站；南段北起珠市口站，南至瀛海站。全长44公里，设有32座车站，换乘站9座。

朱辛庄
ZHUXINZHUANG

○ 朱辛庄站位于昌平区南部，朱辛庄路与回昌东路交会处，可与昌平线换乘。

○ "朱辛庄"这一地名，史籍记述极少。据传明嘉靖年间，在去往皇陵（十三陵）的御道旁有个小村子，只有几户人家，也没个名字。有一次，嘉靖皇帝拜谒皇陵时路过这个小村，见村外坐着一位老者，便问村里人姓什么。被问者本姓沙，见这一行人的打扮很不一般，特别是走在中间的那位，气质更是不凡，心想，皇城里的人经常到皇陵参拜，而这里是必经之地，这些人莫不是从宫里来的？当今皇帝姓朱，而沙（杀）与朱（猪）可是犯了大忌的，切不可说出实姓，于是谎称姓"朱"。嘉靖皇帝见这小村无名，且村落周边景致幽雅，一派太平景象，又以朱姓居于此地，便乘兴赐名"朱家新庄"。后来在此居住的沙姓人家知道了当今圣上御赐村名后，便都改姓"朱"了。到了清代"朱家新庄"谐音为"朱家辛庄"，后简称"朱辛庄"。此说无以考证，为坊间趣闻。民国时期，村里逐渐扩大，先后有张、马、邢、龚等人家移居于此。

○ 20世纪六七十年代朱辛庄为昌平县史各庄人民公社的一个自然村，以粮食作物种植为主。如今已建成多处住宅区。

○ 朱辛庄曾为中国新潮电影的摇篮，即"中国第五代导演"诞生地。

育知路
YUZHILU

○ 育知路站位于昌平区东南部，回南北路与七小路、育知路交会处东侧。

○ 此地旧属三各庄，清代成村，最早定居于此的是三姓人家。据传，清道光年间，山东、河南等地闹旱灾，颗粒无收，老百姓只得四处逃荒。有王、闫、杨三姓人家的十几个穷苦乡亲自山东结伴向北而逃，他们过了黄河后一路向北，一个多月后逃到了京城北面距沙河不远的地方。此时正是阳春三月，他们见这一带荒无人烟，土地肥沃，便在此暂住下来，几年后形成聚落，因最初定居的是三姓人家，故取兴旺发达之意称"三兴庄"。因这三户人家和睦相处，后改称"三和庄""三合庄"。

○ 另传，最早在此定居的是从山东逃荒的王姓三兄弟，初称"三哥庄"，后取兴旺发达之意改称"三兴庄"，此后又改称"三合庄"，但这只是当地传说，无以考证。1979年进行地名普查时因昌平县境内南邵人民公社已有一个"三合庄"，为避免重名而改称"三各庄"。

○ 从民国时期的昌平县地图上看，当时这一带只有零散的几个村落，其村域极小，周边多岗丘、沟汊，其间有乡间土路相连，方圆数十里显得很空旷。西南有回龙观村，东北为马连店村。农田多种植庄稼，并有少许菜地。

○ 多年前兴建回龙观住宅区时，在其西部修建多条道路，其中两条南北走向的道路因临近回龙观中学，故取"行知合一""培育新知"之意，称"行知路"和"育知路"。

○ "育知路"为回龙观小区西北部主干道之一，北起回南北路，南至同成街，即北端紧邻三各庄，南侧紧邻地铁13号线，其南端沿街店铺较多。

平西府
PINGXIFU

○ 平西府站位于昌平区东南部，回南北路与文华东路交会处东北侧。

○ 就地铁站址而言，在开发之前这里只是农田一片，故8号线设站时，借用3公里之遥的"平西府"冠以站名。

○ 平西府明初称"大辛庄"，村落不大，只有十几户人家。明宣德四年（1429年），顺天府在此建马房和仓库。康熙五十七年（1718年），康熙皇帝下令兴建郑家庄行宫与王府，于康熙六十年（1721年）竣工。竣工后，康熙意欲自己入住行宫，让一位阿哥入住王府，但康熙帝因病未能如愿。

○ 胤礽是康熙的二儿子，生他的时候，皇后大出血死了。也许因为过于喜爱这位早逝的皇后，康熙很早就封胤礽为皇太子，这也是大清朝被封的唯一一位太子。但胤礽过早暴露了自己欲黄袍加身、取康熙而代之的心迹，因而失去康熙的信任被废，后复立、再废。第二次废黜后，胤礽被禁于紫禁城的咸安宫（今故宫宝蕴楼附近）。

○ 雍正继位后，出于对皇位安全的考虑，继续对废太子胤礽实行软禁，但并不想让其住在宫里，于是在雍正元年（1723年）下诏于昌平郑家庄修盖房屋，驻扎兵丁，让胤礽迁居那里。第二年，胤礽在郑家庄去世。

○ 弘晳是胤礽的二儿子，雍正元年（1723年）被封为理郡王，府邸在北新桥。但雍正二年，皇帝便让他去郑家庄陪伴父亲胤礽。胤礽死后，弘晳仍居住在这里。雍正六年（1728年），弘晳被晋封为理亲王。王府虽为胤礽所建，实则为弘晳所有，故也被称为"理亲王府"。乾隆四年（1739年），弘晳被革职圈禁于景山东果园。理亲王被削爵后，郑家庄王府便不能再称为"理王府"，而被俗称为"弘晳府"或"昌平弘晳府"，后被简化为"平晳府"，而后又谐音为"平西府"。乾隆二十九年（1764年），乾隆下令郑家庄王府官兵调往福州，眷属同行，平毁王府及兵丁住房，从此一座雄伟的行宫王府便消失了。平西府虽然没了，但作为地名沿用至今。

○ 20世纪50年代末设有平西府人民公社，90年代为平西府镇，1999年9月撤销并入北七家镇。

回龙观东大街

HUILONGUANDONGDAJIE

○ 回龙观东大街站位于昌平区南部,回龙观东大街与科星路交会处。

○ 回龙观东大街是一条只有20年历史的街道,是随着回龙观居住区开发而开辟的南北向道路。

○ "回龙观小区"因"回龙观村"得名,村内原有建于明弘治十七年(1504年)的玄福宫一座,为明代帝后谒皇陵(今十三陵)时驻跸处,俗称"回龙观"。

○ 这一地区20世纪90年代属昌平县所辖回龙观区,即"北郊农场"。辖域在1948年以前曾属昌顺第七区,1949年8月归昌平县,1958年划归红旗人民公社,设有回龙观工作站。同年底划归北郊畜牧场(1956年设立),后在此基础上成立了北京市国营北郊农场。1960年改称沙河中越(越南)人民友好公社(1983年撤销),后改称回龙观区。北郊农场曾为首都重要的副食品基地之一,1998年由于北京市场乡体制改革,该场所辖的两镇、四乡及36个村整建制划归当时的昌平县。

○ 从民国时期的地图看,这一带处于回龙观村与东村、后店村之间,南北各有一条东西走向的乡间土路,极为空旷,有大面积的农田及土丘,少见人烟。

○ 20世纪90年代末,在此兴建多个小区,并自西向东修建了一条道路,西起昌平路(今京藏高速路),东至霍营村西北(今建材城东路),其中部与文华路交会。因贯穿回龙观居住区南北,称"回龙观大街",并以文华路为界,将该路分为东、西两段,文华路以东称"回龙观东大街",以西称"回龙观西大街"。初设地铁站时,因地处回龙观小区东部而称"回龙观东站",后因车站位于回龙观东大街中部而称"回龙观东大街站"。

13

霍营
HUOYING

○ 霍营站位于昌平区南部,济远街与科星西路交会处南侧,可与13号线换乘。

○ "霍营"这一地名的来历,有几种说法。

○ 据传,该村清代成村,原名"火烧营",后因村内居住的大多数是霍姓人家,改称"霍家营"。随着时间的推移,人们习惯简称"霍营"。《北京市昌平县地名志》中便有"霍营清代成村,称霍家营,今称霍营"的记载。解放初期,该村西至黄土店,东至魏家窑,北到小辛庄,南至兰各庄。村域呈东西向矩形,有两条主要街道,各长约500米,还有一条河沟穿村而过。村内曾有张、李、方、王、张、许、霍等几大姓氏。历史上有过四座庙宇,三官庙在村东,是清朝道光年间重新修建的。娘娘庙在村西,里外有三层殿,1949年前还有香火庙,每年一次的庙会非常热闹。村南有五道庙,村北有真武庙,如今除村东庙宇尚存遗迹,其他庙宇均已消失。

○ 20世纪80年代设有霍营乡,下辖周边多个自然村,1999年撤销乡级建制并入东小口镇。随着城市化进程,2012年成立了霍营街道办事处,但霍营旧村尚存。

○ 育新站位于海淀区与昌平区交界的建材城西路与黄平路、后屯路交会处。

○ 该站因紧邻育新花园小区得名。至少在清代，这一带还是京城北部的空旷之地，因多为黄土岗丘，俗称"黄土坡"。其北部明代形成聚落后，以地貌、土壤颜色得名"黄土店"。民国时期属昌平县，1956年随昌平县划归北京市。当时只有零星的十几户人家，南邻西小口，东北数里有芦家村，西北临近东村、南店。

○ 这一带的黄土纯度较高，无杂质，黏性强，宜于烧制砖瓦。清末民初已出现私人开设的窑厂，但规模较小。1950年初，华北军事委员会成立华北公安局劳改处（后改称北京市公安局五处），在此组建劳改砖瓦厂，占地十余里，有8座巨大的轮窑，分别烧制不同的砖。1954年负责砖厂管理及安保人员就地转业，劳改人员被遣送黑龙江兴凯湖农场。砖厂重新从京郊区县招工补员后，改称"北京新都砖瓦厂"。"新都"取自"建设新首都"之意，为北京市建材局所属企业。8根近百米的大烟囱昼夜不停地冒着浓烟，烧制出的砖瓦源源不断地运送到京城各大工地。

○ 当时该砖厂是北京地区规模最大的砖瓦生产企业，东西长4公里，南北宽2公里，今天的育新一带均在此区域内。1966年新都砖瓦厂改称"北京砖瓦总厂"，此后几经调整，1992年厂区划入西三旗高新建材工业开发区。此时经过几十年的生产用土，大面积的土丘土岗已消失，但有旧砖窑遗迹可寻。

○ 1993年为解决北京高校教师住房，在新都路南侧兴建高校教师住宅小区。取"教育、培育新人"之意初称"育新小区"，后定名为"育新花园"，今为"育新社区"。

← 北京砖瓦总厂砖窑遗迹

育新
YUXIN

西小口
XIXIAOKOU

← 西小口村旧影

○　西小口站位于海淀区东北部,西小口路与后屯路交会处南侧。

○　西小口是一个已消失的古村落,其得名有三种说法。

○　一说其名始源与"大口"有关。大口是古代一处畿辅要冲。元代《析津志》载:"大口城在京城西北四十里。"《北京市地名志·西部远郊区卷》云:"海淀区清河镇,旧有'大口'之称。"据此推断,大口附近应有小口,因方位、走向、里程与史书记载相符。《北京市昌平县地名志》载:1161年,即金大定元年,宋绍兴三十一年"十一月如中都,次小口"。又载:"今县东南有东小口、西小口二地名,小口与大口相对而称,故大口当在东西小口西,旧有城,已废。"

○　二说由"西闸口"演变而得。明代末期,曾有一条小河自北向西再向南注入清河。在河道东西侧各有一个很小的村落,相距不远。为便于灌溉农田,人们在临近村子的河道上各修建了一个小水闸,村子便以水闸而称,得名"东闸口村"和"西闸口村"。清代初期,河道逐渐消失,"东闸口"和"西闸口"便演化为"东小口"和"西小口"。

○　三是说清代时,自圆明园向东北方向有一条经大石桥、清河、兴寿、怀柔、古北口等地通往热河行宫(承德避暑山庄)的大道,在离清河镇北面不远的道路两侧形成两个小村落,相距三四里地,由于村口直通大道,于是将东面的村子称为"东小口",将西面的村子称为"西小口"。

○　《京北畿甸清河镇》记为:"西小口主街呈西南至东北方向,北京经清河出走古北口的故道途经此地。昔日地势空阔,田野中水涌为泉,泉流为溪,自北再南注入清河,聚落称小口。后析村为二,有东小口、西小口之分,两村相距二余里。坊传小口是古战场的兵营地。"

○　1949年以前西小口属昌平县,20世纪50年代划归海淀区,1958年属清河人民公社下辖生产队。多年后属东升乡小营村辖域,2013年被整体拆除。

○ 永泰庄站位于海淀区东北部，永泰庄北路与后屯路、永泰中路交会处。

○ 《北京市海淀区地名志》称："永太庄又名永泰庄，为永远太平之意，最早有王、张、傅三姓人家，地处平原，耕地817.5亩，主要种稻。"《京北畿甸清河镇》载："永泰庄是屯田之地，开村在明嘉靖年间，立户先民为山西洪洞移民以及后来的茔地坟户。清时有山东籍先民来此定居，最初只有王、张、傅三姓人家，后有贾、赵等姓氏迁入，因聚落散列，故有东村、西村之分。村庙有关帝庙、五道庙。《大中华京兆地理志》载：'永泰庄多农家，共百余户。'"

○ 关于该村的得名，另有两种传说。

○ 一说永泰庄明初成村，最初的人家是由山西洪洞县迁移而来。因明代移民的定居点多以"某某营"而称，他们便将自己定居的地方称为"永太营"，后谐音为"永泰营"。到了清代，在此居住的人越来越多，改称"永太庄"或"永泰庄"。

○ 二说明代时此地曾建有"永泰仓"，储存经漕运从南方运来的米粮。当时清河附近设有多处明军的营房，所储存的米粮实为"军用物资"。但所设的"永泰仓"是个什么样子，有多大的储存量，具体位置在哪儿，何时消失，已无迹可寻，难以考证。

○ 永泰庄村北曾有坟山，俗称"大山子"，早年墓地遗有石人、石马、石驼和石门，亦称祖家坟，坊间传言"祖大寿墓"。经1993年考古发掘，此墓地为祖泽润家族墓。祖泽润是明末辽东总兵祖大寿之子，清初被封为"一等子"，死后葬在清河永泰庄。

○ 1949年前后，永泰庄属昌平县，20世纪50年代划归海淀区，最初属清河人民公社，后并入东升人民公社，曾设永泰庄大队（今马坊村），因临近清河，水源充足，以蔬菜种植为主，90年代末被开发建设成永泰小区。

永泰庄
YONGTAIZHUANG

○　林萃桥站位于朝阳区西北部，北五环路与林萃路交会处。

○　初设地铁站时因地处林萃路北端而称"林萃路站"，此地历史上为关西庄。据传清代在村东建一座关帝庙，成村后取村位于庙西的含义称"关西庄"。民国时属北平市郊七区，东临下清河村，东南临近史家沟，西临胡家沟，西南为花虎沟，北为马坊村（如今这些村落均已消失），有多条土路连接各村落，周边多农田。20世纪90年代属洼里乡辖域，北部紧邻小清河南岸，村域为散列型，沿清河东路两侧分布，形成四个聚居点。

○　2002年修建五环路时，在关西庄东南侧兴建了一座立交桥，因位于规划中的奥林匹克森林公园，故取"林木荟萃"之意称"林萃桥"。2006年初，为2008年北京奥运会提供便利的交通环境，将关西庄东侧自北向南的大道改建为南至奥运村及奥林匹克公园的"奥运大道"，因北部与五环路上的林萃桥相交，故称"林萃路"。此后林萃路北延至建材城环岛，因中段有黑泉村而称"黑泉路"。随着奥林匹克森林公园及周边绿地建设，关西庄被整体拆迁。

○　关西庄，即今林萃桥附近曾有多座清代古墓。其中有一座图海墓，墓主人为清初将领，曾任都统、中和殿大学士兼礼部尚书，康熙二十年（1681年）卒。还有一座兆惠墓，墓主人曾任山东巡抚、户部尚书和协办大学士，乾隆二十九年（1764年）卒。另有一座公主坟，墓主人为乾隆第九女和恪公主，俗称"九公主坟"。

○ 森林公园南门站位于朝阳区西北部,科荟路与北中轴景观大道交会处,森林公园南门外。

○ "森林公园"全称为"奥林匹克森林公园",地处北京南北中轴线北端,奥林匹克公园北区,北五环路横穿公园中部,将公园分为南北两园,中间有一座横跨五环路的生态桥连接。

○ 明朝时这一带是仰山洼内的沼泽地,呈盆状。清光绪年间沼泽干枯,并逐渐形成村落,称"洼子里",后简称"洼里"。20世纪80年代设有洼里乡,曾以盛产大米而闻名,清代为御用"贡米"。随着森林公园的建设,所有村落消失,2004年4月撤销洼里乡,成立"奥运村地区办事处"。

○ 仰山是该园的最高峰,为人工积土成山,与北京城中轴线上的"景山"遥遥相望,其名称也与"景山"相呼应,暗合了《诗经》中"高山仰止,景行行止"的诗句,联合构成"景仰"一词。公园的主湖称"奥海",其得名一是借北京传统地名中的湖泊多以"海"为名,二是借"奥林匹克"之"奥"字,有奥秘、奥妙之意。"仰山""奥海",意为"山高水长"。

○ 北京奥运会期间,森林公园为各国运动员、教练员和奥组委官员的休闲之所。奥运会后,对外免费开放。

森林公园南门
South Gate of Forest Park

奥林匹克公园
Olympic Green

← 远眺奥林匹克公园

○　奥林匹克公园站位于朝阳区西北部,大屯路与北中轴景观大道交会处,可与15号线换乘。

○　该站因地处奥林匹克公园核心区得名。此地原属朝阳区洼里乡辖域,有洼里、洼边、关西庄、龙王堂4个行政村,所属自然村有北顶、豹房、岔道口等。

○　2001年7月13日北京申办2008年奥运会成功后,在此兴建奥林匹克公园,规划区域内洼里乡的村落全部拆迁。经过5年多的建设,2008年7月公园落成,被誉为北京奥运会的"后花园"。

○　该公园南起北土城东路,北至清河,东至安立路和北辰东路,西至林萃路和北辰西路,跨越北四环和北五环,分为南北两部分。其中轴景观大道从南到北连接着民族大道、庆典广场、文化广场、下沉花园、休闲花园、龙形水系及两侧水岸。国家体育场(鸟巢)位于中心区中轴线东侧,国家游泳中心(水立方)位于中心区南部,玲珑塔位于中心区中部,为该园最高的标志性建筑。

○ 奥体中心站位于朝阳区西部偏中，北四环中路与北辰路交会处南侧。

○ 该站因地处北辰路北端，初设地铁站时称"北辰站"，后因车站位于国家奥林匹克体育中心西侧而称"奥体中心站"。

○ 此站地处北四环中路南侧的北辰路，与奥林匹克公园、奥林匹克森林公园和奥运村隔路相望。

○ 此地元代为大都城北部，当时荒无人烟，明清时出现零散人家。民国时仍为空旷之地，有南北走向与东西走向的土路交会于此，北有北顶村，东为曹八里，南为北土城北侧的红庙豁口，西北有苇子坑村，西南为华严庙村，时属北京市郊七区。20世纪六七十年代属朝阳区大屯人民公社，因地势平坦，曾有大面积的水稻、蔬菜种植。

○ 为迎接北京2008年奥运会又进行了大规模的改扩建，成为奥运会比赛的主要场馆。奥体中心西邻北辰路，是北中轴路延长线上的一段，与南中轴路延长线上的南苑路相对应。

○ 北辰路修建于1986年，其名出自《论语》："为政以德，譬如北辰，居其所而众星共（拱）之。""北辰"即北极星，古人以为北极星在天正中且静止不动，而群星都围绕在它的周围。用其命名中轴线北端的道路，则说明这条路是北京城的正北方之位，其他的道路都由此向周边延伸，颇有"众星拱之"之意。

← 1992年的北辰路

奥体中心
Olympic Sports Center

北土城
BEITUCHENG

○　北土城站位于朝阳区西北偏北，北土城西路、北土城东路与北辰路交会处，可与10号线换乘。

○　此地初设地铁站时称"熊猫环岛站"，因1990年熊猫被选为十一届亚运会吉祥物，为此在当时的亚运村外，即今北辰路与北土城路交会的环岛内设置了一座汉白玉熊猫雕塑，由此该处被俗称为"熊猫环岛"。2005年4月因修建地铁站，熊猫雕塑被移走。

○　土城是元大都北城墙和西城墙遗址的一部分，西起海淀区学院南路明光村附近，向北到黄亭子，折向东，经马甸、祁家豁子直到朝阳区芍药居附近，长约12公里。北土城即元大都北城墙遗址，西起知春路东口，东至芍药居桥。

○　元大都城墙始建于至元四年（1267年），到至元十三年（1276年）基本建成。因全部用夯土筑成，基部宽约24米，顶宽约8米，高约16米，故称"土城"。夏季，城墙需要用芦席、蓑草覆盖防雨，于是在城墙附近设草厂（场），集中收储芦苇，以备汛期护城之用。明洪武元年（1368年）八月，大将徐达率兵攻打元大都，推翻了元朝统治。为了加强北部的防御，防止蒙古残余势力卷土重来，故将元大都北城墙放弃，向南推移5里，在今天的德胜门、安定门一线重新修建城墙，同时将元大都东西两侧的土城墙全部建成包砖城墙。元大都北城墙被放弃后，逐渐变得荒芜，到了清末民初时已变成一道高高的土岗子。以后随着人为取土，土城不断受到破坏，现在仅保留西北部城垣残墙一段，故称"西北土城"。作为北京城市文明发展的见证和实物遗存，元大都城墙遗址是研究北京城址变迁的重要实迹，1957年被列为古建文物保护单位。

○　为了保护好这段残存的元代土城遗址，20世纪80年代开始规划设计并筹建遗址公园。1988年3月北京市政府批准建园，命名为"元大都城垣遗址公园"。

○ 安华桥站位于东城区和朝阳区交界的北三环路与鼓楼外大街、北辰路交会处。

○ 安华桥建于1988年，横跨北三环路，地处北中轴路，因临近安华里而得名。

○ 安华里位于朝阳区西北部，东起安定门外大街，东为小黄庄，以西为安华西里。此地元代为大都城安贞门街北端西侧地区，清代为外馆和小黄庄西部农田。早年间因烧窑取土，形成多处大坑，夏季有积水，芦苇丛生，附近有大面积农田，小黄庄等村民多以种植蔬菜为生。

○ 外馆，即客舍。外馆实为清廷理藩院（清朝时处理外藩事务部门，始创于皇太极年间，顺治年间由附属于礼部改为独立部门，并在清初至总理各国事务衙门成立前兼领对俄罗斯事务）接待少数民族上层人士的地方。据《清会典》载：蒙古王公和西藏黄教领袖按照"年班制度"，每年轮班进京朝贡，谒见皇上，被分别安排在外馆和黄寺居住。

○ 20世纪三四十年代，这一地区多为农田，只有零散的几个小聚落，五六十年代仍为城近郊区，有几条土路连接附近的村落。1982年开始在此建设住宅区，1987年建成，称"安华里"，一取"安定中华"之意，二与北侧的安慧里、安翔里以及安定路相匹配，首字均为"安"字。

安华桥
ANHUAQIAO

○ 安德里北街站位于东城区和西城区交界的安德里北街与鼓楼外大街交会处。

○ 该站因临近黄寺，初设地铁站时称"黄寺站"，后因站位调整而定名为"安德里北街站"。

○ 安德里因地处安定门与德胜门之间得名。《北京市西城区地名志》称：安德里北街"东西走向，原为七路，通已废的明代教场，故称教场小街。1949年以后两侧兴建多座楼宇，逐渐形成街道，因南侧不远处有安德里居民区，遂命名为安德里北街"。该街东起安定门外大街，西至德胜门外大街东侧的人定湖。

○ 其实，黄寺是这一地域的历史地名。清初，朝廷为了融洽与西藏地方势力之间的关系，于顺治八年（1651年）派恰噶和喜饶喇嘛去西藏，邀请五世达赖喇嘛罗桑嘉措进京与顺治皇帝会晤，遂命建造西黄寺供达赖喇嘛驻锡（因僧人出行时，以锡杖自随，故称僧人住址为驻锡）。顺治九年（1652年）西黄寺建成。是年，五世达赖喇嘛率领西藏僧俗、官员及侍从3000多人，历时9个月到达北京，驻锡于西黄寺。因格鲁派僧人着黄色僧袍、戴黄帽，故该派又称"黄教"，"黄寺"因之得名。此寺以东原有一座建于顺治八年的藏传佛教寺院，故称"双黄寺"。为了便于区分，便依两寺所处的方位称为"东黄寺""西黄寺"。如今东黄寺早已无存，西黄寺尚存。

○ 黄寺是京城一座最具藏传佛教特色的寺院，如今是中国藏语系高级佛学院所在地，创建于1987年，是一所培养中国藏传佛教高级弘法人才的学府。

黄寺石塔 ↑

鼓楼大街
GULOUDAJIE

2

○　什刹海站位于西城区东北部,地安门外大街与方砖厂胡同交会处北侧。

○　什刹海旧称"积水潭",亦称"海子",含西海、后海和前海三个湖泊,因处在皇城之北,被称作"后三海",与"前三海"(北海、中海、南海)共同组成北京内城的六海水系。这里古时是永定河故道,为高粱河一段比较宽阔的河道,后形成湖泊。

○　关于什刹海的由来有几种说法,其中有两种流传最广。

○　一说什刹海因十刹海寺而得名。这十刹海寺在后海西岸糖房大院,为明代僧人所建,清顺治六年(1649年)和康熙三十一年(1692年)重修,又名什刹海庵、什刹海庙、十岔庙,后谐音为"什刹海"。

○　二说什刹海因附近有十座庙宇而得名,"刹"就是寺庙的意思,这十座庙宇是镇水观音庵(汇通祠)、真武庙、十刹海寺、佑圣寺、小龙华寺、广化寺、净业寺、宏善寺、寿明寺、普济寺,均建于明朝。也有学者认为历史上的什刹海附近所建的庙宇绝不止十座,最多时近二十座。因庙宇众多,泛称"十刹寺",其"十"字为多的意思,以后便将"十刹寺"附近的水域称为"十刹海",再后来被谐音为"什刹海"。

○　此外,什刹海曾有"西涯之海"之称。所谓"西涯",指什刹海西北角玉河水围之地,处于什刹海的核心地带。因明代文学家李东阳自小在什刹海边一个叫西涯的地方长大,并写下《西涯杂咏十二首》,吟咏这一带的景色,于是"西涯"便成了什刹海的代称。

○　积水潭曾经是元代漕运的总码头,元末明初,积水潭水源上游的村庄、人口增加,大量开垦,导致河道淤塞,积水潭的来水渐渐减少;另一方面,明代建的皇城将流经元代皇城东墙外的运河圈入,以保证皇家用水,水路被切断。从此,通惠河与积水潭的联系被切断,作为京杭大运河北端点的积水潭也与京杭大运河失去了关系。

○　自清代以来,什刹海逐渐成为京城的游乐消夏之所。《帝京景物略》中以"西湖春,秦淮夏,洞庭秋"赞美什刹海的风韵。而文人墨客还依"燕京八景",附会出"什刹海八景":银锭观山、谯楼更鼓、西涯晚晴、景山晴雪、白塔晴云、响闸烟云、柳堤春晓、湖心赏月。

民国时期的什刹海 ↑

↓

195

南锣鼓巷
NANLUOGUXIANG

6

中国美术馆
National Art Museum

← 1961年的中国美术馆

196

○　中国美术馆站位于东城区中北部，五四大街与美术馆东街、王府井大街交会处。

○　中国美术馆始建于1958年12月，系向国庆10周年献礼的"北京十大建筑"之一。主体大楼为仿古阁楼式，黄色琉璃瓦大屋顶，四周廊榭围绕，具有鲜明的民族建筑风格。该馆是以收藏、研究、展示中国近现代至当代艺术家作品为重点的国家级艺术博物馆。

○　中国美术馆所在地是明清时的老街区，明代属保大坊，清代属正白旗，有多条胡同。其中弓弦胡同因早年间有制作弓弦作坊得名。该胡同原是东黄城根北街通往美术馆东街的一条胡同，1965年整顿地名时将西库司胡同、双碾胡同北部并入。双碾胡同因胡同中有两处碾压谷物的碾子得名。

○　延禧寺是一座道教寺院，始建于明万历三十八年（1610年），建有大殿、配殿等，并立有石碑一通，"延禧"意为迎福请喜。清康熙二十三年（1684年）修葺，并立有延禧寺大殿碑。清末该寺废弃，其所在的胡同被称为延禧寺。因修建美术馆，将这条胡同全部拆除。

○　美术馆南侧为五四大街，街北的北京大学旧址（红楼）曾是"五四运动"发源地。

○　为纪念这一重大历史事件，20世纪60年代将当年北大学生示威游行经过的街道（民国时东段为双辇胡同，中段为汉花园，西段称沙滩）命名为"五四大街"。

197

珠市口
ZHUSHIKOU

7

天桥
TIANQIAO

○ 天桥站位于东城区与西城区临界的天桥南大街与南纬路交会处北侧。

○ 天桥既是一座古桥的名称，也是京南地区一个区域的泛称。

○ 作为古桥，位于京城中轴线上的珠市口以南，永定门以北，即天坛的西北面，南北走向跨过龙须沟，始建于元代，明永乐年间重建，为单孔高拱石桥，是明清帝王到天坛祭天，到先农坛祭神农和后稷时的必经之地。因皇帝又称"天子"，天子所走之桥，故称"天桥"。《京师坊巷志稿》云："永定门内大街，北接正阳门大街，有桥曰天桥，东南则天坛在焉，西则先农坛在焉。"

○ 据《天桥史话》记载："天桥长约8米，宽约5米，石桥有三梁四栏，汉白玉雕成，东西两侧各5根栏柱，柱顶雕成莲花骨朵儿形，桥孔券洞上中心部位雕有螭头以镇水。平时有木栅栏封起来，除皇上及随行人员外，其他人一律不许通过，一般人只能走两侧的木桥。"1906年整修正阳门至永定门的马路时，将天桥改建成低矮的石桥。1929年因有轨电车行驶不便，又将天桥的桥身修平，但两旁仍有石栏杆。1934年展宽正阳门至永定门的马路，便将天桥两旁的石栏杆全部拆除，天桥也就不复存在，只留下一个地名，由此便有了"天桥不见桥"之说。

○ 作为地域称谓，天桥泛指京城中轴线南部，南北在东西珠市口到现在的南纬路之间，东西大致在福长街和金鱼池之间的区域。从清代同治年间至20世纪中期，天桥一带逐渐成为众多行当艺人撂地卖艺谋生的场所，随之各种行业也加入进来，形成了集吃喝玩乐、游览购物于一地的天桥市场。据1930年2月《天桥调查》记载："天桥占地二十亩，共有各行各业的店铺和摊贩七百七十三户，其中正式领有牌照者三百三十四户，计大小戏园九个，坤书馆七个。临时设摊四百三十九户，计游艺杂技摊六十二个。"齐如山先生在《天桥一览序》中记述道："天桥者，固北平下级民众会合憩息之所也。入其中，而北平之社会风俗，一斑可见。"

○ 2013年在天桥旧址偏南处，复建了天桥，并复制了刻有《帝都篇》和《皇都篇》的石碑以及《正阳桥疏渠记》石碑，分别立于天桥两侧，大致恢复了天桥原有的"一河一桥双碑"景观。

○ 永定门外站位于东城区西南部，永定门外大街与琉璃井路交会处西侧，北临永定门桥，可与14号线换乘。

○ 《北京城史话》载：永定门俗称"永大门"，是北京城外城的正门，在七座外城门中建筑规模最大，与前门相对应，于左安门和右安门中间，是北京中轴线最南侧的标志物。"永定门"寓意大明江山永远安定兴旺。此门既是帝王南巡必经之地，也是来自南方的商贾出入京城的通衢要道。

○ 永定门始建于明嘉靖三十二年（1553年），当时只修建了城门楼，嘉靖四十三年（1564年）补建了瓮城。直到清乾隆十五年（1750年）永定门才增建箭楼，重建瓮城。乾隆三十一年（1766年）永定门城楼重修，加高城台和城楼层顶，采用重檐歇山三滴水的楼阁式建筑。此时永定门已成外城之最大城门，至此，永定门工程才算全部完成。

○ 从1950年始，永定门瓮城城墙被陆续拆除。1957年又以妨碍交通和已是危楼为名，将城楼和箭楼拆除。40多年后永定门城楼得以复建，基本上恢复了明清风貌，成为北京第一座复建的城门，但瓮城和箭楼尚未修建。

○ 永定门外为关厢，关厢即城门外及其附近区域，也就是泛指城门外两三里之内的居民聚集地，早年间老北京城的城门外都有关厢。而关厢大都正对城门，但永定门外关厢却例外。原来，在修建永定门之前，附近有一个很大的村子，称花庄子。明嘉靖三十二年（1553年）修建永定门后，应在城门外设置关厢，由于当时凑不足搬迁花庄子村的费用，便把关厢向东偏了150多米，俗称"斜关厢"。

○ 20世纪五六十年代，随着老城门逐渐被拆除，城里城外连成一片，"关厢"的概念被人们逐渐淡化，多称"某某门外大街"，永定门关厢成为今天的永定门外大街。而今向南与南苑路衔接，串联南三环、南四环路，有"南中轴路"之称。

← 清末永定门

永定门外
YONGDINGMENWAI

14

200

○　木樨园站位于东城区东南部，南三环与永定门外大街交会处北侧，木樨园桥北侧。

○　"木樨"实际上是"苜蓿"的近音异写，但二者并不是一种植物。

○　据《丰台地名探源》称：自明代以来，北京城周围就有大片的苜蓿地，作为供应宫廷马匹的饲料。《明宪宗实录》记载："成化二十三年七月辛酉（1487年8月12日），诏京城九门复种苜蓿地，东厂太监罗祥奏：正阳等儿门外旧有苜蓿地一百余顷，递年种租以饲御马，今皆为御马太监李良、都督李上等占种。"这就是说，京城九门外的苜蓿地，按多年惯例是由官方租种出去，所生产的苜蓿用以喂养御马，不料御马监的主事者却私自挪作他用，直到被东厂太监告发后遭到处理，皇帝才发布诏书恢复京城九门外的苜蓿地。

○　另有史料记载，明代军队在九门之外种植的苜蓿，为"按月采集苜蓿，以供内厩喂养"，"民不可采之，以为家畜所食"。明末清初时，这些苜蓿地大都消失，并形成聚落，初称"苜蓿地"或"苜蓿园"，后讹化为"木樨地"或"木樨园"。永定门外的苜蓿地便谐音为"苜蓿园"，因系两个聚落，故以所处方位称"东木樨园"和"西木樨园"，20世纪50年代以后成为居民区。在东、西木樨园以南，还有个木樨地，时称"南木樨园"，后通常简称为"木樨园"，六七十年代成为永定门外较大的村落。

○　1977年在其附近修建了木樨园南郊汽车停车场，1986年为便于外埠进京汽车停放、住宿等，将其改建为北京市木樨园长途客运站。1988年修建南三环路时，在其北侧建成一座椭圆状上环互通式立交桥，称"木樨园桥"，由此使"木樨园"这个名不见经传的地名为人们所熟知。

○ 海户屯站位于丰台区东部,南苑路北端,南三环木樨园桥南侧。

○ 何为"海户"?即明清时在南苑皇家园林(明称南海子,清代称南苑)里维护苑墙、饲养兽禽、种植土地等值差之人,其居住的村落称"海户屯"。

○ 明代南海子隶属上林苑,设"海户"从事繁育鸟兽、栽培林木和蔬菜种植。据《明大政记》载:"南海子设海户千人守视,自永乐定都以来,岁时搜狩。"明宪宗时名臣、内阁首辅、庐陵安福(今江西安福县松田村)人彭时在天顺二年十月十日(1458年11月15日)随英宗皇帝到南海子检阅士兵围猎,随后在《可斋杂记》中记述道:"海子距城二十里,方一百六十里,辟四门,缭以周垣。中有水泉三处,獐鹿雉兔不可以数计,籍海户千余守视,每猎则海户合围,纵骑士驰射于中,亦所以训武也。"这表明,方圆一百六十里的南海子,开辟了东西南北四门,园囿四周修建了围墙,其中饲养着无数的动物,由上千名海户看管。

○ 清代乾隆年间南苑"设海户一千六百人,人各给地二十四亩"。乾隆皇帝曾作《海户谣》:"海户给以田,俾守南海子。常年足糊口,去岁胥被水……"当时对海户的管理极为严格,所有海户出入南苑角门要出具腰牌(出入证),且必须有专人带领,走指定路线,在指定的区域劳作。每天早晨进入南苑里当差,傍晚出南苑到附近聚落住宿。海户们的生活极为贫困,常年仅是糊口,一遇灾年不得温饱。

201

○ 清朝末年南苑荒废,海户们各谋生路,但仍居住在南苑四周,由此在今天的丰台、朝阳、大兴、通州各有一个称"海户屯"的村落。而永定门外数里的海户屯,为大红门外海户屯,现属丰台区南苑乡。随着这一地区的开发,村落已消失,建成"海户屯小区"及"海户路"。

海户屯
HAIHUTUN

大红门
DAHONGMEN

○　大红门站位于丰台区东北部，南苑路与临泓路、石榴庄路交会处西侧，可与10号线换乘，暂未开通。

○　《大兴文史》载：大红门原是皇家苑囿南海子的正门，始建于明永乐十二年（1414年），当时扩建南海子时在东西南北四个方向上各开有一门，分别称"东红门""西红门""南红门""北红门"，其中北红门为南苑的正门。清乾隆年间又增开了五个门，在北红门东边所建的一个门称"小红门"，因此原来的北红门也被称为"北大红门"，因是皇帝出入最便捷的一座门，在"南海子"的各门中规制最高，故称"大红门"。《日下旧闻考》载："大红门，南苑正北门也，亦称北红门，旧有南苑官署房三层，共计十有八间。"

○　大红门曾经是北京一处难得的景观，弯弯曲曲的凉水河和高低起伏的海子苑墙，交相辉映，在大红门北边由西向东延伸。清澈的河水映照着南岸红色的苑墙和北岸的九龙山。

○　1900年"八国联军"洗劫南苑，焚烧南红门，之后，南苑各处又屡遭兵燹。至1949年前后，各门都已经荡然无存，仅剩大红门。由于妨碍交通，1955年8月在北京通往南苑的要道上，一座三门洞、朱红门窗、金黄屋顶、飞檐斗拱的门楼，被拆除了。这是南苑皇家猎苑九座大门中的最后一座。从此，这些皇家猎苑原址上的诸门，彻底消失。

○　20世纪80年代在大红门地区逐渐形成服装商圈，2008年被确定为北京大红门服装服饰创意产业集聚区，由此成为北京市最大的服装集散地。2017年大红门服装市场商户被逐步疏解外迁。

○ 大红门南站位于丰台区东部，南苑路与大红门路、大红门西路交会处。

○ 该站因地处南三环路大红门桥北侧，初称"大红门桥站"。

○ 大红门为明清时皇家园囿南海子的正门，此地处于大红门内二里许，民国时遗迹尚存，有大面积农田，附近有多个零散聚落，还有一座黄亭子，为清代光禄大夫傅子范墓所在地，建于民国八年（1919年）。亭子为四根四角，顶部覆盖黄色琉璃瓦，高约3米，中央立有一通石碑，碑两侧雕刻着两条龙，时为大红门一带知名景观。

○ 1937年，"卢沟桥事变"爆发，赵登禹与佟麟阁率部指挥驻守南苑的将士抗击日寇。7月28日，日军调集重兵向二十九军阵地发起猛攻，赵登禹指挥二十九军卫队旅和军训团学生队与日军激战。在接到上级命令后，赵登禹指挥部队向大红门一带撤退，当车子行驶到大红门附近时，遭到日军伏击，身负重伤，殉难于此，年仅39岁。

○ 有关赵登禹殉难的具体地点，说法不一。一说大红门以西的黄亭子附近，二说大红门附近的天罗庄，三说大红门附近的御河桥。赵登禹殉国当天被就地掩埋。陶然亭龙泉寺的老方丈闻知赵登禹殉难后，带领四名僧人连夜出城，在大红门附近的高粱地中寻得将军遗体，抬回寺内装殓。为避开日寇耳目，将灵柩隐藏在寺中八年之久。抗战胜利后，赵登禹灵柩迁葬于卢沟桥畔。

○ 大红门桥的历史可以追溯到明代。正统七年（1442年），在南海子北大红门外的凉水河上修建了一座五孔连拱石桥，长32.6米，宽10.3米，自建成后经历了多次修葺。1964年因河道裁弯取直，将该桥拆除。次年在旧址附近建成一座钢筋混凝土新桥，仍称"大红门桥"。2000年修建南四环路时，在其南侧不远处，即南苑路与南四环中路交会处，修建了一座大型立交桥，因临近大红门，也称"大红门桥"。

大红门南
DAHONGMEN South

○ 和义站位于丰台区东部，南苑路与和义路交会处。

○ 此站因地处和义庄而得名，原为大兴县行政区域，北京市农场局南郊农场在此设和义农业实验场站。1995年为安置崇文、宣武区因旧城区改造需要迁出的居民，在此兴建和义住宅小区，并由丰台区管理。1998年12月成立和义街道办事处。1999年2月重新调整大兴县与丰台区行政道区划时，和义地区划归丰台区。

○ 据《北京市大兴县地名志》载："和义庄东隔南苑路与和义东里相望，西为南苑镇界域，南稍东邻嘉禾庄、北靠花场子、东地等居民点。聚落呈长方形，主街道为东西走向。此地在元、明、清三代为南海子的一部分，是皇帝行围狩猎的场所。清末庚子赔款，清廷出卖官产筹集银两赔偿外国，土地被官僚资本家购买。此处为某官僚所收，佃工经营，名和义庄，原有土地700余亩，1949年后土地由人民政府没收，开办农场，称'和义农场'。1950年又将邻近的嘉禾庄、花场子、大泡子的土地并入，扩大到3000余亩，实为和义农场驻地，1953年改称北京市国营南郊农场三分场。1958年8月属红星人民公社旧宫大队。1983年属南郊农场畜牧分场，主要生产水稻、小麦兼种青稞饲料，并饲养奶牛及淡水鱼，还存储窖冰，一直到20世纪90年代初。"

○ 据传，和义庄原本是清宫太监在南苑置办的庄园，取和睦、仁义之意称"和义庄"，后被"盐业银行"收购。该银行成立于1915年3月，是由民国盐务署拨官款实行官商合办的银行。袁世凯指定曾任清末盐运使的张镇芳任总经理。张镇芳系河南项城阎楼人，乃袁世凯兄嫂之弟，清光绪进士，历任天津道、长芦盐运使、湖南提法使、署理直隶总督等职。民国初期，他凭借袁世凯任民国大总统的影响，在南苑收购上千亩土地，和义庄为其中之一，并雇用数百人耕作。直到1949年底，和义庄所属地亩一直归"盐业银行"所有，经营达30余年。如今旧村落已消失，建成和义东里、和义西里等小区。

○ 东高地站位于丰台区东南部, 南苑东路中段。

○ "东高地" 这一地名只有60年的历史。这里曾是明清皇家狩猎场南海子的一部分, 清末 "官准招佃屯垦" 后, 附近形成万聚庄、积庆庄、有余庄、小集善庄、北后庄等聚落。1948年以前属河北省大兴县, 1949年划归北平市, 为南苑区。

○ 早年间, 这一带多岗丘, 地势大致为西部低洼, 东部较高。西部有大面积的湿地, 每至盛夏, 苇草丛生, 而东部有多处高岗子, 两者之间有一大片平坦区域, 因呈三角状, 俗称 "三角地"。民国时这一带已被开垦出不少农田。20世纪50年代初期, 这里已形成较大的聚落, 属北京市南苑区, 1954年改属南苑镇办事处, 1958年南苑区撤销, 南苑镇办事处辖域并入丰台区。

○ 1958年国防部为科研院所在南苑选址时, 负责选址的领导来到南苑一带查看地势。当时, 这里只有一条石子路, 由地势相对低的西边向东延伸到较高处。南边为南苑机场属地, 西边为航空技校属地。由于西边地势低洼, 常年积水, 早些年便有了 "西洼地" 之名, 但这一块地不利于建设。往东去, 地势渐渐高出, 为一块高升之地。负责选址的领导仔细勘察后, 最终确定将东边这块地势较高的地块划为国防用地。不久, 施工单位进入现场, 由于当时这里没有地名, 便以地处三角地以东、地势较高而称 "东高地"。

○ 随着这一地区的开发建设, 居民不断增多, 1959年9月这一地域从南苑办事处析出, 单独成立街道办事处, 称 "东高地街道办事处", 由此 "东高地" 作为行政区域名称被确定下来。如今, 经过60年的建设, "东高地" 已成为京南的 "航天城"。

东高地
DONGGAODI

火箭万源
HUOJIANWANYUAN

○ 火箭万源站位于丰台区东南部,南大红门路与万源南路交会处。

○ 此地实为六营门,故初设车站时,称"六营门站"。据《北京市丰台区地名志》载:"六营门为南苑古地名。清光绪三十一年(1905年)北洋陆军第六镇驻屯,在今南苑机场内,建有7座大营房,现已无存,尚保留三营门和六营门两个地名,沿用至今。"

○ 清朝末期,慈禧太后希望通过编练新军增强国防,于光绪二十一年(1895年)委任袁世凯等督练新建陆军。到光绪三十年(1904年),袁世凯担任直隶总督和北洋大臣时,其手下已有6个镇(相当于6个师),他的嫡系部队北洋第六镇便驻扎在南苑。在今天的西营房至东营房之间,共有七座大营,并按顺序称为一营门、二营门、三营门、四营门、五营门、六营门、七营门。

○ 北洋军队撤走后,军营闲置,后改为他用,营门的称呼也被延续下来。到20世纪40年代末,这里的营房已成残垣断壁,逐渐消失。50年代初期在此建成平房小区,80年代逐渐扩建成楼房。如今只有第七营作为历史文物仍然保存在南苑机场内,而其他六座破败的营盘已难寻其踪。

○ 六营门附近曾有万源庄,为清末官准招佃屯垦时,某太监圈地所建庄园,后形成的聚落。20世纪50年代建成居民区,称万源里。1957年11月在此设立国防部五院一分院,今称"中国运载火箭技术研究院",简称"火箭院",有"京南航天城"之称。

○ 因"火箭院"已成为区域性称谓,指位性强,故结合历史上的"万源庄"之名,取名"火箭万源站",亦取中国航天事业发祥地之意。

○ 五福堂站位于大兴区北部,京福路与广德大街交会处。

○ 据《北京市大兴县地名志》载:五福堂"村东临(北)京一济(南)公路,南为西毓顺庄,西邻南义盛庄,西北为南小街,聚落呈方形,格状街巷……清光绪末年,南苑荒废,官准招佃屯垦,遂建村名五福堂。村址地势平坦,西北略高于东南"。

○ 据传,五福堂为清末大内乾清宫柳姓太监所建庄园。这柳姓太监为大名府人,颇受慈禧太后喜欢,对其多有赏赐。南苑"招佃屯垦"之时,他便圈占了六十顷地,并从老家大名府找来五户人家,十几口人,为其耕种,为求吉祥而取"五福临门"之意称"五福堂"。同时修建一座四合院,以便在此颐养天年。庄园北面还修建了一座小庙,内供关帝、观音、龙王、土地、虫王诸神,称"五福堂"。

○ 所谓"五福",出自《尚书·洪范》"五福:一曰寿,二曰富,三曰康宁,四曰攸好德,五曰考终命",是古人所追求的最高境界。

○ 后来,老太监出宫来到"五福堂"养老,多年后,以98岁高龄无疾而终,被葬于宅院的北墙外。不久五福堂庄园被转给天津的一个大军阀,1949年后被没收充公,分给了贫雇农耕种。20世纪90年代成为有着130户人家的村落,属红星区旧宫镇南小街村,经济以农作物种植为主。而今村落已近消失,建成多处住宅区。

五福堂
WUFUTANG

○ 德茂站位于大兴区北部，京福路与团忠路、德才路交会处。

○ 此站因地处德茂庄而得名。据《北京市大兴县地名志》载："清光绪二十八年（1902年）南苑荒废，官准招佃屯垦，此地成为地主庄园，名德茂庄，时属顺天府大兴县，曾名'八家'。"

○ 另据《南苑史话》载：清末朝廷准许南苑招佃屯垦之时，太监、官僚、军阀、巨商、地主、士绅等有钱有势者接踵而至，抢购瓜分苑中土地，建立庄园用产。为图个吉利，纷纷给自己的庄园起了文雅的名字：凡带有兴、隆、茂、盛等字义的，多是商家置办的庄园；凡带有恩、德、仁、义等字义的多为太监开的庄子。"德茂庄"是其中之一，据传为内务府大臣荣禄的庄园。

○ 荣禄是清末重臣，瓜尔佳氏，满洲正白旗人，出身于世代军官家庭，以荫生晋工部员外郎，后任内务府大臣，工部尚书，出为西安将军。留京任步军统领，总理衙门大臣，兵部尚书。"辛酉政变"后，为慈禧太后和恭亲王奕䜣所赏识，官至总管内务府大臣，加太子太保，显赫一时。

○ 据传，1902年南苑招佃屯垦初期，荣禄凭借自己的权势，在南苑大量圈占土地。他在南海子中部一片土地肥沃之地，兴建了一座占地百余顷的庄园，并取"积德行善，财茂福臻"之意，称"德茂庄"。兴建庄园时，荣禄曾到德茂庄巡视过一次，第二年（1903年）便去世了。两年后庄园被转给一个大地主，后形成聚落，仍称"德茂庄"。1946年此地属河北省大兴县南苑区团河乡，1954年属国营南郊农场，称德茂作业站。因职工逐渐增多，即成为农场职工住宅区，仍以"德茂庄"为名。1958年属红星人民公社瀛海大队，1962年由瀛海大队析出，称德茂大队，1972年改称德茂分场，以畜牧养殖为主，设有猪场、牛场等。今属大兴区旧宫镇，旧村落已消失，建成德茂小区等。

○ 瀛海站位于大兴区东北部，京福路与瀛安街交会处南侧。

○ 瀛海庄一带曾是南海子的一部分，为元明清三代帝王行围狩猎的范围。清光绪二十八年（1902年）朝廷准令开垦南海子内大片土地，由宫内太监在此圈占土地，开设私庄。时有直隶河间府太监从老家招来大批贫苦百姓为其耕种所圈占的土地，遂成聚落，因河间古称瀛洲，故取"瀛洲""海子"各首字合为"瀛海庄"。"瀛"字代表故土瀛洲，"海"字代表新居南海子。1946年此地属河北省大兴县南苑区团河乡。1949年1月随大兴县划归北平市，1958年为北京市红星人民公社瀛海大队。

○ 瀛海庄东临三槐堂，南临同心庄，西临信义庄，北为沟渠，聚落呈东西向带状分布，主街东西走向，村民祖籍多为河间人，20世纪90年代初成为有上千户人家的大村。

○ 这一带土地肥沃，水源丰沛，适宜种植多种蔬菜，曾以盛产"五色韭"知名。据传，"五色韭"是由一位祖籍山东的丁姓农民最早在瀛海庄南侧的同心庄栽植，故最初称"丁韭"。因它是用大白马兰韭于冬季常温下露天种植，为了防风保温，需用秫秸挟风障，以麦糠为覆盖材料，因此也称"盖韭""芽韭"。这种韭菜的种植要经过闷白、捂黄、出绿、晒红、冻紫等过程，从根到梢颜色依次为白、黄、绿、红、紫五种颜色，故名"五色韭"。收割后，将韭菜捆成小把儿，就像野鸡的脖子，色彩鲜艳，也被称为"野鸡脖韭菜"。20世纪50年代初合作化时期，瀛海庄的"五色韭"成为供应首都市场的特色菜，颇受市民青睐。

瀛海
YINGHAI

国家图书馆	④ National Library
白石桥南	⑥ BAISHIQIAO South
白堆子	BAIDUIZI
军事博物馆	① Military Museum
北京西站	⑰ BEIJING West Railway Station
六里桥东	LIULIQIAO East
六里桥	⑩ LIULIQIAO
七里庄	⑭ QILIZHUANG
丰台东大街	FENGTAIDONGDAJIE
丰台南路	FENGTAINANLU
科怡路	KEYILU
丰台科技园	FENGTAI Science Park
郭公庄	房山 GUOGONGZHUANG

BEIJING SUBWAY LINE 9

北京地铁9号线

大致为南北走向，连接海淀、西城、丰台3个行政区，北起国家图书馆站，与4号线换乘，南至郭公庄站，与房山线衔接。全长16.5公里，设有13座车站，换乘站7座。

国家图书馆
National Library

白石桥南
BAISHIQIAO South

212

○ 白堆子站位于海淀区南部，阜成路与首都体育馆南路交会处。

○ "白堆子"这一地名的由来，众说纷纭。据传当年兴建京城的"五坛八庙"时，需要大量石料，其中以白色江米砂（大理石）居多，所以在阜成门外设置了一个专门负责储运石料的机构，因堆放许多白色江米砂，俗称"白堆子"。后该机构撤销，而"白堆子"作为地名被保留下来。

○ 另说，20世纪60年代阜成门外不远处大街旁，长年堆放着几丈高的白灰，俨然一座小山，为附近建筑公司所置。因附近多为农田，所以白灰堆子格外显眼，俗称"白堆子"，临近的35路和36路公共汽车在此设"白堆子站"。

○ 其实，"白堆子"之名由来已久。有一首北京童谣就提到了它。这首童谣名为《运煤古道地名谣》，其中唱道："遭灾年，粒不收，逃荒到了门头沟……八里庄，上大道，往前就是马神庙。马神庙，歇揣子，往东就是白堆子。白堆子，走土道，前边就是倒影庙。"这首童谣传唱了多少年已无从考证，但唱出了从门头沟到平则门（阜成门）众多的古迹。其中的"倒影庙"为"阜成门外迤西二里许"的慈慧寺，因寺院毗卢宝殿有倒影奇景，俗称"倒影庙"。史料记载，慈慧寺建成于明万历三十年（1602年），其位置在今阜成门外北街259号，尚有遗迹可寻。《运煤古道地名谣》为清代童谣，由此推断，"白堆子"之名已有百余年历史。

○ 1949年7月以后，白堆子属马神庙行政村，1958年属玉渊潭人民公社钓鱼台大队。1963年属甘家口街道，根据方位曾设有前白堆子、后白堆子、白中、白西、白南五个居委会，如今为白堆子社区、白中社区。

白堆子
BAIDUIZI

9

5

214

北京西站
BEIJING West Railway Station 7

9

↓

4

15

◎　六里桥站位于丰台区北部，广安路与西局西路交会处南侧，东临六里桥客运主枢纽，可与10号线换乘。

◎　历史上六里桥地处广安门外，是西南方向进入京城的主要通道。清雍正年间从广安门至小井村修了一条石板路，在距广安门外六里的柳巷村旁有一条西北东南方向的沟渠，宽约三丈，旱季可行车马，雨季水流成河，于是路修到这里便搭了一座石板桥，远望呈弯月形，因东距广安门约六里，故称"六里桥"。其位置在今天西三环路上的六里桥西端，乾隆年间该桥重修过。据传清末民初该桥被废弃，只有地名流传了下来。

◎　早年间，六里桥东南角有　座五显财神庙，建于清雍正年间，道光年间重修。据《六里桥村志》载：该庙坐北朝南，山门一间，戏台三间，正后殿各三间，东西配殿各六间，石碑三块，山门、戏台连为一体。正殿内供奉着财神赵公明骑像，黑面浓须，骑黑虎，一手执银鞭，一手持元宝，全副戎装。大殿山门、戏台等均为大式悬山顶，建筑布局规整。逢年农历正月初二及七月二十二，便有人到此祭祀财神爷，香火极盛一时。

◎　据传道光皇帝到西陵（位于河北省易县城西永宁山）祭祖时，曾路过这里，并在此庙上香。1949年以后，财神庙曾被六里桥小学占用，1987年在六里桥修建立交桥时，该庙被拆除，现仅存古槐两棵。

六里桥 **10**
LIULIQIAO

○ 六里桥东站位于丰台区北部，广安路与太平桥路交会处。

○ 最初设地铁站时因临近太平桥而称"太平桥站"，后又因地处六里桥东侧而改称"六里桥东站"。

○ 太平桥是个古老的地名，包括仓盈馆和钢叉楼两个自然村。传说宋代杨家将北闯幽州时，在此与3000多辽兵相遇，当时杨六郎只有800余名将士，被辽兵围了个严严实实。他见寡不敌众，便想带着将士们南撤回营，但此时天色已晚又有大雾降临，东、西、北三面是辽兵围堵，南面是一条宽约三丈的河流，水深丈余（疑为莲花河故道），寸步难行。情急之时，六郎隐约看到附近有一片树林，于是令将士们砍树架桥。随即，将士们迅速在河上架起四座简易木桥。黎明之前，将士们通过这四座木桥冲出重围，顺利返回宋营。此后这四座简易木桥被保留下来，为人们过河之用。明朝时被改建为小石桥。这四座小桥即太平桥、挡羊桥、卧虎桥和杨胡子桥，其中太平桥即在今天被称为太平桥的位置，附近的村落以桥而称，《北京市丰台区地名志》对此略有记载。

○ 20世纪七八十年代太平桥属卢沟桥人民公社辖域，设有太平桥大队，90年代为卢沟桥乡行政村。历史上这一地区土质肥沃，水源丰富，是丰台著名的菜区，其中冬瓜种植技术独到，冬瓜也因此成为当地的特产。如今村落与菜地早已消失，建成太平桥小区。

六里桥东
LIULIQIAO East

七里庄
QILIZHUANG

○ 七里庄站位于丰台区中部，丰台北路与万丰路、东大街交会处，可与14号线换乘。

○ 《北京市丰台区地名志》载："七里庄金代成村。因相距金中都城（今凤凰嘴）西去七里，遂以七里庄命名。"

○ 海陵王完颜亮于金皇统九年（1149年）十二月发动政变，取代了金熙宗完颜亶，天德三年（1151年）3月下诏"广燕城，建宫室"，贞元元年（1153年）正式迁都燕京，并改"燕京"为"中都"。金中都仿照北宋汴京之规制，在辽南京城基础上扩建。

○ 据传，修建中都城时动用了120万人。都城兴建后，多数工匠被遣散，但有少数工匠留在了中都城附近，自谋生路，而定居于今天七里庄的工匠，多仍干老本行，以兴建、修缮房屋为生。因东距中都城约七里，遂称"西七里庄"，元初称"七里庄"，到了明代也只有十几户人家，清代属宛平县。

○ 民国时期七里庄一带属北平市郊四区，地处两条大道交会处。一条北自西便门，向西经羊坊店、北马场，转向西南，经马管营、于庄、七里庄、造甲村，再向东南至南苑新宫。一条北自郑常庄，向南经岳各庄、大井、七里庄，再向东至西管头。20世纪70年代初属卢沟桥人民公社，因地处平原地带，是京西的老菜区，蔬菜种植延续到20世纪80年代末。而今村落与农田早已消失，只有地名尚存。金元时期七里庄的位置已难以确定，据传大致在今七里庄地铁站西北侧。

○ 丰台东大街站位于丰台区中部，东大街与游泳场北路交会处。

○ 丰台东大街南起正阳大街东口，北至丰台北路。1949年以前南段为土路，两边多是兵营，为军事管理区。1949年以后改为居民区，经过多次修缮，成为丰台镇最长的街道。因地处丰台镇东部，故名"丰台东大街"，简称"东大街"，是丰台镇著名的商业街，素有"丰台第一街"之称。

○ 丰台镇最初称丰台村，历史悠久。有关"丰台"这一名称的由来，历史上已争论了数百年。清代乾隆年间成书的《日下旧闻考》曾列举了如下三种不同的说法：其一，"丰台"是对金代中都城南面的正门"丰宜门"外拜郊台遗址的简称，"丰台"之名即取自丰宜门之"丰"，拜郊台之"台"。其二，今天的右安门外草桥一带有金朝的别墅群，名"远风台"，史料有"今之丰台疑即远风台之遗址"的记载。明时此处已出现村落，名曰"风台村"，清时称"丰台镇"。第三种说法认为，元代的园亭多在此地，"丰"是指养花的花房繁多，"台"是指花乡中有许多亭台遗迹。

○ 从史料记载上看，"丰台"这一地名的出现，确应上溯至金代，至今已有800多年的历史。明清时期，今天的丰台一带为京畿之地，1952年北京市在城区南部设行政区时，以"丰台镇"之称得名"丰台区"。

○ 丰台古有"花乡"之称，其花木种植的历史源远流长，兴于金元，盛于明清。这里不仅是旧京春日人们郊游赏花的好去处，还是京城花木供应之地。明清及民国时，京城花市上出售的花卉大多来自丰台一带。

2000年的丰台东大街一隅 →

丰台东大街
FENGTAIDONGDAJIE

○　丰台南路站位于丰台区中部，丰台南路东端。

○　此地历史上为造甲村辖域，所造之"甲"为战争中将士们征战时防卫的盔甲。明代京城周边设有多处制造盔甲的场所，俗称"盔甲厂"，又称"鞍辔局"，是营造盔甲、铳炮、弓矢、火药的地方。据《明实录》记载，盔甲厂制造、储藏盔甲、兵器、火药甚多。京南丰台造甲厂是其中一处，大约建于成化年间，嘉靖年间废弃，经营达百余年，明末成村。

○　1928年民国南京政府命令直隶省改为河北省，北平划为特别市，宛平县署从城内迁到卢沟桥东侧的宛平城，该村以村西药王庙大白果树为界，以东为北平市郊四区，以西为宛平县一区。村域呈方形聚落，东临刘家村，西临丰台火车站。京汉铁路（汉口至北京）自村域北部穿过，一条大道环绕村子的西南，由此使该村处于京西交通要冲。

○　造甲村为"丰台十八村"之一，历史上造甲村以养花为业的人家不少，在民国时期，仍有许多人家从事花卉种植。村西原有药王庙，庙前有戏楼一座，现已无存。

○　1965年将村西南北向的土路修整后改建成沥青路，因地处丰台镇南侧而称"丰台南路"。后经多次调整，而今该路西起西四环南路，向东与造甲街和丰台东路交会，再向东南方向延伸，至樊羊路。

○ 科怡路站位于丰台区中部，科怡路与宝隆路交会处，南四环西路北侧。

○ 在此初设地铁站时因临近怡海花园而称"怡海花园站"，后改称"科怡路站"。历史上此地为孙庄子，曾为黄土岗人民公社（今花乡）的一个自然村落，以孙姓最早定居于此而定名。

○ 《北京市丰台区地名志》载：孙庄子东接康庄子，南靠马草河，西接东李庄，北接韩庄子。据传孙姓人家于明永乐年间自山西闻喜迁徙而来，以务农为生计，最初居住在马草河北侧的一处高坡上。短短几年便开垦农田近百亩，种植蔬菜及水稻等作物，此后有山西老家的近亲十余人投奔于此，遂成聚落，因多姓孙，故称"孙家庄子"，简称"孙庄子"。明末清初，又有一些人移居于此，村落逐渐向东西两侧扩展，使村域呈长方形，主街东西走向。民国时地处北平市郊四区与河北省宛平县交界处，只有几十户人家，以农耕为生。20世纪70年代属丰台区黄土岗人民公社，后为花乡辖域，已有村民近150户，后与东李庄合为一个生产组织，称马场第一公司，当时有耕地500余亩，后被国家全部征用。

○ 随着南四环路的建设，这一带被开发，遂建成怡海花园、帝京花园等住宅区，其中怡海花园是当时北京唯一一家由外商开发建设的大型普通居民住宅小区。随着小区的兴建，自南向北修建了一条道路，因西临丰台科技园，东为怡海花园，故称"科怡路"，北起丰台南路，南至南四环路与丰科路衔接，实为南北两段。

科怡路
KEYILU

- 丰台科技园站位于丰台区中南部,丰科路与中环西路、五圈路交会处。
- 该站位于丰台花乡乡域核心区域,因紧邻中关村科技园区丰台园得名。
- 以"花乡"作为丰台区鲜花种植业的标志,只是最近三十年的事情。在此之前,代表京城南郊种花区域的是"丰台"、"草桥"和"黄土岗"。不论在古代还是近代文献中提到上述地名,通常都不是专指它们所在的那个聚落和周围的土地,而是泛指以它们为中心的一片地区。"花乡"作为行政区地名始于1987年5月。
- "花乡"是丰台花卉种植的核心地区,而丰台种植花卉的历史最早可以追溯到金代。到了明代,当地花木业更加兴盛。当时京城花市上所出售的花卉,大多数来自丰台的黄土岗、草桥一带,大量的花木上市,花农们或肩挑,或车载,"每辰千百,散入都门",将大量的鲜花源源不断地送到四九城的花市上出售。这一带不但种植花木品种多,而且四季有花,故有"花乡"之美称。
- 黄土岗曾是丰台区的一个乡,其辖域包括"十八村"中的大多数村落及夏家胡同、草桥、郭公庄等。由于地处永定河冲积带,形成了堆积大片沙质黄土的岗丘,故名"黄土岗"。1987年,为了更好地借助地域优势,发挥花卉的品牌作用,丰台区决定将所辖的原"丰台十八村"地区的"黄土岗乡"更名为"花乡乡"。
- 丰台园成立于1991年11月,总部基地地处花乡乡核心区域,1992年正式启动建设。

○ 郭公庄站位于丰台区中南部,六圈南路中段,可与房山线换乘。

○ 《北京市丰台区地名志》载:郭公庄原为一郭姓宦官(太监)的庄园。因太监俗称"公公""老公",故以"郭公庄"为村名。历史上以种植芍药闻名,花朵较大,酷似洛阳牡丹,明清时在京城盛极一时。

○ 郭公庄行政村原有三个自然村,即北庄子、南大地、郭公庄,因郭公庄村域最大,所以将这一带泛称"郭公庄"。其渊源史料记载极少,难以考证,民间曾有一个传说。

○ 据传,明末李自成打进北京后,李自成及部下进京不久便为所欲为,将士们耽于享乐、沉湎酒色,军士们目无法纪,肆意而为。他们还强迫明朝官员及宦官们交出银两,许多人不堪迫害,四散而逃。其中有位郭姓太监,在宫中当差20多年才积存了一些银两,不忍被大顺军搜刮去,便乘着夜黑逃到了广安门外西南十几里的一座寺庙里。没多久,大顺军在山海关与吴三桂交战兵败,逃回京城。此时军纪更加败坏,"大肆淫掠,无一家得免者",百姓无不痛之。没几天,李自成就率领残兵败将仓皇逃出了北京城。

○ 暂住在京西寺院里的郭姓太监见大顺军败出京城后,不敢再回到宫里,于是拿出所存银两在京西置办下10亩薄地,建起几间平房,以为养老。后来他还将宫中的一些名贵芍药移植于此,多年后芍药栽植达百亩,花朵硕大,花色鲜艳,远近驰名。此后有太监出宫后便投靠于他,在此形成聚落,被称为"郭公庄子",后称"郭公庄"。今辖域属丰台花乡。

郭公庄
GUOGONGZHUANG

房山

巴沟	西郊	BAGOU
苏州街		SUZHOUJIE
海淀黄庄	④	HAIDIANHUANGZHUANG
知春里		ZHICHUNLI
知春路	⑬	ZHICHUNLU
西土城		XITUCHENG
牡丹园		MUDANYUAN
健德门		JIANDEMEN
北土城	⑧	BEITUCHENG
安贞门		ANZHENMEN
惠新西街南口	⑤	HUIXINXIJIENANKOU
芍药居	⑬	SHAOYAOJU
太阳宫		TAIYANGGONG
三元桥	首都机场	SANYUANQIAO
亮马桥		LIANGMAQIAO
农业展览馆		Agricultural Exhibition Center
团结湖		TUANJIEHU
呼家楼	⑥	HUJIALOU
金台夕照		JINTAIXIZHAO
国贸	❶	GUOMAO
双井	⑦	SHUANGJING
劲松		JINSONG
潘家园		PANJIAYUAN
十里河	⑭	SHILIHE
分钟寺		FENZHONGSI
成寿寺		CHENGSHOUSI
宋家庄	⑤ 亦庄	SONGJIAZHUANG
石榴庄		SHILIUZHUANG
大红门	⑧	DAHONGMEN
角门东		JIAOMEN East
角门西	④	JIAOMEN West
草桥	大兴机场	CAOQIAO
纪家庙		JIJIAMIAO
首经贸		SHOUJINGMAO
丰台站		FENGTAI Railway Station
泥洼		NIWA
西局	⑭	XIJU
六里桥	⑨	LIULIQIAO
莲花桥		LIANHUAQIAO
公主坟	❶	GONGZHUFEN
西钓鱼台		XIDIAOYUTAI
慈寿寺	⑥	CISHOUSI
车道沟		CHEDAOGOU
长春桥		CHANGCHUNQIAO
火器营		HUOQIYING

BEIJING SUBWAY LINE 10

北京地铁10号线

北京市第二条环形线路，串联海淀、朝阳、丰台3个行政区，是目前世界上最长的全地下交通运营线路。全长57.1公里，设有45座车站，换乘站19座。

巴沟
BAGOU

○ 巴沟站位于海淀区南部，巴沟路与万柳家园东路交会处，可与西郊线换乘。

○ 初设地铁站时因位于万柳小区北侧称"万柳站"，后因此地历史上为巴沟村而称"巴沟站"。

○ 历史上巴沟附近有多处泉水涌流，其东南侧的万泉庄一带更是水源丰富。这些泉水多由南向北流去，注入万泉河，其中有八条最大的沟渠，人们在水边台地上聚落成村后称"八沟村"。《长安客话》载："北淀之水来自巴沟，或云巴沟即南淀也。"大约在明代，"八沟"被谐音为"巴沟"。20世纪50年代以前这里的泉水仍能分出八条渠沟北流汇入万泉河，后因地下泉水枯竭而使八条水沟里的水流中断，沟渠被逐渐填平，改为农田，最后只留下"巴沟村"这一地名。

○ "万柳"之名系讹化而得，因该区域曾南有万泉庄，北有柳浪庄。万泉庄因历史上该地域多泉水而得名。"万泉庄"之名首次出现在《圣祖御制重修西顶广仁宫碑》中："所谓万泉庄者，固郊畿一胜境也。"20世纪六七十年代万泉庄为海淀人民公社行政村。柳浪庄系今天的六郎庄（已拆迁），据传明代曾有人在此设栏养牛，初称"牛栏庄"，因柳树成荫，被文人墨客谐音为"柳浪庄"，清代附会杨家将的故事，谐音为"六郎庄"。

○ 20世纪90年代末在巴沟一带开发建设时，因开发商视"巴沟"之名俗而不雅，便由"万泉庄""柳浪庄"演化出"万柳"之名，称"万柳小区"。在此设置地铁站时，初称"万柳站"，后在进行站名公示时，有人提议称"巴沟站"更为贴切，虽然俗了些，但最具地域特色，有关部门采纳了这个建议，最终确定为"巴沟站"。

苏州街
SUZHOUJIE

○　苏州街站位于海淀区东南部，海淀南路与苏州街交会处。

○　清代《日下旧闻考》载："万寿寺之西路北设关门，内有长衢列肆，北达畅春园，为万寿街，居人称为苏州街。"由此可见这条古老的街道南起今天的万寿寺，北经海淀镇西侧，至畅春园。

○　《啸亭杂录》载：乾隆二十六年（1761年），乾隆皇帝以为圣母祝贺七十大寿为由，仿照江南街景，从万寿寺开始一直往北到海淀镇、畅春园沿线，大兴土木，建造了一条长达数里的苏式商业街，得名"买卖街"，俗称"苏州街"。"街长三里许，肆宇栉比，错落有致。五步一乐亭，十步一剧台。"各种商店均仿照苏州样式，并从姑苏城里选派商人在此经营，喧闹的街景商铺、喃喃的吴侬软语，使人好像置身于繁华的苏州街头。嘉庆五年（1800年），有"勤俭皇帝"之称的嘉庆皇帝嫌其街靡费扰民，乃罢除之。嘉庆末年，因顺天府尹蒋之照所请，每届万寿寺庙会之期，许多乡民在苏州街自由设市，由禁地逐渐变成公共市场。

○　1860年"英法联军"侵入北京后，古朴典雅的苏州街也被焚毁。民国时因长久失修而破败不堪。直到1949年后才开始对其路面和两侧店铺进行修缮，并以倒座庙为界，分南北两段。北段楼堂店铺较多，南段两侧多为农田。1983年和1984年修建西北三环路和万泉河路时，各占其部分路段，其余之南北两段仍以"苏州街"而称，但已无昔日胜景。

知春里
ZHICHUNLI

○ 知春里站位于海淀区东南部,知春路与中关村南三街交会处。

○ "知春里"这一地名只有30多年的历史。民国时期,这一带处于西直门外,经白石桥、海淀镇,至西苑(颐和园、圆明园)御道的东侧,附近有大泥洼、小泥洼等小村落,因地势低,下雨积水成洼,遂名"大泥洼"和"小泥洼",后谐音为"大泥湾"和"小泥湾"。20世纪60年代初仍有农田及洼地,属东升人民公社北下关大队,后并入大钟寺大队。1980年开始建设住宅区,1990年基本建成,定名为"知春里居民区"。

○ 此地因位于人民大学东侧,小区初建时有人建议称"文汇里"或"学苑里",但很快被否定。时为初春时节,遂有人建议称"知春里",并引经据典地说出了"知春"二字的出处。唐代诗人王勃诗云"鸟飞林觉曙,鱼戏水知春",杜甫的《春夜喜雨》中有"好雨知时节,当春乃发声",刘方平《月夜》中有"今夜偏知春气暖,虫声新透绿窗纱",李白《春赋》中有"东风归来见碧草而知春"。

○ 因"知春"二字极富诗情画意,且充满生机,最终定名为"知春里",此后又建有"知春东里"和"知春西里"。

知春路
ZHICHUNLU

10

→

5

○ 知春路站位于海淀区东南部,知春路中段,可与13号线换乘。

○ 知春路因临近知春里得名,东起学院路与西土城路交会处,与北土城路相衔接;西至中关村大街与海淀南路衔接,长3100米。

○ 此地元代为大都城肃清门的西北部,当时荒无人烟,直到元代中后期才有零散的住户,明初渐成聚落,但村域极小,周边多为京城西北郊外的乱葬岗子及农田。清代自西向东有大泥洼、小泥洼、许家坟、白庄子、白塔庵、罗家庄等自然村,其间有多条狭窄的土路相通,村民们从事庄稼、蔬菜种植。民国时以京张铁路为界,东部属北京市郊七区,西部属郊六区,仍有大面积的农田。20世纪六七十年代属东升人民公社大钟寺大队和太平庄大队。

○ 1980年在此始建居民区,村落及农田逐渐减少,1990年小区基本建成,定名"知春里"。与此同时,为迎接1990年第十一届亚运会,在该小区北侧,自东向西新辟一条道路,因紧邻知春里小区而称"知春路"。

○ 知春路最初建成时只是连接东西方向的次干线,并不繁华,是亚运村经学院路,通往西郊各比赛场馆的主要道路,也是海淀区通往东南部的主要道路。此后随着道路两侧居民区的建设及企事业单位在此征地,特别是东部大运村的兴建和西部中关村地区的开发,东西两段日渐繁华,自然村落基本消失,而新建小区多以原村落之名而命名。

○ 知春路中段南侧曾有一处知名古刹,因寺中有古塔一座,呈白色,俗称白塔庵。1860年"英法联军"侵入北京时,除了将畅春园、圆明园、清漪园焚毁外,还将京城的许多古建筑损坏,寺院和白塔一起毁于战火之中。民国年间虽又募化重修,但其规模远不如从前,而今地面的建筑皆无。

西土城
XITUCHENG

位于西土城的"蓟门烟树"碑 一

○　西土城站位于海淀区东南部，知春路、北土城西路与学院路、西土城路交会处。

○　土城是元代大都北城墙和西城墙遗址的一部分，西起海淀区学院南路明光村附近，向北到黄亭子，折向东经马甸、祁家豁子直到芍药居附近，长约12公里。大都城始建于元至元四年（1267年），平面呈长方形，周长为28600米，东城墙长7590米，西城墙长7600米，北城墙长6730米，南城墙长6680米，面积约50平方公里，城墙用土夯筑而成。夏季为防止城墙因雨水冲刷而坍塌，需要用芦席、蓑草将其覆盖。明初北土城及东西土城北段城墙被废弃。

○　西土城即元大都西城墙遗址，南起明光村，向北至学知路口转东，与朝阳区接壤，约4公里，并有肃清门瓮城遗址和一处水关遗址，是研究元大都建设的主要依据。为了保护文物，改善环境，有关部门从2000年初开始，对西北土城海淀段进行大规模的整治建设，逐步改造成为"元大都城垣遗址公园"。

○　"蓟门烟树碑"为西土城的一处景观。"蓟门烟树"是"燕京八景"之一。金代初定名时，为"蓟门飞雨"，元代延之，明代改为"蓟门烟树"，清代袭之。而"蓟门"之所在，历来争议很大，众说纷纭，尚无定论。乾隆皇帝御题的"蓟门烟树"四个大字，于乾隆十五年（1750年）立碑于西土城之上。该碑坐北朝南，碑高3米，宽0.8米。碑基为须弥座，饰以莲花浮云。据传原建于皇亭子之中，朱红的柱子，四角包砖，外壁涂有朱色，顶覆黄色琉璃瓦，格外醒目。1900年亭子被毁，只有"蓟门烟树"碑暴露于外。1985年有关部门以"蓟门烟树"碑为中心，修建了亭台和城墙，定名为"蓟门公园"。

牡丹园
MUDANYUAN

○　牡丹园站位于海淀区东南部,北土城西路与花园东路、北太平庄路交会处。

○　历史上,今天的牡丹园一带并没有大面积种植牡丹的记载。这里曾是元大都土城墙上扒开的一个豁口,俗称"豁子",因有阎姓人家最早在此居住,故称"阎家豁口",也称"大豁子"。明清时这里为京城的北郊区,多为土岗子和坟地,十分荒凉。西面不远处便是塔院,所以这里曾有塔院的50多亩香火地,有庙有碑,庙里的和尚还在此种菜种地。1958年以后这一带为东升人民公社塔院大队农田。

○　1973年北京电视机厂在此占地,兴建厂区。该厂是我国较早的彩色电视机生产和出口基地,其所生产的电视机以素有"国色天香"美誉的"牡丹"而命名,当时是国内的名牌产品,其广告语"唯有牡丹真国色,花开时节动京城",可以说是家喻户晓。

○　牡丹因花色泽艳丽,富丽堂皇,素有"花中之王"的美誉。清代末年,曾被视为中国的国花。1985年5月被评为"中国十大名花"之一。

○　1988年北京城建第四公司开始在北京电视机厂东侧兴建住宅区,到1990年底已初具规模,于是以该企业的品牌——"牡丹牌"命名为"牡丹园小区"。

10

→

8

→

9

233

○　健德门站位于朝阳区与海淀区交界的北土城西路与京藏高速路交会处。

○　《北京城史话》载：健德门是元大都北城墙上开辟的两个城门之一，在北城墙的西侧，取意于《易经》乾卦中："天行健，君子以自强不息。"该城门是元军出征北上的必经之门。其门外护城河上所设置的桥梁称"挡羊桥"，因北方赶来进入大都的羊群，至此要经过检查纳税后，方许进得大都城。元代统治者为蒙古族人，日常多食用羊肉，所以每天都有从健德门进入的羊群。"羊"字古通"阳""祥"，有"三阳开泰"与"祥和"之意，故健德门有"吉祥之门"的雅称。

○　明洪武元年八月，大将徐达率兵攻打元大都时，元顺帝一见不妙，在众臣的护驾下，夜半时分打开健德门匆匆北逃上都，也就是今天的内蒙古锡林郭勒盟正蓝旗。元朝灭亡后，徐达将元大都北面的城墙向南推进了五里，在今天的德胜门、安定门一线重建城墙，并把"健德门"改成"德胜门"。因多出入兵车，所以是明朝出兵征战之门，取"德胜"二字，意为"旗开得胜"。元大都北城墙被废弃后，健德门消失了，只留下一个地名，最后这个地名也被人们淡忘了。

○　20世纪六七十年代，健德门遗址西部多为农田，属东升人民公社塔院大队的菜地，80年代开始被逐渐开发。1998年修建八达岭高速公路南段时，在元大都健德门旧址附近修建了一座立交桥，称"健德门桥"。

10

→

10

→

11

234

○　安贞门站位于朝阳区西部偏中，北土城东路与安定路交会处西侧。

○　《北京城史话》载：金贞祐三年（1215年）蒙古军队在成吉思汗的指挥下攻占了金中都城，推翻了金王朝统治。元至元四年（1267年）在金中都城东北部营造新大都城，即元大都，在突厥语中称为"汗八里"，意思是"大汗之居处"。历时20余年，完成宫城、宫殿、皇城、都城、王府等工程的建造，形成新一代帝都。其中设有11座城门，北城垣有两座城门，西面为健德门，东面为安贞门，"安贞"二字取《易》"乃终有庆，安贞之吉，应地无疆"之语。

○　明洪武元年夏，太祖朱元璋遣将领徐达、常遇春率军北征，七月抵达通州。元顺帝令淮王帖木儿不花监国，一见大事不妙，便携后妃、太子、公主自健德门出城北逃，前往上都避难。八月初二日，明军攻陷大都齐化门，由此入城。八月十四日，朱元璋将大都改名为"北平"。不久将元大都北城墙向南移5里，另筑新的北垣城墙，并建德胜门和安定门，遂将此段新城墙以北的元大都城垣废弃，原来北城墙上的安贞门和健德门，以及东、西城墙上最北边的光熙门和肃清门一并废弃。

○　元大都北城的位置今天依稀可辨，即中日友好医院北面的土城至蓟门桥以北的土城。20世纪80年代修建北三环路时，在安定门与安贞门旧址南北一线与三环路交叉处修建了一座立交桥，因桥所处的位置就在安贞门旧址南侧，故称"安贞桥"。

○　2003年底开始修建地铁10号线，又在安贞门旧址附近设站，最初称"安定路站"，因车站正处在安定路（安贞桥至安慧桥段）上，后来在站名公示时，被更名为"安贞门站"。

10
→
12

235

○ 芍药居站位于朝阳区西部偏北,北土城东路与京承高速路(大广高速路)交会处东侧,可与13号线换乘。

○ "芍药居"这一地名的来历,很少有文字记载。《北京市朝阳区地名志》称:芍药居"成村年代无考,因村中原有一位种植芍药的老者,颇有名气,人们尊称该地为芍药居,故名"。

○ 据传,早年间芍药居是一个只有二十几户人家的无名小村落,地处元大都北土城北面。清乾隆年间,距此不远的太阳宫香火很旺。有一年初夏,乾隆皇帝微服私访时,顺便到太阳宫施香。当路过一家小店铺门前时,见店里摆着许多鲜花,并以芍药花居多,于是走了进去。他发现店铺后面有个农家小院,院内种植的芍药花开得正艳,但见一位老者正精心地浇灌着芍药花。乾隆皇帝龙颜大悦,因为后宫娘娘们最爱用芍药调的花蜜养颜,取名"春宫粉蜜"。于是乘兴给这家小花店赐名"芍药居",并要店家将芍药花进送宫里。此后村里的许多人家便开始种植芍药花,除了进送皇宫外,还远销到京城花市。从此,这个无名小村便依小花店之名而称"芍药居"。

○ 这只是一个流传久远的民间传说,无任何史料可考,目前也没有当地种植过芍药的记载。20世纪90年代初期,芍药居为朝阳区太阳宫乡的一个自然村,此后随着芍药居小区的兴建,这一带日渐繁荣。

太阳宫
TAIYANGGONG

○ 太阳宫站位于朝阳区西部偏北,太阳宫南街与太阳宫中路交会处。

○ 《北京市朝阳区地名志》载:太阳宫村"东与十字口村毗邻,西接土角楼,南靠西坝村,北邻芍药居,村域面积0.31平方公里。村内曾有一座古庙,供奉大明神(太阳神),庙名太阳宫,今已无存,村以庙命名"。

○ 其实太阳宫并非传说中的大庙,只不过是一座普通的乡间庙宇,虽供奉有日、月、水、火之神塑,香火也不是多么旺盛。

○ 1947年北平市民政局曾对当时全市的寺庙进行调查,并将调查结果存档备查。当时该庙已成供神、办学、开店三种用途。按旧俗,每年农历正月初七、二月初二,合村民众祭神,焚香、上供,祈求上天保佑平安,五谷丰登、风调雨顺。不祭神的日子,村里的孩子们,就以供神的桌子为教台,上课读书。20世纪50年代,太阳宫及其殿内的神位、法物均已荡然无存,破旧的殿堂内又黑又乱,院内杂草丛生。当地政府遂对这座古庙加以改造,在此设立了太阳宫乡乡公所。

○ 1956年五路居、小黄庄等6个小乡合并为太阳宫乡,1958年属朝阳区。这一地区地处平原地带,土地肥沃,地下水源丰沛,多年来村民们多以种菜为主。修建三环路时,在西坝河路段兴建了一跨路桥(1994年竣工),因临近太阳宫桥村而称"太阳宫桥"。

三元桥
SANYUANQIAO

首都机场

← 2000年的三元桥

237

○　三元桥站位于朝阳区西部,三环路与首都机场高速路(京密路)交会处东侧,西邻三元桥,可与首都机场线换乘。

○　三元桥地处三环路东部角转弯处,其得名有三种说法。

○　一说因临近三元庵而得名。此地原有一座两进院的三元庵,供奉关羽神像,始建于清代,毁于民国后期。另说此地原有一座三元庙,内供三元大帝神像。三元大帝又称"三官大帝",包括天官、地官、水官,是道教神话中级别不高却为人所熟悉的神,民间有"天官赐福、地官消灾、水官解祸"之说。

○　二说因临近水源八厂而得名,该厂位于三元桥南侧不远处,是北京市的大型供水企业,同时该桥位于三环路上,又是三条交通干道的交会处,以"元"代替"源"字,得名三元桥。

○　三说由"三源里"转换而得名,三源里小区于三元桥南面,始建于1979年,因北有三元庵,南有水源八厂,1982年为小区命名时,各取一字,得名"三源里"。

○　三元桥初建时称"牛王庙桥",因附近有牛王庙村得名。该庙遗址大致位于今天三元桥内侧车道和首都机场高速及京顺路取中偏北的交叉处。在北京,为祭祀牛而建的庙宇并不多,而目前有据可查且较为知名的便是距离东直门东北方向五里地,即临近三元桥的牛王庙。据传,清光绪年间,牛王庙一带经常有野兽出没,时有路人及家畜被野兽所伤。于是有村民拿出一张虎皮,让家里的老黄牛披甲上阵,还在牛角插上了两把令箭。就这样乔装打扮的老黄牛吓跑了出没的野兽。为了感谢这头老黄牛,村民们集资修建了一座两层殿宇的牛王庙,前殿供有牛王神像,旁有一头小青牛,后殿供关羽像。该庙于1958年被拆除。

← 2008年的亮马河

238

○ 亮马桥站位于朝阳区西部，新源南路、亮马桥路与东三环北路交会处。

○ 亮马桥因亮马河得名。亮马河是东直门外的一条古老河道，为坝河支流，因在坝河以南，明代称"南坝河"。虽然河道不宽，但早年间两岸水草茂盛。据传明永乐年间皇家的御马苑就设在这里（今朝阳农场一带），由太监饲养，于是将这条小河称为御马河，又因御马在皇家使用前要清洗和晾晒干净，所以又将此河称为"晾马河"，后谐音为"亮马河"。如今的亮马河起自东直门外小街，以暗沟与东北护城河连通，向东北流经酒仙桥，在西坝村东入坝河。

○ 据《朝阳文史》载：亮马桥建于康熙三十九年（1700年），长约5丈，宽约1丈，为石砌三券拱桥。两侧装有护桥栏杆，远望呈弯月形。当年乾隆、嘉庆、道光、咸丰等皇帝到东陵祭祖均路过此桥，有时还在桥上停辇观赏郊外风景，当地村民也将该桥俗称为"御观桥""过龙桥""龙驾桥"。大约光绪年间，该桥被废弃，以后便逐渐消失了。

○ 当年的亮马桥已难寻其踪，甚至连大致的方位也难以确定了。1993年，东三环北路与亮马桥路交会处，修建了一座大型立交桥，原本叫"亮马新桥"，后因表彰为建桥出资捐助的企业而称"燕莎桥"。

○ 农业展览馆站位于朝阳区西部，东直门外大街与东三环北路交会处。

○ 农业展览馆所在的位置，20世纪50年代为东郊区（朝阳区前身），当时属东坝乡辖域，附近的农民多以种植蔬菜、水稻为生。除了农田外，方圆数十里还有许多旧窑坑，据说是修建北京城时烧制城砖后留下的。早年间朝阳门外有许多窑场，比较知名的有义和兴、庄义兴、百顺和、永福里、富兴地等，每家都开着几座甚至十几座砖窑，雇着二三百人。多年以后附近的土丘因烧窑被采尽，窑场废弃，却留下许多大大小小的窑坑，小则几亩，大则几十亩，坑里常年积水，生长着许多苇草，俗称苇子坑、苇塘，至今在农展馆东南部还有个叫苇子坑的地方，而农展馆的后湖据说也是在一个苇子坑的基础上改建的。

○ 1958年9月，在确定国庆十周年十大献礼建筑工程时，将全国农业展览馆的建设地点选在了这里，由此农田被征用。经过一年的建设，一座独具中国传统风格的建筑拔地而起，其主馆顶部为八角绿琉璃瓦亭阁式建筑，古朴典雅。主馆前广场两侧竖立着两座气势磅礴的大型浮雕，主馆后面是一巨大的人工湖，与回廊亭台、碧瓦黄檐的古典建筑群交相辉映。

← 1960年的农展馆

农业展览馆
Agricultural
Exhibition Center

团结湖
TUANJIEHU

○ 团结湖站位于朝阳区西部，工人体育场北路、农展馆南路与东三环北路交会处。

○ 据《首都文史精粹·朝阳卷》载："团结湖"一词最早出现在1958年，有着北京市政府全盘规划城近郊区水系——疏淤导顺，改善人民居住环境的历史背景。

○ 20世纪50年代初，这一带尚属农村，先后隶属星火人民公社六里屯大队沙筒子村生产队和高碑店人民公社小庄生产队、白家庄生产队，当时已兴建了大批排房宿舍。为改善当地居民的生活环境，1958年朝阳区政府组织党政机关、部队、工厂、学校和各界群众义务劳动，将这一带地势低洼、多年积水且乱草丛生的水沟、填塘、窑坑和坟冢，彻底挖淤、填平，中心地带就是今天的团结湖环形湖区。

○ 参加此项工程的相关人员于1958年8月底进驻，9月1日举行正式开挖仪式，国庆节前数日竣工，历时20余天。

○ 在对"团结湖"的命名上，一直以来是说因纪念和发扬人民群众团结挖湖的精神而得名，甚至有的文史书籍也如此记述。其实不然，当时北京城近郊区都在落实清淤工作，哪一个施工工地不是团结奋斗，热火朝天地劳动着，为什么就这个水面叫"团结湖"呢？别的水面就不能叫？其实，当时的北京市人民委员会修湖会议在施工前就已经定下了名字。四个新兴水面命名是：东城区的"青年湖"，西城区的"人定湖"，朝阳区的"团结湖"，海淀区的"太平湖"。

○ 20世纪80年代初期，团结湖地区已建成了100多幢高层住宅楼，并修建了多条道路，大多以"团结湖"命名，如团结湖北里、团结湖东里、团结湖南里和团结湖路等。而今的团结湖已不只是湖泊或小区的称谓，而成为一个较大区域的名称。

10
↓
18

41

呼家楼
HUJIALOU

6

金台夕照
JINTAIXIZHAO

← 夕照寺旧影

○ 金台夕照站位于朝阳区西部，景华街与东三环中路交会处南侧。

○ "金台夕照站"最初称"光华路站"，后因临近复建后的著名古刹"夕照寺"（今称"金台夕照会馆"）而更名。有关史料记载："京师万柳堂之西北隅，有古刹曰夕照寺，或谓即燕京八景金台夕照之遗址也。"

○ "金台夕照"景观所处的具体地点历来存在争议，目前公认的有三处：朝外呼家楼南面的苗家地，金台路附近的《人民日报》社内，广渠门内的夕照寺。

○ "金台夕照"之景观始于金代，源于2500多年前燕昭王筑黄金台的典故。战国时燕昭王为了招揽人才，筑了一座楼台，置千金于其上，名"黄金台"，为招贤纳士之处。金章宗在北京设置"燕京八景"时，将"金台夕照"列入其中。

○ 夕照寺的建置年代已无考，据传建于元末明初，赵吉士《育婴堂碑记》云：夕照寺清代顺治初已毁，仅存屋一楹，雍正年间文觉禅师元信退居于此，将殿宇整修一新。乾隆年间曾进行过修缮，清嘉庆三年（1798年）蓄款重修，庙占地约20亩，殿房共108间，由山门殿、大雄宝殿、大悲殿、东西配殿、方丈院、后院、砖塔等组成。其山门殿上有石额，上题"古迹夕照寺"。

○ 该寺中路有山门殿，山门前有一大红影壁。相传在太阳夕照时，大红影壁闪闪发出红光，其太阳夕照之景观被列入"燕京八景"，称"金台夕照"。

○ 1943年《外三区夕照寺僧人秀灵登记庙产的呈及社会局的批示》所附登记表中记载，夕照寺旧门牌号为"外三区广渠门内板厂一号"，"明万历年间私建，嘉庆三年重修"。

○ 2005年开始对夕照寺进行整体修复，2008年定名为"金台夕照会馆"。

10
↓
20
↓
21

43

双井
SHUANGJING

7

劲松
JINSONG

← 1981年的光明路与劲松路大街

○ 劲松站位于朝阳区西南部，劲松路、南磨房路与东三环南路交会处。

○ "劲松"之名由"架松"转化而来。民国年间出版的《北平旅行指南》一书中记载"架松"这一名胜，在广渠门外二里许。早年间在广渠门外南侧有清代和硕肃武亲王的坟地，因是清皇太极的长子豪格之墓，故建筑规模较大，并有几十棵高大的松柏树环绕于墓地周围。清末民初，墓地破废，逐渐变为荒地，只剩下六棵巨大的古松，已老态龙钟，枝杈蜿蜒横生，牵连交错，盘曲虬结，宛如翔云归来的苍龙。为防止树枝折断，用很多根木杆支撑着，俗称"架松"。在墓北侧有几座宝顶坟，呈圆柱形，直径约3米，高约5米，底部稍粗，上部略细，顶部当中高些，以防存水，表层抹有白灰以防腐蚀。附近的村落被称为"架松坟"。

○ 数百年来，架松坟历经劫难，民国时曾被盗墓者偷挖，后国民党军队将周围的松柏树砍伐。1960年坟前的汉白玉牌楼被拆，"文革"时大部分建筑被拆毁，石碑被砸碎，架松坟空有其名。

○ 1966年，"文革"初期，掀起一股改换街巷名称之风，在这股风的影响下，南磨房人民公社架松生产大队紧跟形势，借用了《毛主席诗词》中《题庐山仙人洞》诗一首"暮色苍茫看劲松，乱云飞渡仍从容"之"劲松"一词，把"架松村"改为了"劲松村"。

○ 从20世纪70年代开始，劲松村一带兴建居民区，到80年代初，共建成八个小区，即现在的劲松一区至八区。1981年此地成立街道办事处，也以"劲松"而称。此后劲松地区陆续开辟了劲松东街、劲松中街、劲松西街、劲松路、劲松南路、劲松北路等。

○　潘家园站位于朝阳区西南部，潘家园路、松榆北路与东三环南路交会处。

○　早年间在护城河东边有不少砖窑瓦场，潘家窑是其中的一家，因窑主姓潘，于是窑场以窑主的姓氏而得。据传这潘窑主是山东济宁人。当初来到这里，本想开家烧制琉璃瓦的窑场，但因这里的土质疏松，不宜烧制琉璃瓦，于是改烧小方砖。当时这一带有七八家砖窑，彼此竞争很激烈，潘窑主初来乍到，又改行烧砖，生意一直不好。但他不想放弃，因为他看准了这里临近京城，地理位置好，于是私下里在各个窑场转了几天，回来后就有了主意。

○　他先是严格把好每一块砖的烧制环节，绝不偷工减料，烧出的砖成色好，光洁度高，硬度很强，不易破碎。同时在销售上，也比别人技高一筹。当时卖砖是以"丁"为单位，一"小丁"砖是二百块，一"大丁"砖是八百块，但他在码砖时，一"小丁"要码二百二十块，一"大丁"要码八百五十块——价格上与别的窑场差不多，同时凡买主在十里之内的，一律免费送砖上门。不到一年的工夫，潘家窑场就红火起来，并很快出了名，此后在潘家窑场附近形成村落，便依窑场之名，得地名潘家窑。民国后期这一带的土被用得差不多了，只留下许多大水坑和洼地，再取土烧砖很是困难，于是潘家窑关闭。

○　20世纪60年代后，这里的水坑和洼地被逐渐填平，并开始建设居民区，几年的时间就出现了一大片居民区，并以"潘家窑"之名而称。但叫了没多久，人们觉得不雅，因为老北京人通常管妓院叫"窑子"，所以就改为"潘家园"。

○　1992年以后，这里逐渐形成一个旧货市场，短短几年时间便发展成为全国最大的古玩旧货集散地。修建东四环路时，在此修建了一座大型立交桥，称"潘家园桥"。

← 潘家园桥

潘家园
PANJIAYUAN

○ 分钟寺站位于丰台区东南部，小红门路北段，分钟寺村南部。

○ 《北京市丰台区地名志》记为"分中寺"，称此地"原有寺庙名'粉妆寺'。清代皇帝到南苑狩猎，帝后及妃等随行在此休息。梳妆打扮，故名'粉妆寺'，后取其谐音为分中寺，原寺已无"。但当地老人说此地最初称"坟庄子"，并没有称"分中寺"的寺院，更没有帝后及妃在此休息一说。

○ 早年间，出左安门方圆20多里人烟稀少，多为农田及乱葬岗子，其间有零星的住户，多是给大户人家看坟的"照应"。明代形成一个较大的聚落，俗称"坟庄子"，清代《光绪顺天府志》也记为"坟庄子"。此后人们觉得"坟庄子"这个名字不雅观，便谐音为"粉妆寺"，并附会出后妃随皇帝去南苑狩猎，在此梳妆打扮的典故，后又谐音为"分钟（中）寺"，1947年刊行的《北平市城郊地图》上标注为"分钟寺"，与今天地图上的名称、定位相同。查阅清代《日下旧闻考》及民国时期的《北京市寺庙调查一览表》，甚至著录京城内外1500多座寺院的《北京寺庙历史资料》，均不见"粉妆寺"或"分钟寺"的记载。由此来说，历史上是否有"分钟寺"，有待考证。

○ 1990年8月在京津塘高速路与南三环东路交会处修建了一座不完全互通式双层公路立交桥，称"分钟寺桥"。

1992年，俯瞰分钟寺桥 一

分钟寺
FENZHONGSI

○ 十里河站位于朝阳区南部偏西，东三环南路与左安路、大羊坊路交会处，可与14号线换乘。

○ 有关"十里河"的得名，存在一定争议，有的说与城有关，有的说与河有关。

○ 《北京市朝阳区地名志》称：十里河"村落因居辽、金时漕运古河道萧太后河南岸，且距左安门十里，故名"。另传，从十里河村沿萧太后运粮河至辽南京迎春门十里而得名。还有的说十里河是因距丽正门（前门）或文明门（崇文门）十里而得名。其实这里所说的十里只是一个虚数。

○ 此外，也有十里河曾是萧太后运粮河支流一说，因长约十里而称"十里河"，后在河旁形成聚落，称"十里河村"。

○ 十里河东邻西燕窝村，西邻花园村，南接枣林村，北为小八里庄，20世纪50年代末属红光人民公社，今属十八里店乡。

○ 明清时左安门外官道经过十里河村，故在此设下马铺。曾有宦官在此修建一座檀香木家庙，焚毁于清末民初。历史上十里河的关帝庙被称为"天下第一"，传说它供奉文武两位关公。庙中的水井一井两眼，一苦一甜。每当农历五月十三和六月二十四祭关公之时，这里都要唱戏酬神，举行盛大的香会活动。

14

十里河
SHILIHE

○　石榴庄站位于丰台区中部，石榴庄路与光彩路西侧。

○　《北京市丰台地名志》载：石榴庄"原为皇家石榴园。石榴是伊朗向清政府进贡果品，后引种在此，帝制取消后，石榴园废弃，村周变为坟，1949年后，坟地改为耕地，石榴庄村名沿用至今"。此说把"石榴庄"的成村与命名年代定在清朝，但当地老人称这里种植石榴的历史已有四五百年，早在明代就有了。这种说法已得到出土文物的印证。1949年，石榴庄村域曾出土了明代武略将军（从五品）毕清墓志铭，上面记载他于"嘉靖辛酉"即嘉靖四十年（1561年）葬于"永定门外石榴庄祖茔之次"。万历五年（1577年），毕清夫人李氏也葬于"永定门外石榴庄，与武略合持"。这两块墓志铭所记载的石榴庄，其地点和名称与今天丰台的石榴庄基本一致，只是比《北京市丰台地名志》上的记载早了许多年。

○　据考，明永乐年间有波斯使者到北京朝拜，将当地盛产的石榴进奉。明成祖朱棣甚是喜爱，令人将石榴的种子收存好，以为来年种植。但使者告诉永乐皇帝，石榴非栽种其籽就能结果。第二年波斯使者特意派人到北京传授石榴栽培技术，同时带来数十株培育好的石榴幼苗。朝廷在丽正门（后称"正阳门"）外约20里的地方设御果园，专为皇家种植石榴，由此这里成为北京最早的石榴园。百余年后，在石榴园附近形成聚落称"石榴庄"。大约清道光年间，石榴园被废弃，但"石榴庄"之名被沿用至今。

亦庄

石榴庄
SHILIUZHUANG

宋家庄
SONGJIAZHUANG

5

○ 成寿寺站位于丰台区东南部，成寿寺路与石榴庄路交会处东侧。

○ 《北京市丰台区地名志》称："原有寺庙名成寿寺，故以此为村名。"另传成寿寺建于清康熙年间，为佛教寺院，取"神明住寿成道，成道住寿极远"之意，为两进院落，有正殿和配殿10余间，清代后期被毁，附近的村落以寺而称。但查阅多部记录北京庙宇的史籍，均未见今天成寿寺一带有名为"成寿寺"的寺院，而该村也未见成寿寺遗存之迹。

○ 有"北京寺庙大全"之称的《北京寺庙历史资料》，收录了京城内外1500多座寺院的基本情况，其中记有一处"成寿寺"，但"坐落内一区灯市口椿树胡同十九号，建于明代成化元年，属私建"。1928年"北平特别市政府寺庙登记"和1936年"北平市政府第一次寺庙总登记"，对该寺均有记录，但对京南丰台成寿寺未有任何记载。

○ 北京地区的寺院绝大多数建于明清时期，史籍中或多或少应有些记载，而属于地方志性质的《北京市丰台区地名志》，也只是用区区十几个字说明"成寿寺"的来历。历史上是否有"成寿寺"？建于何时？何人所建？废弃于何时？有待进一步考证。

○ 成寿寺曾为南苑乡的一个自然村，后与附近的横道沟合为一个行政村，仍称成寿寺村，附近还有多条以"成寿寺"命名的道路。

成寿寺
CHENGSHOUSI

○ 草桥站位于丰台区东北部，镇国寺北街与草桥西路交会处，可与大兴机场线换乘。

○ 《北京市丰台区地名志》载：草桥明代成村，以花卉种植而闻名。东邻角儿堡，西近玉泉营，北靠西三环西路，南邻赵家店。明代《帝京景物略》载："右安门外南十里草桥，方十里，皆泉也。会桥下，伏流十里，道玉河以出，四十里达于潞。故李唐万福寺，寺废而桥存。"

○ 马草河是丰台境内的一条主要河流，发源于樊家村，自西向东，经玉泉营、草桥、马家堡汇入凉水河，历史上水量丰沛，为沿岸的花木繁殖提供了丰富的水源。因雨季来临时，马草河水暴涨，给人们出行带来许多不便，明代时在河上修建了一座木桥，清代改为石板桥，因跨戚马草河而称"草桥"。河东侧有一村落，因临近草桥而得村名。这一带土质松软，又临近马草河，自古就是京城的花乡，其种花养花的历史可以追溯到春秋战国时期，元、明、清均有多卷史书记载。村民历来多以种花卖花为业，尤以牡丹、芍药最为著名。《燕都游览志》称："草桥众水所归，种水田者资以为利，十里居民皆莳花为业。有莲池，香闻数里。牡丹、芍药栽如稻麻。"

○ 因草桥位于右安门外，紧邻京城，每年四五月份，人们三五成群地出城踏青赏花。尤其是明清时期，许多文人墨客也曾被草桥的美景所陶醉，写下了众多名文。清代康熙年进士查嗣栗吟咏的"草桥十里百花妍，只有幽兰种不传"，是对草桥当年从事花卉生产的盛况的真实写照。

○ 角门东站位于丰台区东部，角门路、临泓路与马家堡东路交会处。

○ 该站因位于角门站东侧得名，此地实为西马场。据《丰台地名探源》载：明清时期西马场是隶属于宫廷的养马场，毗邻皇家御苑南苑（南海子），皇帝与随从游猎时从这里选择坐骑。民国时称"小马场"，俗称"西马场"，只有零星住户。1958年后在西马场附近建成北京木材厂等工厂和宿舍区，1980年定名为"西马场北里"和"西马场南里"。

○ 据传，西马场地处南苑围墙的西北角，占地三十余亩，北侧十二间连房为马厩，南面九间倒座房为草料库，东西各有五间为养马太监居住和存放杂物，场外有一个很大的围栏，为遛马之用。每当皇帝要来南苑游猎时，提前三日便有宫里太监到此禀告，随后马场里的太监将所要骑乘的马匹进行冲洗，梳理鬃毛，配好马鞍、笼套等，以备骑用。

○ 西马场里建有一座马神庙，只有一间房屋，供有泥塑马神一尊，两侧为泥塑水神和草神。祭拜马王神的目的是保佑马匹一年四季平安旺盛。相传每年六月二十三日是马神的生日，这一天要到马神前上香。

○ 光绪年间，由于清王朝的日益衰败，皇帝无暇再到南苑游猎，骑射比赛也消失了，跑马场、马神庙被废弃，形成村落后称"西马场村"。附近曾有大量农田，如今已建成居民区。

10

← 29

← 30

角门东
JIAOMEN East

大红门 8
DAHONGMEN

○ 首经贸站位于丰台区东北部，芳菲路与首经贸北路交会处。

○ 该站因临近樊家村，初设地铁站时称"樊家村站"，后因紧邻首都经济贸易大学而称"首经贸站"。

○ 樊家村以姓氏得名，明清时为花乡"丰台十八村"之一。《北京市丰台区地名志》称："据清乾隆年间的《日下旧闻考》载：'樊家村之西北地亩，半种花卉，半种瓜蔬。'因此推论明清时期已是种植花卉、蔬菜之乡。"

○ 据传樊姓为山西移民，于明永乐年间定居于此，故此得名。历史上的花卉生产以茉莉、玉兰最为有名，"文革"时期大部分花木被毁，1983年以后陆续恢复。

○ 村内原有药王庙，每年四月二十七、二十八为庙会期，众多百姓来此烧香还愿。素有"丰台十八村"之称的民间花会多来此献艺，节目有狮子、中幡、旱船、高跷、五虎棍、扛箱、十不闲等，20世纪50年代庙会活动停止。

○ 樊家村"童子老会"是丰台十八村花会中人员最多、规模最大的一档，以儿童为主，加上各项执事人员，不下百十来人。因樊家村是中心点，村落较大，老会有权威，所以闹会时各村都听其安排调动。当年老会会址设在樊家村药王庙，就是后来樊家村粮店所在地。

○ 首都经济贸易大学创建于1956年，是由原北京经济学院和原北京财贸学院于1995年3月合并、组建的财经类大学。校本部位于丰台区花乡，原校址于朝阳区红庙，1986年该校本部迁至丰台樊家村。

首经贸
SHOUJINGMAO

○　《北京市丰台区地名志》载：纪家庙"花乡政府辖自然村，东临柳村路，南接张家路口，西接房家村，北临三环路，居住集中，房屋整齐，多一门一户，呈方形聚落"。"村内原有三皇庙一座，为纪姓集资修建，时称纪家庙，并以此沿用村名。清《日下旧闻考》记载为'季家庙'。村民多从事花卉和蔬菜生产，自明清时期即享有盛名。"

○　该村曾有过两座知名的庙宇。花神庙坐落在纪家庙村北，庙门上端悬有写着"古迹花神庙"的匾额。其前殿供有花王神及诸路花神的牌位。这里是花农们祭祀花神的场所。旧历二月十二日为花王神诞辰，谓之"花朝"，素有"北京花乡"之称的丰台一带的花农都到此进香献花。这里也是丰台附近各处花行同业公会的会址。

○　三皇庙建于何时已无从考证，为纪姓人家集资修建而成，以纪念伏羲、燧人氏和神农三皇。其坐西向东，一进院布局，东门顶嵌石上横刻"三皇庙"。而今这两座庙宇已消失。

○　20世纪90年代，该村有耕地近300亩，以生产蔬菜、种植花木为主，如今古村落已消失，设有纪家庙社区。

纪家庙村旧影 →

纪家庙
JIJIAMIAO

○ 泥洼站位于丰台区东北部，丰管路与前泥洼路交会处。

○ 该站因南临前泥洼村，初设地铁站时称"前泥洼站"，后车站位置略有调整，大致处于前泥洼村与后泥洼村之间，故称"泥洼站"。公示地铁站名时曾有人提出"泥洼"之名太土气，没有时代特色，建议另行命名，但遭到许多人的反对，普遍认为"泥洼"是最具北京特色的地名，反映出这一地区的历史风貌与变迁，且通俗又易记，以此为站名最适宜。

○ 《北京市丰台区地名志》载：前泥洼原名泥洼，清代成村。为永定河冲积扇淤积而成，地势低洼，有雨积水时道路泥泞难走，因此取"泥洼"为村名。住户日渐增多，遂向北延伸建房，形成前、后两村落，南侧称"前泥洼"，北侧称"后泥洼"。前泥洼村呈南北向长方形，后泥洼村呈不规则正方形。旧时村民居住较为分散，汛期多雨时，村中多为泥塘，难辨道路，村民往来很是不便，故有"一日大暴雨，三日难出门"之说。

○ 20世纪90年代此地属卢沟桥乡，仍有蔬菜种植。此后经过多年的开发建设，而今村落及菜田已消失，建成居民区，并北起丰台北路、南至丰管路修建了一条道路，因南北串联前、后泥洼村域旧址而称"泥洼路"，其东侧建有"泥洼路小区"。

254

泥洼
NIWA

○ 丰台站位于丰台区中部，丰桥路西端，丰台火车站南侧。

○ 丰台站，即丰台火车站，地处丰台镇正阳大街，有首都"南大门"之称。

○ 丰台火车站的兴建可以追溯到清代。同治二年（1863年），直隶总督李鸿章建议朝廷修筑铁路，上奏之后没有结果。光绪二十一年（1895年）因中日甲午战争中方战败签订了《马关条约》，李鸿章再次提起修建铁路的奏章，得到了大多数大臣的支持。但一直等到秋季，清政府才开始复议这件事，最后决定兴建"津通铁路"，将终点自通县移到卢沟桥，改称"津卢铁路"。是年全线开工兴建，于年底从天津修至丰台，并建成了丰台火车站，1897年6月才正式通车营业。

○ 丰台火车站建站初期，仅发两对旅客列车，即丰台至张家口、丰台经西直门到门头沟的客车，旅客很少，以后才逐渐增加通往各地的车次。民国时期，丰台站已成为连接京汉、京张和京奉三条铁路干线的中转站。此后逐渐成为北京地区重要的铁路枢纽站，是通往京山线、京哈线、京沪线、京广线、丰沙线、京原线、京九线等主要干线的咽喉要道。

○ 1937年"七七事变"以后，出于军事运输和资源掠夺的需要，日军侵占了丰台火车站，进行了改建和扩建，并对组织机构、运输管理进行了调整。1946年，平津区铁路管理局呈请民国政府交通部，将丰台站由头等站上升为特等站。

○ 2010年6月20日起，丰台火车站停办客运业务。由此，115年的运营暂告结束，随后进行改造扩建。

1999年的丰台火车站一

丰台站
FENGTAI Railway Station

莲花桥
LIANHUAQIAO

莲花池之夏 →

○ 莲花桥站位于海淀区和丰台区交界的莲花池东路与西三环中路交会处北侧，莲花池西北部。

○ 莲花桥因临近莲花池而得名，从空中俯瞰，该桥犹如一朵绽放的巨大莲花。

○ 莲花池是北京城的发祥地，故有"先有莲花池，后有北京城"之说。辽天庆五年，即金收国元年（1115年），金定都于会宁府（今黑龙江阿城），称"上京会宁府"。金天德元年（1149年），海陵王完颜亮成为金朝第四位皇帝，他主张迁都燕京（今北京），但遭到大多数官员的反对。为给迁都制造舆论，他在上京栽了200棵莲花，都未成活。这里有何道理？他的亲信逢迎道："自古江南为橘，江北为枳，非种者不能栽，盖地势也。上京地寒，唯燕京地暖，可栽莲。"金贞元元年（1153年），完颜亮在辽代燕京城旧址，即西湖畔（今北京城区东南部广安门一带），建成金中都，并命名为"中都大兴府"。迁都后，又诏令在西湖大量种植荷花，并将其更名为"莲花池"。

○ 据《北京的桥》记载：历史上莲花池曾称"西湖"和"太湖"，《水经注》称该湖"东西二里，南北三里，盖燕之旧池也"。莲花池是辽、金都城用水的主要水源地。西湖水主要来自地下涌泉，湖水东南流经辽南京城西、南护城河，这段河就是今天广安门外流经甘石桥的莲花池。金中都改造辽南京城时，辽城西、南护城河成为金中都城的内河，为大内的太液池提供了充足的水源。元代都城迁往东北部，至明代时水面还很大。清代以后莲花池淤积严重，湖面逐渐缩小。湖岸上的土山被窑场烧成了砖，由此地下水位下降，到20世纪70年代湖底彻底干涸。1982年辟为莲花池公园，2000年12月一期工程完工后对外开放。

○ 1994年修建三环路时在其西北部修建了一座立交桥，称"莲花桥"，位于海淀区与丰台区交界处。

○ 西局站位于丰台区中部，丰台北路与玉璞路交会处，可与14号线换乘。

○ 《北京市丰台区地名志》载："西局地处凤凰嘴、高楼一线，原为金中都城的西墙以西一公里处。据《析津志辑佚》载：元代'南城彰仪门外，去二里许，望（往）南有人家百余户，俱碾玉工，是名磨玉局'。这就是现今西局的地理位置。因磨玉局在城西，故称西局，村名沿用至今。"

○ 明代沈榜所著《宛署杂记》记载："（宛平）县之西南，出彰义门曰鸡鹅房（今鹅房营）、管头村，又二里曰东局村、曰西局村，又二里曰柳巷村（今六里桥），又二里曰小井村，又五里曰风台村……"这是400年前的记载，当时不但有"西局村"，还有"东局村"，由此可见，"因磨玉局在城西，故称西局"之说与史实不符，"西局"并非因在城西而称"西局"。当时有两个与磨玉局有关的村落，因所处东西两个方位而称"东局村"和"西局村"，后演化为"西局"和"东局"，今同属卢沟桥乡。

○ 有史料记载：辽金两朝继承并发展了元代用玉的传统。不仅上层统治者沿用中原用玉的礼仪制度，普通人着装也可以使用玉吐鹘（即玉带），玉器已不再是贵族官僚的专用品了。元代初期，中央政府直接控制和田玉的开采。采玉民户聚集在喀拉喀什河上游的匪力沙（今希拉迪东），以淘玉为生，被称为"淘户"。他们采集的玉石，由驿站运往大都。元中期以后，察合台汗国控制今新疆地区，和田玉或通过商人贩入内地，或由西北宗王进贡。元朝的琢玉工匠亦多，仅大都南城就有百余户聚居，故史料中有今天西局地区有玉器加工的记载。

○ 车道沟站位于海淀南部偏北，紫竹院路与蓝靛厂南路交会处西侧，京密引水渠西侧。

○ 据《玉泉山下四季青》载：车道沟的由来有两种说法。一说这里地处西直门外，早年间京城去往京西的车马多从此地经过，日久天长，原本平坦的大道被车轱辘压出一道一丈多宽的深沟，俗称"车道沟"。另说此地曾有一条河沟，为长河的支流，后来支流干枯，形成一条低洼的土道，时有车马经过，故称"车道沟"。此地东面不远处有一村落，因临近车道沟，故称"车道沟村"。20世纪七八十年代附近有车道沟路（今紫竹院路），是京城去往京西的主要通道。

○ 说起车道沟，不能不说到明清两朝的重臣，中国历史上一位颇有争议的人物洪承畴。因为他的墓地就在车道沟，尽管已被毁掉，但仍有迹可寻。

○ 洪承畴，字彦演，号亨九，福建泉州南安英都（今英都镇良山村）人。明万历四十四年（1616年）进士，累官至陕西布政使参政，崇祯时官至兵部尚书、蓟辽总督。崇祯十四年（1641年），清兵包围锦州，洪承畴受命统率大兵往救，不幸兵败松山被俘。皇太极劝降，洪承畴拒不投降。后见崇祯自缢于煤山，明朝大势已去，于是同意效忠清朝。清顺治元年（1644年）四月，随清军入关。抵京后以太子太保、兵部尚书兼右副都御史衔，列内院佐理机务，成为清朝第一任汉人大臣。

○ 清康熙四年（1665年）洪承畴病逝，享年73岁，清政府以大学士礼葬，康熙御赐其葬于京西车道沟。

○ 20世纪六七十年代，车道沟村是四季青人民公社万寿寺大队的一个自然村，其位置在今天香格里拉饭店的西部偏北，只有十几户。80年代以后被拆迁。

车道沟
CHEDAOGOU

慈寿寺
CISHOUSI

6

○ 西钓鱼台站位于海淀区南部，阜成路与蓝靛厂南路交会处，京密引水渠东侧。

○ 历代文献有关钓鱼台的记载较多。《问次斋集》载："西郭有地名钓鱼台，是金主游幸处。"《明一统志》载："钓鱼台在府西花园村，相传金人王郁隐此。"《帝京景物略》载："山阜成门南十里，花园村，古花园。其后村，今平畴也。金王郁钓鱼台，台其处，郁前玉渊潭，今池也。有泉涌地出，古今人因之，郁台焉，钓焉，钓鱼台以名。"又据《日下旧闻考》载："钓鱼台在三里河西北里许，乃大金时旧迹也。台下有泉涌出汇为池，其水至冬不竭。"

○ 早年间在玉渊潭钓鱼台北面及西北侧各有一个聚落，依所处的方位，称"东钓鱼台"和"西钓鱼台"，20世纪六七十年代属玉渊潭人民公社钓鱼台大队。西钓鱼台村坐落在玉渊潭钓鱼台以西，马神庙之西南，西为京密引水渠，南邻永定河引水渠，村呈东西带状，有三条东西走向的街道，90年代初有400余户。

○ 这一带原是成片的农田，中间有旱河贯穿其间，东岸土山连亘，茂林绵绵，西钓鱼台就在距离旱河很近的地方。辽金时期这里有一弯河流，景色宜人。有"养尊林泉""钓鱼河曲"等著名景观。山湖池沼间，曾有大宅园，寻其旧址，应在今空军总医院一带。如今村落已消失，成为西钓社区和空军总医院社区。

西钓鱼台
XIDIAOYUTAI

公主坟
GONGZUFEN

1

火器营
HUOQIYING

1991年的火器营老街 →

○　火器营站位于海淀区南部偏北,蓝靛厂路与蓝靛厂北路交会处南侧,长河(京密引水渠)西岸。

○　火器营是清代专门操演火器的军队,操演的火器有鸟铳、子母炮等。最早设火器营在康熙三十年(1691年),选八旗满洲、蒙古习火器之兵,另组为营。清朝定都北京后,分设内外二营操演,在城内的为内火器营,在城外的为外火器营,即蓝靛厂火器营。

○　为加强京畿的防务,也为了给八旗火器营兵提供一个合练之地,清乾隆三十五年(1770年),乾隆皇帝下令在京西蓝靛厂设置外火器营。外火器营的西门和南门外各有教军场一座,西门颇大,为八旗会操练兵之地,有检阅大殿,称"演武厅"。在西门与演武厅之间路北,有北房五大楹,进门则是院落,极大,有各种房屋三十间,此处为负责全营军事训练、火器制造和发放俸米俸银的地点。营中还有专职制造炮弹、枪药和各种战斗所需的火器库,营兵平时演习弓箭、枪炮技术,并担负京师的警戒任务。

○　外火器营设立后的百余年间曾多次参战,"平准噶尔、定回部、扫金川,降缅甸、镇安南、屏卫关陇,巩固边疆"。到了清末,火器营的武器陈旧,兵丁战斗力下降,旗民饷银不能足额发放,生计日益艰难。辛亥革命以后,旗营相继解散,逐渐变成居民区,村民以满族人居多。

○　"七七事变"后,日军占领了北平,也闯进了火器营,他们推倒了北面的营垣,将北边的四旗地界全部划入他们征地的范围。民国后期,旗营的绝大多数营房及其他建筑逐渐毁坏或废弃,此后形成一个巨大的村落,属四季青人民公社蓝靛厂(远大)大队(村)辖域。2002年以来,火器营及周边村域被拆迁改造。

○ 长春桥站位于海淀区南部偏北，远大路与蓝靛厂北路、蓝靛厂南路交会处，长河（京密引水渠）西侧。

○ 长春桥始建于清康熙年间，跨于长河之上，据传初为木质结构桥梁。清漪园（颐和园）建成后，长河成为帝后往来京城与御园的水上御道。为便于龙船通过而改建成桥面可移动的吊桥，即有龙船经过时，桥面向两边移动，待龙船通过后，再复原成桥，以便人们通行。清乾隆三十五年（1770年），奉乾隆皇帝之命，于长河西岸蓝靛厂另立教场，为外火器营并建营房。因八旗官员出入火器营多走此桥，时有“军用大桥”之称。因长河两岸绿柳成荫，春意盎然，又称“长春桥”。清高宗弘历《麦庄桥记》称：玉泉“折而南经长春、麦庄二桥，夹岸梵宇颇丽”。乾隆三十六年（1771年），弘历即景杂咏中有“麦庄迤逦接长春，平水无劳更易舵”。又因桥下水清鱼旺，常有人到此垂钓，故有“长春垂钓”之景观，为“京西八景”之一。河东岸有个小村子，民国以来被称为“长春桥村”，今属海淀镇辖域，但村落早已拆迁。

○ 光绪年间，长春桥下还有个小码头，是专为皇上和慈禧太后修建的。因蓝靛厂街中有座广仁宫，俗称“西顶庙”，庙后建有行宫，皇上、太后往来颐和园时多在此下龙船，上岸后乘轿来到庙中，先烧香拜佛，然后去往行宫净手喝茶吃点心。

○ 民国时期，建于清代的长春桥已很破旧，但仍是附近村民往来东西方向的必经之路，尤其是去往海淀镇、清河镇，多从此经过。当时已无龙船经过，故将桥面改为石板，并设有木质桥栏。20世纪60年代修京密引水渠时，长春桥被整体拆除，在其附近兴建了一座钢筋混凝土桥，也称长春桥。2005年远大路东延时将长春桥路改建成大型立交桥，此后海淀区政府也迁到桥的东北侧，即长春桥路北侧。

长春桥
CHANGCHUNQIAO

西直门	② ④ XIZHIMEN
大钟寺	DAZHONGSI
知春路	⑩ ZHICHUNLU
五道口	WUDAOKOU
上地	SHANGDI
清河	QINGHE
西二旗	昌平 XI'ERQI
龙泽	LONGZE
回龙观	HUILONGGUAN
霍营	⑧ HUOYING
立水桥	⑤ LISHUIQIAO
北苑	BEIYUAN
望京西	⑮ WANGJING West
芍药居	⑩ SHAOYAOJU
光熙门	GUANGXIMEN
柳芳	LIUFANG
东直门	② 首都机场 DONGZHIMEN

BEIJING SUBWAY LINE 13

北京地铁13号线

大致呈半环形，串联西城、海淀、昌平、朝阳、东城5个行政区。西起西直门站，与2号线、4号线衔接，东至东直门站，与2号线、首都机场线衔接，全长40.9公里，设有17座车站，换乘站8座。

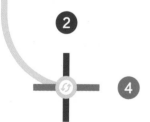

2

4

西直门
XIZHIMEN

大钟寺
DAZHONGSI

清末时的大钟寺 →

○　大钟寺站位于海淀区东南部，北三环西路南侧，西北临近古刹大钟寺。

○　大钟寺原叫"觉生寺"，建于清雍正十一年（1733年）。最初是为佛徒僧人创造寂静清修之地，也是清代皇帝祈雨的地方，而里面的大铜钟是后移进来的。

○　明成祖朱棣迁都北京后，铸造了一口高6.94米、外径3.3米、重46.5吨的大铜钟，钟身内壁有佛教经咒100多种，总计23万多字，由汉梵两种文字组成。因铸于永乐十九年（1421年），故称"永乐大钟"。万历年间这口大钟被移置西郊的万寿寺，每日由六个和尚撞钟。到了清朝雍正年间，有人说钟放在万寿寺里不吉利，每天都看见钟（终）和听到钟（终）声，怎么能"万寿"呢？雍正皇帝最为迷信，于是传旨，将大铜钟移出万寿寺。他先派人到四处寻找能放大铜钟的地方，一是离京城不能太远，二是每年除夕之夜敲钟时四九城都能听得见，最后觉得京城西北的觉生寺地理位置最好，离京城只有十几里地。因大铜钟太重，当时又没有相应的运载工具，只好利用冬季，以水泼道，使之结冰，然后将大钟滑运到觉生寺，从此该寺被称为"大钟寺"。每当辞旧迎新之时，大钟都被敲响，为京城百姓祈福。

○　大钟寺坐北朝南，由南往北依次为照壁（已毁）、山门、钟鼓楼、天王殿、大雄宝殿、后殿、藏经楼、大钟楼和东西翼楼，另有六座配庑分布于两侧。寺内最具特色的核心建筑为大钟楼，立于巨大青石台基之上，上层顶为圆形，下为方形，象征"天圆地方"，悬钟的架子以粗大的木梁制成，8根主柱顶部向内倾斜，主柱上3根横梁巧妙地将力过渡到主柱上，分摊到更多断面之上。

○　大钟寺一带为京城西郊，1958年后为东升人民公社大钟寺大队，70年代与北下关大队合并后仍称大钟寺大队。2001年撤村，如今已建成太阳园等。

知春路
ZHICHUNLU

五道口
WUDAOKOU

20世纪80年代的五道口百货商场 一

　　五道口站位于海淀区东南部，成府路与荷清路交会处东侧。

　　有史料记载，五道口是因铁路道口而得名。早年间，西直门以北地区人烟稀少，多是漫野荒郊，明清以后才有人在此开荒种地，因有车马往来，便人为地走出多条乡间土路。清光绪三十二年（1906年），京张铁路西直门火车站（今北京北站）开通以后，自南而北的铁路与乡间土路交叉而形成多个道口，按编号排序称为第一道口、第二道口、第三道口、第四道口、第五道口，后简称为一道口、二道口、三道口、四道口、五道口。随着铁路沿线地区居住人员的增多，在一些道口附近逐渐形成村落，于是村落之名便依道口名称而得。

　　另传，五道口因五道庙得名。早年间五道庙是供奉"五道将军"的庙宇，在北京有许多处。所谓"五道"是指灵魂换世转生的"五道轮回"。若是谁家有人过世，"接三"（也称"迎三""送三"，旧京习俗）时，通常将纸活（用纸、秫秸等糊制的祭祀用品）抬到五道庙外焚烧，民间俗称"报庙"，意为告知五道老爷家中有人过世，将要到阴间去，请五道老爷多加"关照"，这种习俗一直延续到20世纪50年代初期。该村因村西口有五道庙而称"五道口"。

　　1949年以前的五道口村是一个很小的村落，以后在其东南部和西北部形成的村落，分别称"东五道口村"和"西五道口村"。1956年该村成立了五道口农业合作社，1958年成立东升人民公社时，改称"五道口大队"，1984年以后成为东升乡太平庄村委会所辖村。

　　20世纪50年代，因建地质学院和矿业学院，其域内的民户被迁到铁道西侧建房，称为五道口居民区，现被开发为"华清嘉园"。1956年又在铁道东侧建起国营商场，时称"暂安处商场"，后改为"五道口百货商场"。而今称"五道口"的地方是60年代因地名"移植"而称的，真正的"五道口"反而不为人们所熟知了。

上地站位于海淀区西北部，上地南路与上地东路交会处东北部，东临京新高速路。

"上地"之名史籍记载极少，《我心中的上地》一书中"村名考"始有记述。

上地村形成较晚，清晚期才有三十多户，到解放时只有百户左右。原来一直没有名字，因为地势较高，南边的村子，尤其是（镶）白旗，离此最近，地势较低，往北一看，地势高出了足有五米。他们将这个北边高坡上的自然村称为"上地"，也就是"上边这个地方"的意思，久而久之便成了村名。实际是早年间这里的地势微见岗丘，相对来说比周边地区略高一些，形似一个高地，俗称"上地"，意为"十升之地"。村落最初的位置在今天上地一街与上地南路之间。

上地曾被称为"永顺庄"，其得名源于村内曾有过的一座五圣祠。其坐落在村内十字路口东北侧，建于清咸丰年间。正殿供奉关帝，东西配殿供奉火神、土神、山神和马王。建庙时要铸钟，并写上村名，当时"上地"只是一个俗称，不是正式的村名，后来有人说，上地东面不足十里的地方有个"永泰庄"，不如将咱这村子叫"永顺庄"，听着吉利，于是将"永顺庄"三个字铸在了钟上。但这个名字没有叫开，人们还是习惯叫"上地"。

1949年以后登记地名时记为"永顺庄"，但人们总是称之为"上地"，于是又改了回"上地村"，并延续至今。

该村1978年为中日友好人民公社上地大队，村落周边多是农田。1991年，上地被列为重点工程，建设"上地信息产业基地"。

上地
SHANGDI

清河
QINGHE

民国时期的清河火车站 一

○　清河站位于海淀区中东部，京张高铁清河车站首层，与该站站台同层平行设置，实现"零换乘"。

○　清河为温榆河支流，是北京著名河流之一，因早年间河水清澈而得名，作为地名已有上千年的历史。

○　据《京北畿甸清河镇》载："历史上清河镇以河为界，域跨'清河南北'，北岸长时间属宛平县、昌平县管辖，南岸属城辖区域。辽称'清河馆'，元称"清河社"，明称'清河店'，清称'清河镇'，曾有清河里、清河铺、清河村、上清河镇等名称。自汉代以及元、明、清乃至民国都有重兵把守，是北京通往南口、居庸关的要冲。"清河有"京北第一门户"之称，历来为兵家必争之地。

○　清光绪三十三年（1907年），由清政府陆军部上奏，慈禧太后允准，在清河镇设立了官商合办的溥利呢革公司，1909年正式生产，其规模是当时全国最大的毛纺织工厂，标志着北京近代纺织工业的开端。1912年9月8日，孙中山先生曾莅临清河，由清河站下车视察该公司，并在办公楼前留影。

○　清河火车站建成于清光绪三十二年（1906年），与京张铁路一期工程同一天开站，为京张铁路线上的三等小站。2016年11月为配合京张高铁建设，停止办理客运业务，并被整体位移，异地保护。2019年12月30日，随着京张高铁的开通，清河火车站的老站房将安置在京张高铁新站厅旁，供人观瞻。

西二旗
XI'ERQI

○　西二旗站位于海淀区中东部,上地十街与上地东街交会处东侧,可与昌平线换乘。

○　《京北畿甸清河镇》载:西二旗原为明代军屯世籍地,明嘉靖三十九年(1560年)刻本《京师五城坊巷胡同集》称"二旗营",《光绪顺天府志》称"二奇村"(应为"二旗村")。南邻安宁庄,北邻回龙观,村形长方,村中有南、北、中三条街道。清康熙年间属宛平县,乾隆年间隶昌平州,光绪年间西二旗为大兴县"飞地"。

○　明朝迁都北京后,为防御被推翻的元代蒙古残余势力卷土重来,便在大规模修筑长城的同时,于长城沿线设置九个重镇,也称"九边",统领大批卫、所的官兵保卫边防。为了供给沿边驻军所需的战马,便在内地设立了许多牧马草场和马房,抽调部分官兵专门牧马养马。北京周边地区所设的牧马草场和马房很多,并集中在京北、京东一带。其中在今天的西二旗附近,也就是清河以北地区设有西二旗、西三旗等牧马养马场。二旗为小旗两个,即20人,三旗为小旗三个,即30人。明代后期牧马养马场逐渐废弃,附近形成村落,便多以当时小旗的编号和所处方位命名。"西二旗"之称,即当年西边的两个旗营驻军之地。

○　1942年西二旗为昌平县第八区辖地,20世纪50年代划入北京市十四区,后为十三区,后归属海淀区东北旺人民公社辖村。80年代西二旗仍只是一个自然村,北部紧邻回龙观村,西部临近上地村。

龙泽
LONGZE

271

○　龙泽站位于昌平区南部,京藏高速路与同成街交会处东南侧。

○　"龙泽"这一地名,只有近20年的历史,是从"回龙观"演化出来的。

○　民国时期,这一带是河北省昌平县的最南部,当时处于(西)三旗、南店与回龙观三个村落之间,没有聚落,除了西侧为京城去往十三陵的御道,还有一条东北西南走向的土路,东北可至南店、东村,西南至东北旺。

○　20世纪80年代此地属北京市北郊农场,当时除了农场机关的几排青砖平房外,还有三合庄、周庄、北店、良庄等几个小村庄,周边大多是农田。北郊农场最早称"中越(越南)人民友好公社",20世纪80年代公社建制取消后改称农场,管辖北至沙河、南至西三旗、东至东三旗、西至回龙观的范围。90年代后期,作为北京市最早的经济适用房项目——回龙观文化居住区——在北郊农场的核心地带开发建设,所建成的小区多以"龙"命名,一是附会"回龙观"这一老地名,二是龙在中国传统文化中为高贵、尊荣的象征。其中一期工程中的一个小区紧邻八达岭高速路(京藏高速路),西面是回龙观村。有人建议叫"龙泽小区"为宜,取"龙生于水,水聚为泽",常居水旺之地多有吉祥之意,最后定名为"龙泽苑"。2002年在此设置13号线站时,因站址在回龙观居住区西部原本称"回龙观西站",后因紧邻龙泽苑小区而称"龙泽站"。

○　2015年底撤销回龙观镇,设立回龙观、龙泽园、史各庄3个街道。其中龙泽园街道辖区范围,东到原回龙观镇与霍营街道界线,西至京藏高速路,南到地铁13号线,北至回龙观北路。

回龙观
HUILONGGUAN

回龙观西大街标志 一

○　回龙观站位于昌平区南部偏东，同成街与育知东路交会处东南侧。

○　《北京市昌平县地名志》载：回龙观清代成村，因村内原有建于明弘治十七年（1504年）的道教庙宇玄福宫遗址，为明代帝后谒皇陵（十三陵）时驻跸处，俗称"回龙观"。有人认为"回龙观"三个字中的"观"字应读第一声"guān"，即观望、眺望、瞭望之意。皇帝自明陵回来的中途，能在此远远地观望京城，故取名"回（回来路上）龙（皇帝）观（观望）"。所以过去当地人说这三个字的时候，"观"字用的都是第一声，后来这个"观"字被念白了，念成了第四声"guàn"了。

○　另说回龙观是沙河南面众多道观中的一个小道观，虽然规模很小，但在京北一带却小有名气，于是人们将临近的村子称为"回龙观村"，后来在此兴建了玄福观，以为明代皇帝到十三陵谒陵时在此休息。虽然建的官邸叫"玄福观"，但因临近回龙观村，而且这一地名已被人们叫了许多年，久而久之，便把"玄福观"也叫成了"回龙观"。而今道观的遗址已无处可寻，但有的人常将回龙观村南的一座庙宇的旧址说成回龙观的遗址，其实不然。在村北也有一处相似规模的庙宇旧址，两处庙宇只是回龙观村的古庙。

○　回龙观站的地域和站址属于黄土店北店村域，地铁线南侧地属黄土店南店，现今地铁站外面的一棵槐树就是黄土店北店大庙里的古树，"回龙观站"只是借名而已。

⑬
→
⑩

273

13

→

11

274

◎　北苑站位于朝阳区西北部清苑路东侧，北苑小区东北侧。

◎　在中国古代，"苑"也称"囿"，最初是指水草丰美、林木茂盛，适合饲养禽兽的地方，后来成为供帝王游玩射猎的皇家园林。金中都位于现在京城的西南部，金代在北郊，即现在的景山、北海一带营建太宁宫园林区，称为"北苑"。景山在元代称为"青山"，又叫"后苑"。而今北京北郊的"北苑"地名，大约始于明代。从明清开始，已有了"四苑"之说，即东苑、西苑、南苑、北苑。而今昔日的"四苑"景致多已不复存在，但作为地名，只有"南苑"、"北苑"和"西苑"保留至今。

◎　北苑因地处京城北郊而得名，早在元代，这一带方圆几十里草深林密，皇家派人在此建其帝王狩猎的官苑，饲养大量的鹿、獐等动物。每年春秋两季，帝王们便来此狩猎。北苑的先人是为北苑狩猎场提供服务的汉民，逐渐聚集而成北苑村。

◎　从明初到清中期，北苑周边一直为屯兵重地。清末时此禁苑逐渐衰落，至民国年间，仍为屯兵之地。民国后期逐渐荒弃成为较大的村落，其范围比明清时的皇家禁苑小了许多，大致范围为东、南与安家村毗邻，西与北苑大院接壤，北靠黄军营。1958年北苑村成为来广营人民公社红军营大队所属北苑生产队。1982年恢复北苑村委会建制。20世纪90年代初在此建设北苑家园居住区，先后建成六个园区。

望京西站位于朝阳区西北部,姜庄路、湖光中街与京承高速路(大广高速路)交会处东侧,可与15号线换乘。

该站因地处望京住宅区西部得名,但已不属于望京住宅区辖域,实为来广营乡北湖渠村。远在元代,北湖渠已成村落。元延祐三年(1316年)名为"湖渠村",明成化十六年(1480年)已有"北湖渠"之称。因该村位于北小河北岸,旧时地势低洼,每到雨季,河水泛滥,形成湖泊沟渠,故名。民国时属北平市郊八区,村域处于东湖渠村至太平桥村大道两侧,北有崔家坟,南为茄市沟,过东南侧北小河上的小桥,可至南湖区村。20世纪六七十年代,属来广营人民公社,因紧邻北小河,且地势较低,有大面积农田,多种植蔬菜。直到20世纪90年代,这一带仍是沟渠纵横交错,有大面积的水塘和林地。此后随着望京及周边地区的开发建设,水塘和林地逐渐消失。

北湖渠村以护国天仙圣母庙(俗称北湖渠娘娘庙)而知名,是一座道教宫观,位于村南,南邻北小河。该庙创建于明朝,清光绪年间重修。主祀天仙圣母碧霞元君。其庙坐北朝南,现存古建筑为正殿,面阔三间,进深两间,硬山顶筒瓦,带有东西耳房各三间。2005年复建山门一座,以及东配殿一座,其中东配殿面阔三间,进深两间。2009年复建西配殿一座,与东配殿对称。其正殿内的东、西山墙上,残存两幅碧霞元君出世图壁画,是朝阳区文物古建中仅存的壁画。

← 望京村旧影

望京西
WANGJING West

15

芍药居
SHAOYAOJU

10

13
↓
15

○ 光熙门站位于朝阳区西部偏北,北三环东路与京承高速路(大广高速路)交会处南侧。

○ 说起光熙门的历史,与元代运粮建仓有关。根据《考工记》的规制,元大都被设计为内城、外城、宫城三重。外城略呈矩形,东、南、西三面各有三座城门,北面则为两座城门,光熙门为元大都东北城门。据《旧都文物略》载:"元世祖至元四年(1267年)定鼎中都之北三里筑新城,九年废中都改名大都,改建新城,城周六十里又名二百四十步,分十一门……正东曰崇仁,东之右曰齐化,东之左曰光熙……"其中光熙门取《易经》中"动静不失其时,则道光明"之意而得名。其"熙"与"光"同意,有光天之象。日光来自东方,亦有生长之意。明朝初年,改大都为北平,缩其城北五里,废元城东西之北光熙、肃清二门。据考证,光熙门原址在今和平里北街东口土城处,也就是今天的和平里火车站南边铁路桥洞一带,现在仅存其名。

○ 元朝时的光熙门是古漕运河道阜通河(今坝河)漕粮储存之地,漕粮经光熙门运至千斯仓。元代在大都曾建22仓,千斯仓是元中统二年(1261年)在大都地区建造的最早的漕仓之一,有仓房82间,客粮20万石。过往光熙门的漕运船只较多,关厢地区人员往来频繁。明朝推翻元朝统治后,将大都北城墙放弃后向南推移5里,在今天的德胜门、安定门一线重新修建城墙,旧城墙上的光熙门和肃清门被废弃。

○ 柳芳站位于朝阳区西部，和平里北街、柳芳北街与东土城路交会处东南侧。

○ "柳芳"因"牛房"之谐音而得名。据《大明会典》记载，"永乐五年（1407年）东直门外牛房仓"。到了清代，在东直门外五里设"春场"，俗称"春牛房"，简称"牛房"（今柳芳南里一带）。每年立春的前一天，顺天府尹（明清时北京的最高行政长官）要带领所属官员在此举行迎春仪式。

○ 明代《帝京景物略》记载："东直门外五里，为春场，场内春亭，万历癸巳，府尹谢杰建也。故事，先春一日，大京兆迎春，旗帜先导，次田家乐，次勾芒神亭，次春牛台，次县正佐、耆老、学师儒，府上下衙役皆骑，丞尹舆。官皆衣朱簪花迎春，自场入于府。是日，塑小牛芒神（即句芒，传为司春之神，后世亦作耕牧之神祀之），以京兆生异（'抬'之意）入朝，进皇上春，进中宫春，进皇子春。毕，百官朝服贺。立春候，府县官吏具公服，礼勾芒，各以彩仗鞭牛者三，劝耕也。"

○ 打春的风俗，最早来自皇宫。传说立春这一天，皇宫内外都把它当作节日，要格外隆重地庆祝一番。最早有立春之日要把皇宫门前立的泥塑春牛打碎一说，史书上记载"周公始制立春土牛"。这一传统后来逐渐演变，把芒神和春牛设于宫前改为设在郊外。在京城，所有的仪式照旧还是由宫廷委托顺天府尹来组织完成。"打春"，意为催促春牛勤耕勤作，祈望一年风调雨顺。

○ 这种仪式大约持续到光绪年间，以后被逐渐废除，但该地"牛房"之名却一直沿用到20世纪40年代，并形成自然村落，称"牛房村"。50年代至70年代这里是居民与农民混居区，1982年建成住宅区，1988年以"牛房"的谐音改称为"柳芳"，分别称"柳芳北里""柳芳南里"，其附近道路称"柳芳街"和"柳芳北街"。

首都机场

2

东直门
DONGZHIMEN

善各庄	SHANGEZHUANG
来广营	LAIGUANGYING
东湖渠	DONGHUQU
望京	⓯ WANGJING
阜通	FUTONG
望京南	WANGJING South
高家园	GAOJIAYUAN
将台	JIANGTAI
东风北桥	DONGFENGBEIQIAO
枣营	ZAOYING
朝阳公园	CHANYANG Park
金台路	⑥ JINTAILU
大望路	❶ DAWANGLU
九龙山	⑦ JIULONGSHAN
平乐园	PINGLEYUAN
北工大西门	BEIGONGDAXIMEN
十里河	⑩ SHILIHE
方庄	FANGZHUANG
蒲黄榆	❺ PUHUANGYU
景泰	JINGTAI
永定门外	⓪ YONGDINGMENWAI
陶然桥	TAORANQIAO
北京南站	❹ BEIJING South Railway Station
西局	⑩ XIJU
七里庄	⑨ QILIZHUANG
大井	DAJING
郭庄子	GUOZHUANGZI
大瓦窑	DAWAYAO
园博园	Garden Expo Park
张郭庄	ZHANGGUOZHUANG

BEIJING SUBWAY LINE 14

北京地铁14号线

为西南到东北方向线路，串联丰台、东城、朝阳3个行政区，已开通西、东段两部分。西段西起张郭庄站，东至西局站，与10号线衔接。东段西起北京南站，与4号线衔接，北至善各庄站。全长45.8公里，设有30座车站，换乘站10座。

善各庄
SHANGEZHUANG

○ 善各庄站位于朝阳区中部偏南，来广营东路北侧。

○ 《北京市朝阳区地名志》载：善各庄"成村时单姓居多，以姓氏得村名，故曾名单各庄。'各'为'家'的南方读音，故单各庄意为单家庄。据考，明初燕王朱棣出兵漠北时，该地多为南方移民。'单'讹传为'善'的年代无考"。

○ 有史料记载，南方单姓出自姬姓，以邑名为氏。据《元和姓纂》所载，周成王封少子臻于单邑（在今河南省孟津县东南）为甸内侯，因氏焉。于周襄公、周穆公、周靖公二十余代为周卿氏。据《通志·氏族略》云：成王封蔑于单邑，故为单氏。又据《路史》记载，周成王封少子臻于单邑，他的子孙便以封地为姓，世代相传姓单。明代移民于此的单姓来自南方何处，已无从考证。

○ 民国时已成大村，东与崔各庄接壤，西接刘各庄，南靠邓家庄，东北与何各庄为邻，村域为集团型，呈横向多变形布局。沈家村干渠纵穿村西部，村北有三条横向、五条纵向支渠，村域周边水源丰沛，农业以产粮为主，盛产水稻，还有鱼塘，当年曾有京城东北部"小江南"之称。

○ 来广营站位于朝阳区北部偏西,来广营西路、容达路与广顺北大街交会处。

○ 来广营清初为正蓝旗兵营所在地。正蓝旗为清代八旗之一,建于明万历二十九年(1601年),因旗色纯蓝而得名。在顺治年之前正蓝旗与正黄、镶黄列为上三旗;顺治初,被多尔衮降入下五旗,由诸王、贝勒和贝子分统。

○ 从明朝开始直至民国时期,这里是通往关外的交通要道,历代政府均在此屯兵,以拱卫京师。清初在今天来广营一带设有多处军营,正蓝旗是其中之一。旗营设有围墙,石墙外侧为护墙沟(也称护营沟)。旗营建有营门楼,为军士及家属出入的地方。旗内设有档子房,内分参领办公处、俸饷处、派差处、仓库、笔帖行文处等,主要负责旗营每户的俸银和口粮以及兵下的军事训练等事务。

○ 嘉庆至光绪年间,八旗兵逐渐失去战斗力,名存实亡,而八旗兵丁各谋生路,或务工、务农,其营房被废置,有的改为民房,并在其旧址上逐渐形成村落,多以旗营之称得名,正蓝旗兵营形成村落后便被称为"蓝旗营",简称"蓝营"。而后"蓝"讹为"来",称"莱营",光绪三十四年(1908年)始称"来广营"。

○ 30多年前,来广营尚存两座清代所建庙宇。一为娘娘庙,一为关帝庙。娘娘庙有正殿三间,被小学校占用。关帝庙亦尚存正殿三间,被来广营粮店使用。

○ 民国以后,来广营逐渐发展成为京北地区较大的村镇,20世纪80年代设有来广营乡,原有32个自然村,从一些村的名字上可以看出当年的地域特点,如勇士营、清河营、红军营、狮子营等,都与明初驻军屯垦和清代驻扎八旗拱卫京师有关。

来广营
LAIGUANGYING

东湖渠
DONGHUQU

○ 东湖渠站位于朝阳区中东部，望京北路与广顺北大街交会处南侧。

284

○ 《北京市朝阳区地名志》载：东湖渠村"成村于明代。明万历二十一年 （1593年）始见东湖渠村名，时属大兴县，因位于元代湖渠村（今北湖渠）以东，故名"。《朝阳史话》称：湖渠村于元延祐三年（1316年）成村，因位于北小河北岸，旧时地势低洼，每到雨季，河水泛滥，形成湖泊、沟渠，故名湖渠村。

○ 历史上这一带河渠密布，曾有大面积的水塘，当地村民多以养殖业为主。至少在清末民初，这里仍为泽国水乡，年产鱼虾上万斤，行销京城。京城一些大户商贾还在此辟湖塘，雇人养殖鱼虾。

○ 东湖渠今属朝阳区来广营乡，昔日的古村落已建成为多个小区，地处望京住宅区的北部，北小河自西向东而过。

○ 该村东临东白家村，西靠师家村，南隔北小河与侯家庄相邻，北与达理庄毗邻，村域呈不规则多边形。村北曾有一座建于明代的关帝庙，庙内分前、后殿及东、西配殿，均为青砖灰顶房屋。前殿中央供奉大将关羽，为泥塑坐像，两旁各有三尊塑像，其中东面有关平，西边有周仓，旁边是马童所牵的赤兔马。20世纪90年代初尚有遗迹，曾为小学。2004年底东湖渠村拆迁时，经文物主管部门批准并出资，于2005年将该庙西迁至北小河北侧的北小河公园重建。

○ 望京站位于朝阳区北部偏西,湖光中路、宏昌路与广顺北大街交会处,可与15号线换乘。

○ "望京"之名由来已久。一是因望京墩而得。望京墩建于明景泰元年(1450年),当时的明王朝正处在战乱年代,北方蒙古族瓦剌部不断进犯,战事频繁。兵部尚书于谦为了加强北京城防,便奏请皇上:"京城四面,因无墩台瞭望,寇至不能知其远近及下营处,卒难提备,可用四面离城一二十里或三十里筑立墩台,以便瞭望。"景泰皇帝朱祁钰马上恩准,不久便在京城周边地区筑起多座瞭望敌情的墩台。当时"墩高三丈,阔十二丈",日夜有重兵看守。据说天气晴好时站在高台上能够望见东直门的城楼,也称"望京墩"。明朝灭亡后,望京墩逐渐荒废。

○ 明代以前望京墩附近曾有一个小村子,明后期逐渐扩大,并分为南北两个村子,北面的村子较大,叫"大望京";南面的村子较小,叫"小望京"。两村以一条小河相隔,"大望京"居东,"小望京"居西,此后其"望京"之名延续了几百年。

○ 二是说"望京"二字为乾隆皇帝所赐。相传有一次乾隆皇帝到承德避暑山庄时路过此处,当时天气炎热,他便走到路边一个高坡处的茶摊上喝茶。当他站在高坡上朝西南方瞭望时,隐隐约约地看见了一个城楼,便问随行太监那是什么城。太监看了看,便说是东直门城楼。乾隆一听很高兴,想不到此地离京城这样远还能看到,于是即兴赐名为"望京",从此附近的村落被称为"望京村"。

○ 如今望京住宅区的大部分区域不属于历史上的望京村,而属来广营乡和将台乡所辖,真正的望京村在其东部,也即京顺路(京密路)旁。

望京
WANGJING

○ 阜通站位于朝阳区中北部偏西，广顺南大街、广顺北大街与阜通西大街交会处。

○ "阜通"源于元明时流经这里的"阜通河"，又名"坝河"。"阜通"意为使货物丰富，购销渠道畅通。"坝河"是以坝蓄水来保证行船的河道。元代至元十六年（1279年）郭守敬开通北线运粮河，取名"阜通河"，路线东起通州，沿温榆河至深沟坝入坝河，通过七坝（即在阜通河中途修筑的千斯坝、常庆坝、郭村坝、西阳坝、郑村坝、王村坝、深沟坝），然后到达大都城东北面的光熙门。

○ 元代的坝河是在金代的基础上扩建改造而成的。中统三年（1262年），"郭守敬请开玉泉水以通漕运"，得到元世祖的批准。郭守敬的具体建议是"中部旧漕河东至通州，权以玉泉水引入行舟，岁可省僦车费六万缗"，当时就是利用坝河的路线。

○ 由于坝河担负着重要的运输任务，所以元朝曾多次组织修治。至正九年（1349年），因坝河浅涩，曾用军士和民夫一万进行疏浚，以图继续维持坝河运输任务。元末，坝河即告废止。

○ 明代漕运主要依靠通惠河，所以坝河逐渐成为干枯的旧河道。清代后期因水源不足，淤塞失修，阜通河逐渐失去了漕运能力，此后被逐渐废弃，在河道旧址上修建成道路后，其东部称"阜通东大街"，西部称"阜通西大街"。

阜通
FUTONG

○ 望京南站位于朝阳区西北部，京顺路（京密路）与广顺南大街、万红西街交会处北侧。

○ 该站因地处望京村西南部而得名，西北侧紧邻西八间房。《北京市朝阳区地名志》载："相传成村初有张、夏、刘、赵、俞、郭、包、纪八姓穷苦人，故曾名'穷八家'，又名'穷八间'，后因村落发展为东、西两村，分别称东、西八间房。"

○ 另传，明代有山东江氏四兄弟逃荒至此，搭建八间篱笆房暂住，以种菜为生。几年后有了积蓄将篱笆房翻建为瓦房。此后有几个亲戚投奔于此，逐渐形成聚落，称"八间房"。清代该村东南五里许又成聚落，故将"八间房"改称"西八间房"，其东侧村落称"东八间房"。

○ 西八间房村东临大山子，南邻高家园，西南为花家地，东北与北公主村接壤，今属将台乡。村域呈菱形布局，东南为进京大道京顺（密）路。

○ 该村有一座观音寺，《北京寺庙历史资料》载：该庙"坐落东郊区署第四分署西八间房村三十七号，建于清康熙三十三年（1694年），属募建，本庙面积三亩，瓦房二十五间，管理及使用状况为自住。庙内法物有泥塑佛像五十二尊，木佛像四尊，铁磬四个，铁钟一个，铁烛台六个"。另有南侧院，其北大殿为供奉大慈大悲观音菩萨的观音殿。20世纪90年代初尚存北大殿三间及南侧院，东房三间，均为大式硬山箍头脊筒瓦，为区级文物保护单位，时为该村小学占用。如今村落已消失。

望京南
WANGJING South

高家园
GAOJIAYUAN

288

○ 高家园站位于朝阳区中部偏北，万红西街、芳园西路与万红路交会处。

○ 《北京市朝阳区地名志》载："该地原为将台乡高家坟村，1975年更为今名。"

○ 1947年出版的《北平市城郊图》已有"高家坟"之称，属北平市郊一区，西北为西八间房村，东为焦家坟，南邻赵家庄，处于东直门外至热河（承德）御道东侧（今机场高速路西南侧）。因清代西八间房已成京城东北部较大的聚落，且为清代帝后去往热河行宫的必经之地，而高家坟距西八间房不足二里，由此也成为路人的落脚之处，且村内有多家店铺。1949年前后已成为较大聚落，当时附近仍为大面积的农田。此后在此兴建多个大型电子工业企业，农田被逐渐征用，至70年代已成为北京东北部的电子工业区。高家坟一带建筑居民区，因"坟"字不雅而改称"高家园"，属酒仙桥街道辖域。

○ 1982年在此始建住宅区，建有26幢砖混结构的多层楼。楼区内布局有序，驻有多家企业。整个区域东北至万红西街与大山子西里、大山子南里交界，东南至芳园西路与芳园北里相望，西北临首都机场高速公路，西南至将台路。

○ 将台站位于朝阳区中部略偏西北，将台西路与酒仙桥路交会处。

○ 《北京市朝阳区地名志》载：将台乡"因原乡域南部将台洼村西高地曾有公元四世纪前燕慕容氏所筑拜将台遗址，故名"。

○ 将台洼村隶属于朝阳区东风乡，清代《通州志》载："在（通）州城北通京师东直门中路，旧传慕容氏拜将台也。"据考，东晋十六国时期，前燕景昭帝慕容俊所筑将台，当在该村以西星火车站附近。因村位于将台附近的低洼地，故名。地势四周高，中间略低，聚落海拔33.8米。

○ 拜将台始于汉代。刘邦为王，韩信欲投其名下，但刘邦不以重用，韩信伤心而走。萧何闻之，将其追回，并在刘邦面前反复陈述重用韩信的利害，遂说服刘邦，曰："择良日，设坛场，具礼。"随后设台，拜韩信为大将。此后历代效仿，设拜将台，拜名士为重臣，或将某个职位授予某位谋士，由此"拜将台"也被称为"将台"。将台实际上是古代的一种军事设施，主要由点兵高台、屯兵营房和阅兵广场组成。点兵高台通常是利用地势较高的平台作为最高军事长官点兵、阅兵之地。

○ 明代《帝京景物略》对将台有三种说法。一说此处之将台是"唐薛仁贵征辽驻军台也"。二说明代徐达攻大都灭元之将台。"洪武元年闰七月，左丞相徐达师至通州，距城三十里，筑台驻军。翌日天雾，设伏战，擒其梁王孛罗等，元主闻报，夜开健德门，北如上都。今（通）州西土埠，长半里，广方半里者，所筑台也。"三说燕王朱棣率靖难军起兵点将南征之地，即今之将台洼所在地。

东风北桥
DONGFENGBEIQIAO

14

↓

9

290

○　东风北桥站位于朝阳区中部偏西，东四环北路与亮马桥路、酒仙桥南路交会处北侧。

○　该站因东南部紧邻东风北桥得名，而"东风"源自曾有过的"东风农场"。

○　此地明清时属顺天府大兴县，1947年之前属北平市郊一区。1949年以后属北京市东郊区。1956年3月由原11个农业初级合作社合并成立星火高级农业合作社，后改为"六里屯乡"。1958年划归农业展览馆农场，是年8月改属"中德（德意志民主共和国）友好人民公社"。1961年3月该公社解体，成立"星火人民公社"，1978年与东风农场合并，改称"东风人民公社"，翌年划属北京市农场局。1983年成立"东风乡"（驻地为南十里居村，即今东风北桥东南部）。

○　此地属平原地带，土质肥沃，亮马河自西向东流经北部乡界，主要以种植业为主，兼有畜牧养殖业。20世纪90年代改建东四环路时，从该乡域西部穿过，并在乡政府驻地西部修建了两座立交桥，南部称"东风桥"，北部称"东风北桥"。

○　东风北桥为京城东北部的一条交通要道，向西经亮马桥路，可达三环路，再向西经新源南路、新东路、东直门外大街，可至二环路和东直门。

○ 枣营站位于朝阳区中部,农展馆北路与朝阳公园路交会处东南侧。

○ 枣营因早年间有枣子营村得名。《北京市朝阳区地名志》称:"据传枣子营村原有大片枣林,其枣胜过久负盛名的郎家园枣,故有枣子营村名,沿用至今。"

○ 20世纪50年代此地曾为麦子店乡辖域,当时有大片的农田。枣子营村外有一大片枣林,据传最初是一位隐居于此的僧人所植。

○ 大约是清道光年间,有一位医术高超的老僧,云游于此,暂居于今天枣营附近的一座关帝庙里。他为四方乡邻治病不取钱物,只要病愈者在寺旁栽枣几株即可。

○ 有一年瘟疫爆发,老僧连忙赶制了许多"九灵丹",广施于众乡亲,使疫情未能蔓延。他一连忙了十几天,累得躺在一棵大枣树下睡着了,谁知这一睡竟没有醒来,在此圆寂了。村上人为高僧的善举所感动,依老僧之意,在附近广植枣树,以感谢他的恩德。10多年后,上千株枣树郁然成林,其果皮薄,果肉致密且脆甜,品质上乘。多年后枣林消失,但"枣营"被沿用至今。

↓

○ 1982年在枣子营村始建住宅区,1984年已成规模,因其居于原枣子营村南,初称"枣营小区"。1987年在其北部另建住宅区,且与南邻的枣营小区相对,1990年5月,将南北两个小区分别定名为"枣营南里"和"枣营北里",今属麦子店街道辖域。古村落早消失,枣林也无踪迹,只有通过"枣营"这个地名才能确定当年枣子营村的大致方位。

枣营
ZAOYING

○　朝阳公园站位于朝阳区中部，朝阳公园南路与甜水园街交会处，朝阳公园西南侧。

○　朝阳公园建于1984年，后几经改扩建，如今东起水碓子东里，西至水碓子西里，北起团结湖南路，南抵朝阳北路。因早年间附近有水碓子、大山庄、四路居、窑口等村，其中水碓子村较大，初称"水碓子公园"，1992年更名为"北京朝阳公园"。

○　据传，清代皇家曾在此发放"八旗俸米"，并利用附近湖泊里的水作动力，将稻谷用水碓脱壳，遂以"水碓子"得地名。早年间水碓子村西部为京城有名的盆窑，长期烧制陶盆，因取土而形成窑坑、湖塘，且芦苇丛生，被俗称为"苇子坑"。而较大的一个苇子坑临近水碓子村而称"水碓子湖"，附近有大面积的农田。20世纪50年代在附近修建住宅区，依"水碓子"之名称"水碓子东里"和"水碓子西里"。1965年取葵花向阳之意改称"向阳里"。1977年易名"金台北里"，以其位于金台路之北的缘故，1989年恢复初名。

○　因位于朝阳门外东北部而更名为"北京朝阳公园"，而今园中最大的湖泊仍称"水碓湖"。

朝阳公园
CHAOYANG Park

金台路
JINTAILU

6

7

九龙山
JIULONGSHAN

14

↓

13

↓

14

← 朝阳公园

○ 北工大西门站位于朝阳区西南部，西大望路与松榆北路交会处，东临北京工业大学。

○ 该站因紧邻松榆里，初设地铁站时称"松榆里站"，后更现名。松榆里有东里和西里之分，西起武圣路，东至松榆东路，北起松榆北路，南至华威南路，建于1983年。此地原为南磨房乡农田，附近有两个村落：一个是架榆树村，因村中有一株榆树，枝叶茂密，相互攀架，后为村名；另一个是架松村。因所建小区大致介于两村之间，故两个村名各取一字称之为"松榆里"。

○ 早年间这一带多为农田和乱葬岗子，其中以豪格墓建筑规模最大。爱新觉罗·豪格系清太宗皇太极之长子，初封贝勒，天聪六年（1632年）晋升和硕贝勒。崇德元年（1636年）以功晋封肃亲王，是年缘事降为贝勒，次年复封肃亲王。崇德六年（1641年）降为郡王，次年以功再复封为肃亲王。顺治元年（1644年）缘事削爵。顺治五年（1648年）遭摄政王多尔衮构陷而幽禁自尽。顺治七年（1650年）予以昭雪，追复肃亲王。次年建墓立碑表之，顺治十三年（1656年）追谥号武。

○ 该墓坐北朝南，蓝色围墙，南为大门，进正门为牌楼，内有螭首龟趺碑两统，碑楼与东西朝房之间是六棵古松，"偃蹇盘礴，横荫十亩，支以朱柱百许根"，故称其"架松"，夏天可使途经左安门的人们在松树下乘凉歇息。时间一长，这"左安架松"独成一景，形成聚落，称"架松村"。

○ 1960年北京工业大学在此建校，其西门位于西大望路东侧。

北工大西门
BEIGONGDAXIMEN

○ 平乐园站位于朝阳区中部，南磨房路与西大望路交会处北部。

○ "平乐园"之由来，未见史料记载，只有传闻。

○ 据传，"平乐园"本称"同乐园"。早年间有皇室后裔在此建私家花园，占地十余亩，取"普天同乐"之意，称"同乐园"。后其家境败落，花园被废弃，遂成村落，称"同乐园村"。民国三十六年（1947年）出版的《北平市城郊地图》标注为"同乐园"，地处日伪时期划定的"东郊新市区"东南部，即广渠门外至通州张家湾大道的南侧，村域较小，只有几十户人家，附近多为农田，1949年前后改称"平乐园"。

○ 另说清乾隆年间京城前门外有一家名为"平乐园"的戏楼，老板是安徽安庆人，其于乾隆五十五年（1790年），为庆贺乾隆皇帝八十岁寿辰，随扬州盐商江鹤亭在安庆组织的"三庆班"进京演出，发达后在此购置地产建起一座小花园，并依戏楼之名称"平乐园"。数十年后其主人移居他处，花园被闲置，后逐渐破败，只留下一个地名。

○ 20世纪90年代初，该村属南磨房乡。东邻窑洼村，西与南三间房毗连，南与潘道庙接壤，北靠化工机械厂。多年前被逐渐开发，建成平乐园等小区，大致位于今西大望路与南磨房路交叉口东南角。

平乐园
PINGLEYUAN

○　方庄站位于丰台区东北部，方庄路与蒲芳路、紫芳路交会处。

○　而今所说的方庄只是一个泛称，涉及范围包括20世纪70年代南苑人民公社蒲黄榆大队的方家庄、蒲庄、黄土坑、榆树村、焦家花园、小辛庄、高地村、闫家楼、康家园、龙禧寺、西马回甸、东马回甸等十几个村落。这些村庄规模非常小，甚至几户一村。其中方家庄最大，俗称"方庄"。

○　据《丰台史话》称：方庄最早叫方家坟，以先世浙江湖州府名德县人方从哲立祖。方从哲为明万历二十一年（1593年）进士，曾任礼部尚书兼东阁大学士等职。崇祯元年（1628年）去世，葬于丰台一带，故《光绪顺天府志》记为"方氏祖茔在大兴之方家庄"。

○　方从哲之兄方希哲，其孙方国栋曾出任广东按察使金事，康熙十六年（1677年）去世后"葬大兴县之方家庄"。《丰台地名探源》载："清初汪琬《朝议大夫江南布政使司参议分守苏松常道加三级方公墓铭志》载：方国栋康熙十六年冬在任上去世，'次年卜葬于大兴县方家庄祖茔之次'。这个'方家庄'就是民国地图上的'方庄'，1980年《丰台地名图》上的'方家庄'，就是今天的方庄小区一带。1980年后出土的高民瞻之母的墓志铭说，其于康熙十六年'葬于左安门外之方家庄'，村落的定位更加清楚无误。'方庄'显然是'方家庄'的简化，二者并无多少区别。"

○　20世纪70年代，方庄一带属丰台区南苑人民公社（后改称南苑乡）蒲黄榆大队，村民主要以种植蔬菜、饲养家禽为生。1984年8月23日，北京市政府正式批准开发建设方庄住宅区，这是北京市建成的第一个大型社区，也是北京市第一个对外开放的社区，包括四个住宅区，以"古城群星"贯穿起来，依照西北、东北、西南、东南的顺序，在每个小区的名称中各占一字，再选择与"方"同音的"芳"字与之分别组合，形成"芳古园""芳城园""芳群园""芳星园"。

10 十里河
SHILIHE

○ 陶然桥站位于东城区西南部，南站幸福路与马家堡东路交会处，北临陶然桥。

○ 该桥因地处陶然亭公园东南部得名，建成于1992年。南二环主行路紧依着护城河从桥下直行通过，护城河北侧的辅路设计为由东向西单行的隧道，河南岸主桥下一组桥柱把主路分成上下行两条车道，这座桥梁既跨河又跨路。由桥往北是太平路，由北纬路向西再往北经过虎坊路是新华街。

○ 历史上此地为二郎庙村，民国年间出版的地图上有所标注。北隔北京城南城墙及护城河与陶然亭相对，西为东庄，南为四路通，东南为铁路。

○ 据《北京寺庙历史资料》载：二郎庙位于南郊永定门外二郎庙村甲三号，建于民国二十五年（1936年），属私建。房屋十六间，庙内法物有神像十九尊，礼器十八件，法器三件，供桌六个，另有旗杆两根。1947年前后属北平市郊三区。

○ 陶然桥站东侧的马家堡东路向北过陶然桥与太平街相通，而今为京城西南部的交通要道，但此街只有50多年的历史。早年间先农坛西墙外原有一土路，通到城墙根，但无名。民国后有人在此建房居住，始有"先农坛后身"之名。街之北段西侧有一东西走向小巷，称"太平街"。1952年修建陶然亭公园后新建了一条南北向的大道，定名"太平街"。城墙拆除后，此街南沿，并在此建桥，因西北临近陶然亭而称"陶然桥"。多年后随着南二环路的修建，此桥经过改造，建成一座互通式立交桥。

14

← 22

← 23

○ 景泰站位于东城区南部，安乐林路与琉璃井东街交会处。

○ 该站因地处安乐林路，初称"安乐林站"，后因东南部临近"中国景泰蓝艺术博物馆"而称"景泰站"。

○ 景泰蓝，学术上正式名称是铜胎掐丝珐琅，是一种将各种颜色的珐琅附在铜胎或青铜胎上烧制而成的瑰丽多彩的工艺美术品，最早的文字记载出现在元朝。"铜胎掐丝珐琅"大约于十三世纪末，由阿拉伯国家传入中国。传入之初，被称作"大食窑器""鬼国窑器""佛郎嵌"。1935年北平市政秘书处编辑的《旧都略》在谈到景泰蓝起源时，援引《陶说》写道：珐琅，在过去叫"佛郎"，又叫"发郎""发蓝"，产于"拂"。唐书称拂即大秦，大秦即中世纪罗马帝国。因其在明朝景泰年间兴盛起来，故命名"景泰珐琅"或"景泰琅"。后来又因多用宝石蓝、孔雀蓝色釉作为底衬色，而且"琅"的发音近似"蓝"，最后演变成"景泰蓝"。后来这个名字广泛地包括所有的铜胎掐丝珐琅。景泰蓝的制作既运用了青铜和瓷器工艺，又融入了传统手工绘画和雕刻技艺，堪称中国传统工艺的集大成者。

○ "中国景泰蓝艺术博物馆"位于安乐林路南侧的北京市珐琅厂有限责任公司内，其前身是北京市珐琅厂，成立于1956年，由42家私营珐琅厂和专为皇宫制作的造办处合并组成。2012年6月该公司创办的国内首座景泰蓝博物馆开馆。

14
←
20
←
21

299

景泰蓝制作 →

○ 大井站位于丰台区中北部，丰体南路东段，北临丰台体育中心。

○ 《北京市丰台区地名志》称："大井原称义井或蜜井。据清《日下旧闻考》记载：'义井庵在广安门外迤西十里。'又据明《长安客话》载：'义井或蜜井，相传文皇（永乐）驻跸甘其泉，故名。'"

○ 据传，有一年春天，永乐皇帝到房山的云居寺赏景，路过大井村时，便停下来歇脚。随行的太监从附近的一口井里提上一桶水，朱棣一见这井水很是清澈，便喝了一碗，顿感甘甜爽口，如蜜水一般，于是赐名"蜜井"，并让人在村口立了一座木牌坊，还御题了"蜜井"两个大字，但人们还是习惯将这里称为"大井"。到了清代，乾隆皇帝到西陵祭扫先父雍正皇帝时，也曾在大井村歇脚，喝过蜜井里的水后，觉得甘甜爽口。他见村口的木牌坊已破旧不堪，便命人将木牌坊拆掉，然后在原地又立了一座木牌坊，并重新题写了"蜜井"两字。乾隆四十年（1775年）命改建石牌坊，恭镌御书额，东面曰"经环同轨"，西面曰"荡平归极"。而今石牌坊早已了无踪影，石额在消失多年之后，于2007年12月在大井村一处工地内被发现。

○ 大井村地处永定河洪冲积扇平原，地层多沙石，为上好的建筑石料，多用于公路、铁路的基础建设材料，被大面积采挖。20世纪90年代初附近有农作物种植，今属卢沟桥乡。

300

"荡平归极"石牌坊旧影 一

大井
DAJING

14
←
24
←
25

301

○　大瓦窑站位于丰台区中西部，大瓦窑中路与卢沟桥南路交会处东侧，南邻京港澳高速路。

○　《北京市丰台区地名志》载："据说修建北京城时，在此烧窑，故名大瓦窑村。"《丰台地名探源》称：《宛署杂记》记载，阜成门外八里庄以南一带有"瓦窑头"，《光绪顺天府志》称，宛平县治以西"三十六里瓦窑村，水屯、鲁古村，张仪村，三十七里北瓦窑……以上村在永定河东"。这里的"瓦窑头""瓦窑村"，就是今天位于卢沟桥乡西北5公里的"小瓦窑"，其成村的历史可以上溯到明代。"小瓦窑"西南3.5公里有"大瓦窑"，同属卢沟桥乡，其以"大""小"相区别始于民国年间。

○　据传，大瓦窑烧窑的工匠最初是从山东临清招募的，烧窑技术高超。明嘉靖之后窑场关闭，清末因西邻永定河三里许，遂成为永定河畔较大的村落。村域呈不规则方形，由乡间土路分割为三块聚落点。民国时期属河北省宛平县辖域，后划归北京市，20世纪六七十年代属卢沟桥人民公社，1987年改属卢沟桥乡。村民除种植蔬菜外，还种植苹果、梨、葡萄等果木。

○　1986年修建的京石高速路（今G4，即京港澳高速），由村域穿过，并修建了一座高架立交桥，称"大瓦窑桥"，为去往京城西南部宛平、长辛店、房山及河北、山西的必经之地。同时修建了一座环岛，以疏导车辆，称"大瓦窑环岛"。如今村落及农田已消失，建成多个住宅区，设有大瓦窑社区。

302

1992年的大瓦窑环岛 一

大瓦窑
DAWAYAO

○ 郭庄子站位于丰台区中北部,京港澳高速路与小屯路交会处。

○ 《北京市丰台区地名志》称:"郭庄子以姓为村名,有东郭家和南郭家之分,至今郭姓仍占多数。"据当地老人介绍,郭庄子的郭姓祖先是明代洪武年间从山西移民而来,至今已有500多年。明朝初期,朱元璋"以山西地狭民稠,下令许其民分丁于北平、山东、河南旷土耕种"。时有郭姓家族数十人从山西移民到京畿,以种地为生,他们各居一处,犁地为村,相距不足一里,统称"郭家庄"。数十年后以南北向的沟渠为界,形成东、西两个聚落,分称"东郭家庄"和"南郭家庄",后简称"东郭庄"和"南郭庄"。清代后期,两村中间的沟渠逐渐消失,夷为平地,遂有村民在此兴建房屋,其数量不断增加,成为很大的聚落,泛称"郭庄",进而口语化,成了今天的"郭庄子"。

○ 民国时属河北省宛平县辖域,东北为大井村、五里店,西南为大瓦窑村,北为小屯村,村域呈东西向长方形,布局整齐,但村民居住相对分散。村外曾有进京大道,向北经六里桥、湾子、达官营至广安门;向南经大瓦窑到宛平城,过卢沟桥到长辛店,再往西南可至良乡、房山、周口店、高碑店、保定,由此这里成为北京西南部进京的交通要道。

○ 历史上这一地区土质肥沃,以蔬菜种植为主,属卢沟桥乡。1986年修建的京石高速路,由村域穿过,并占用部分农田。2011年以后随着这一地区的开发建设,村落及菜地消失,建成郭庄子家园小区及郭庄子城市休闲森林公园等。

郭庄子
GUOZHUANGZI

○ 张郭庄站位于丰台区中西部，园博园南路与万兴路交会处西侧。

○ 张郭庄以张郭二姓合称为村名。据传，清道光年间有张、郭两姓人家分别从河南、山东逃荒于此，见这一带土地肥沃，宜于种植庄稼，且附近有一条沟渠，于是一家沟东，一家沟西，暂居下来。

○ 聚落西北为槐树岭，每到汛期，山上的洪水倾泻而下，水过后即成坎坷不平的通道，沟谷两侧住户以街筑有堤坎，到了清末民初形成了两个小村落，分别称"张庄子"和"郭庄子"。此后随着村民不断建房，两村逐渐连成一片，地势西北高、东南低，南接沙锅村，西倚槐树岭，主街东西走向，沿街南北两侧建房，呈不规则长方形聚落，两村只一条沟渠相隔，实为一村，故改称"张郭庄"。

○ 20世纪60年代，村中沟渠仍在，旱季为村中大道，雨季成泄洪之渠。1976年将泄洪道引入村西排水沟内，原道沟修成沥青路，贯通东西。

○ 张郭庄村的福生寺建于明代，坐北朝南，由山门、前殿、后殿和东西配殿组成。虽然历史上经多次浩劫，但其主体建筑仍完好地保存下来。1949年前寺内还有僧人修行，每月初一、十五，十里八乡的村民都到该寺烧香，香火盛极一时。因其紧邻的长辛店自古即为交通要道，往来商旅众多，加上福生寺是长辛店地区的一座大庙，不少过往商客也到此进香。相传明清皇帝到潭柘寺、戒台寺上香时，福生寺是他们途中休息的行宫。

张郭庄
ZHANGGUOZHUANG

○ 园博园为2013年第九届中国国际园林博览会场馆, 其所在地是永定河旧河道丰台段的一部分。东临永定河新右堤, 西至鹰山公园, 南起梅市口路, 北至莲石西路, 依托永定河道, 与卢沟桥遥相呼应, 地形多变, 山水相依, 颇具特色。

○ 在园博园兴建之前, 这里是永定河西岸一处面积很大的荒沙滩, 号称 "永定河大沙坑"。从20世纪五六十年代起, 永定河的生态逐渐退化, 扬沙严重, 直至干涸, 此后逐渐形成南北长约3500米、东西最宽处有300米的乱沙滩。河道内沟壑遍布, 河床裸露, 一刮风就沙尘弥漫, 黄土滔天。

○ 20世纪70年代, 这一带的沙子坑曾南北延绵数里, 其北段, 即丰台与石景山交界处, 荒无人烟, 除了时有采沙人出现外, 一片荒凉, 被俗称为 "南大荒", 曾被当作临时刑场。

○ 从90年代开始, 许多建筑工地将建筑垃圾运至此地消纳, 大大小小的沙子坑, 逐渐变为大大小小的垃圾填埋场, 并吸引了众多拾荒者。自1998年起部分沙石厂开始关闭, 到2001年永定河道内的数百家沙石厂全部被清理, 建筑垃圾的消纳得到有效限制。此后北京市启动了治理永定河的总体规划, 将断流30余年的永定河建成绿色生态走廊, 并恢复部分水面。

14

←

29

305

未建园博园时的永定河河滩 →

园博园
Garden Expo Park

清华东路西口		QINGHUADONGLUXIKOU
六道口		LIUDAOKOU
北沙滩		BEISHATAN
奥林匹克公园	⑧	Olympic Green
安立路		ANLILU
大屯路东	❺	DATUNLU East
关庄		GUANZHUANG
望京西	⓭	WANGJING West
望京	⓮	WANGJING
望京东		WANGJING East
崔各庄		CUIGEZHUANG
马泉营		MAQUANYING
孙河		SUNHE
国展		China International Exhibition Center
花梨坎		HUALIKAN
后沙峪		HOUSHAYU
南法信		NANFAXIN
石门		SHIMEN
顺义		SHUNYI
俸伯		FENGBO

BEIJING SUBWAY LINE 15

北京地铁15号线

大致呈东西走向，串联海淀、朝阳、顺义3个行政区，西起清华东路西口站，东至俸伯站，全长41.4公里，设有20座车站，换乘站4座。

○ 清华东路站位于海淀区东南部，清华东路与双清路、王庄路交会处东侧。

○ 清华东路因地处清华园（清华大学）东侧得名，该路西起双清路，东至京藏高速路（京昌路），地铁站所处的位置旧属肖庄。

○ 肖庄旧称"肖家庄"，转音"肖记庄"，外地文人记本地历史讹记为"肖聚庄"，本地人多简称"肖庄"，因肖姓人家在此地定居而得名。1949年前只是一个较小村落，隶属前八家乡。1952年创办北京林学院（今北京林业大学）时在此征地，肖庄村域被建为校区，村落基本消失，其居住人家迁往附近村落。

○ 清华大学诞生于1911年，因坐落于清华园而得名。初称"清华学堂"，是清政府设立的留美顶备学校；翌年更名为"清华学校"。1925年设立大学部；1928年更名为"国立清华大学"。

○ 清华园的前身为明朝贵族的一处废园。清代曾几易其主，历经雍、乾、嘉、道、咸、同、光、宣八代皇帝，园主人中有三位皇帝、四位亲王、一位郡王和一位郡王衔贝勒。道光二年（1822年），时称"熙春园"的园子被分为东西两园，东部仍称熙春园，赐予五子奕誴，西部称近春园，赐予四子奕詝，俗称为"四爷园"。咸丰登基之后，将东边的熙春园改名为"清华园"，现存清华园门匾系咸丰皇帝所赐。"清华园"三字为"晚清旗下三才子"之一的叶赫那拉·那桐所书。

○ "清华园"之名由"水木清华"而得，今清华园内工字厅后面匾额上所保留的就是"水木清华"四个字，典出晋代谢叔源《游西池》："景昃鸣禽集，水木湛清华。"

清华园旧影 一

清华东路西口
QINGHUADONGLUXIKOU

○　六道口站位于海淀区东南部,清华东路与学院路、学清路交会处。

○　《北京市海淀区地名志》载:"该地原系六道口村,有20多户农民。因地处三条道路(一条从西直门至清河镇南北走向的道路,一条从双泉堡至八家东西走向的道路,一条从北沙滩至后八家东南西北向的道路)的交会处,有六个道口,故名。村因而得名。20世纪70年代,东升人民公社八家大队搞土地连片,从别处迁入62户人家,1977年至1985年,(国营)768厂先后在该地兴建6幢宿舍楼。1987年街道办事处与北京市住宅三公司又在该地合建了2幢宿舍楼,形成了现在规模的居民区,仍沿用村名。"

○　20世纪50年代兴建"八大学院"时,将村落附近的东西向土路改建为清华东路,由此向南的土路改建后初称"文汇路",后改称"学院路"。70年代以后这一带被逐渐开发,村落消失。1985年学院路由此北延至清河镇,称"学清路"。因地处学院路北口,最初设置地铁站时称"学院路站",后改为"六道口站",而六道口村则在北向1里开外的地方。六道口站的位置旧为四道口村辖域,其西侧紧邻北京林业大学,实为旧称的"八大学院"北部边缘区。

六道口
LIUDAOKOU

○ 北沙滩站位于海淀区和朝阳区交界的京藏高速路与大屯路、清华东路交会处。

○ 《北京市朝阳区地名志》载：北沙滩"位于洼里乡域南部边缘。原为北小河上游故道，土质多沙，成村后名沙滩，1947年后村落发展为两个自然村，其居北，故名"。

○ 另传，明代修建北京城时，曾在这里挖沙子，由此形成多个大沙坑，南北长达两三里，每当大风刮起时候，黄沙四起，所以人烟稀少，十分荒凉，俗称"沙滩坑"。每至夏季大雨过后，变成大水塘，长满苇子，被称为"苇子坑"。大约在清代初期有人在此定居，将附近的土地逐渐开垦，遂形成村落，因土质多沙而得名"沙滩村"。民国后期发展为南北两个自然村，分别称"南沙滩"和"北沙滩"。

○ 历史上的北沙滩村在今天大屯路西部的北侧，北临白新庄，西邻小月河，南为南沙滩，东临南龙王堂村。村落为散列型，沿一条南北向的土路呈带状布局，早年间村民居住相对分散。

○ 20世纪90年代初属洼里乡，曾有水稻、蔬菜种植。90年代中期以后这一地区被逐渐开发，建成北沙滩社区，属朝阳区奥运村街道辖域。京藏高速路由该辖区西侧自南向北而过，东与大屯路，西与清华东路交会。

15

→

3

→

4

北沙滩
BEISHATAN

奥林匹克公园 8
Olympic Green

○ 安立路站位于朝阳区西北部，安立路与大屯路交会处。

○ 初设地铁站时因东南部紧邻安慧北里小区而称"安慧北里站"，后定名为"安立路站"。

○ 安立路是京城北部一条南北走向的主干道，北起朝阳区与昌平区交界的清河立水桥，南至北四环中路安慧桥，全长6.33公里。

○ 早年间，该路为乡间土路，十分狭窄，两侧有多个村落，周边为农田。20世纪六七十年代属朝阳区大屯人民公社，因地势平坦，地下水源丰沛，曾有大面积的蔬菜种植。1987年为迎接1990年北京亚运会将南段安定路至立水桥取直拓宽，且取"安定路"与"立水桥"之首字，合称为"安立路"。

○ 安定路南起跨北三环中路的安贞桥，与安定门外大街相接，北至安慧桥，与安立路相连，原为土路，因位于安定门外，是安定门外大街向北的延续，遂名为"安定路"。

○ 立水桥为清河古道上的一座古桥，据传最初是一座建于明代的木桥，清康熙年间在原址上重修了一座平梁式石板桥。因用的都是十分坚硬的花岗岩，有坚固的桥墩立于水中，故称"立水桥"。

○ 此后该路几经扩建，路面不断拓宽，且在两侧兴建大型住宅区和购物中心，成为京城北部的大型社区。

○ 该站西南侧为慧忠里，因历史上有慧忠寺村而称。该村原有古刹，称慧忠寺，村随寺而称。20世纪80年代初，中国科学院地理研究所在此建家属宿舍，称"九一七大院"，后规划为小区。1987年取慧忠寺村前二字，定今名。

安立路
ANLILU

大屯路东 5
DATUNLU East

○ 关庄站位于朝阳区西北部，关庄路中段，北小河南侧。

○ 《北京市朝阳区地名志》载：关庄"成村初，因关姓居多，且村中原有关帝庙，故名"。

○ 清朝入关初，旗人世家望族广占田土，茔地多建于自家的圈地。马佳氏是清代满洲望族之一，与瓜尔佳、钮祜禄、舒穆禄、纳喇、董鄂、辉发、乌拉、伊尔根觉罗诸氏并称"八大家"（实为九姓）。该族开国名将雅希禅，天命年间卒，至其孙纳新、洪海，始随清世祖入关，设新茔于北京安定门外东北20里一个叫关家庄的地方，奉雅希禅为始葬祖。茔地方圆200余亩，南为葬地，北为祭田，东南有五圣家庙，坐东向西，其北有停枢之所，再北即守茔家人居处。茔地西南有河，踞河桥1里许即本族老夸栏（老茔地），苍松翠柏如团盖，遮天蔽日，周围筑有栏垣。清末该坟地附近形成聚落，仍称"关家庄"，后分为东西两部分，称"关东庄""关西庄"。

○ 《北京寺庙历史资料》载：关西庄"关帝庙建于清道光三十年（1850年），属合村公建，1928年门牌号为关西庄一号"。1949年以后，关西庄、关东庄两村联为一体，统称"关庄"。关帝庙为关庄村供销社使用，原有东西耳房各两间，20世纪七八十年代山门倒塌损毁，仅存古建正殿三间，一直由关庄村委会使用，因无力修缮，于90年代中腾退空置。直到2009年10月才予以修缮，其庙貌焕然一新，除供奉主神关羽外，还供奉了许多民间常见的道教神祇及俗神。

关庄
GUANZHUANG

⑬ **望京西**
WANGJING West

望京 ⑭
WANGJING

○ 望京东站位于朝阳区西北部，河荫中路与启阳路交会处，北小河南侧。

○ 因地处望京住宅区东部得名。此地实为叶家庄，原为叶姓坟地，称"叶家坟"，有百余亩。据传墓主为京城正黄旗都统，秩从二品。满族叶氏为清代满洲大姓，《清朝通志·氏族略》称满族有叶氏，世居沈阳。清满洲八旗姓纳喇氏、叶赫氏、叶赫勒氏中均有改姓叶氏者。叶家坟之墓主何许人也，属满族叶氏哪一支系，均已无从考证。坟地附近形成聚落后称"叶家坟村"。

○ 20世纪60年代叶家坟与紧邻的白家坟、柯家坟、马家坟和邓家坟四村统称"五合村"，1982年改称"叶家庄"。村域为集团型，呈横向长方形布局，属来广营乡，曾有大面积农田，如今已建成多处住宅区。

15

→

10

314

望京东
WANGJING East

○ 崔各庄站位于朝阳区北部, 来广营东路与东辛店路交会处西侧。

○ 《北京市朝阳区地名志》称: 崔各庄 "成村初崔姓居多, 故以姓氏得村名"。

○ 明朝建立以后, 为了巩固北方边防, 先后从山西、山东及南方等地征迁了大量人口到今天的北京及周边地区, 每次征迁人口动辄上万户, 这些远道而来的人, 多以同一家族、同一姓氏、同一乡里而群居, 并以最初定居人的姓氏为新的居住地命名, 于是出现了 "张家庄" "王家庄" 等众多地名。当时崔各庄一带的移民为南方人, 故称 "崔家庄", 后演化为 "崔各庄"。

○ 据传京郊不少以 "×各庄" 而称的村落, 最初的居民多为明代南方移民, 初为 "×家庄", 后演化为 "×各庄", "崔各庄" 是其中之一。《北京市朝阳区地名志》称: "明初燕王朱棣出兵漠北时, 该地多为南方移民。" " '各' 为南方 '家' 的读音, 故崔各庄意为崔家庄。"

○ 崔各庄东临马泉营, 西与善各庄接壤, 南与东崔各庄毗邻, 北靠何各庄。1947年之前隶属河北省大兴县, 后改属通县。1956年3月划归北京市东郊区(今朝阳区), 1958年属中阿(阿尔巴尼亚)友好人民公社, 后几经调整, 今属崔各庄乡。

崔各庄
CUIGEZHUANG

马泉营

MAQUANYING

○ 马泉营站位于朝阳区北部，香江北路与马泉营西路交会处。

○ 据清代《畿辅通志》载："大兴县温榆河流域图标称马全营。"据传元代在此设马圈，为饲养战马之地。

○ 相传，燕王朱棣扫北时，曾到过此地。时为盛夏时节，天气炎热，燕王一行人在一个村落外的大树下歇息。马童忙着给燕王的青龙马拌料饮水，可一连走了好几家才凑了半桶水。战马没有水，光吃草料也难以下咽，马童就牵着青龙马到村外去"啃青"。青龙马一边吃着青草，一边不停地嗅着，并用蹄子刨地。不大一会儿工夫，就在马蹄子刨过的地上涌出了泉水。泉水在马蹄刨的蹄印中不断涌出，沿着沟底弯弯曲曲的小路向沟外流去。马童见到泉水，马上禀告燕王，一行人来到泉边，畅饮一番。此后便将这眼马蹄形的泉水称为"马刨泉"或"马泉"。不久，燕王在此设屯兵设营，称"马泉营"，多年后附近形成聚落称"马泉营村"。

○ 该村东临孙河乡，西与何各庄接壤，南靠马泉营南里，北接下辛堡。村内曾有清代哈岱夫妇墓。哈岱为蒙古八旗正黄旗人，随从顺治帝入关，大败李自成，曾定江浙，征大同及舟山，官至内大臣，封一等子。墓地驮龙碑为乾隆十四年（1749年）立，墓丘早已无存。

○ 孙河站位于朝阳区东北部，京平高速路（黄康路）与京密路交会处北部。

○ 孙河（古称孙堠村或孙侯村）是温榆河道上的著名古渡口，曾是京东畿辅重地。据《孙河村志》等史料载：辽太平六年（1026年）称"孙侯屯"，元延祐三年（1316年）改称"孙侯店"，明万历二十一年（1593年）恢复原名。另据《顺天府志》载："潞河……出昌平县界，西南历孙堠、上保……"据考孙堠即今孙河，因该村古代设有瞭望敌情的土堡，称孙堠。清光绪三十四年（1908年）始称孙河村。

○ 该村位于温榆河旁，古籍中称温榆河为湿余水，又称该河入大兴县界段为孙侯河。据《水经注》载："湿余水（温榆河）经沙子营为沙子营河，又南入大兴县界，旧名孙侯河。"后简称为"孙河"，村落随河名而称。

○ 孙河村东隔温榆河与顺义天竺交界，西与西甸毗连，东南临康营，北与北甸接壤。村域呈纵向长方形布局，历史上古迹颇多，地处旧京师赴顺义、密云、热河（承德）、古北口孔道和温榆河古渡口。辽代曾在村西南建有"望京馆"，还有一座建于明嘉靖十五年（1536年）的崇兴庵（俗称尼姑庵）。

○ 孙河是北京自来水的发源地。1908年5月，清政府在东直门及孙河筹建"官督商办"京师自来水股份有限公司。1910年3月，以温榆河为水源的孙河水厂建成，从孙河蓄水拦河坝中流到水源厂的河水，经过处理后通过东直门配水厂供给城区。后来河水枯竭，水质下降，孙河水厂停止使用河水。

○ 多年前，孙河境内还设有水源八厂加压站。牛栏山地下水经过加压，再输送到水厂，主要供给使馆区用水。

孙河
SUNHE

↑

○　国展站位于顺义区西南部, 东临京顺路 (京密路), "国展" 东侧。

○　"国展" 全称为 "中国国际展览中心", 建成于2008年, 是三元桥西北部中国国际展览中心 (建于1985年) 的新馆, 故有 "新国展" 之称。此地历史上为马连店, 曾为顺义区天竺镇行政村。

○　《北京市顺义县地名志》载: 该村 "明代成村, 地处京畿, 古为京城赴承德必经之路, 村设有大车店, 又因此地马莲生长茂盛, 花开遍野, 故名马莲店, 后谐音改今名"。

○　该村旧属大兴县, 1949年划归顺义县。1958年随顺义划归北京市。聚落呈长方形, 有东西向主街一条。村域有大面积农田, 还有果园及畜牧养殖。多年前只因空港开发区建设, 该村已整体拆迁, 如今村落及农田已无踪迹。

○　新国展紧临温榆河生态走廊, 由连廊上的这两个中心庭院形成一条绿色景观带, 将8个展馆串联起来。

○ 花梨坎站位于顺义区西南部，京沈路（京顺路）与安宁大街交会处。

○ 《北京市顺义区地名志》载：花梨坎"辽代有华林之名，与附近天柱（今天竺）同为辽帝'春赏花，夏纳凉'之所。附近地处高坎，坎上梨树成林，春季梨花盛开，可供观赏，村因名花梨坎。清代华林与花梨坎合。明末清初属顺义，后属大兴县，1949年复归顺义县。村中有许多坑地和洼地"。

○ 另据《顺义史话》载：辽代设五个京城，其南京城为今天的北京，城址位于今广安门一带，距今花梨坎有六七十里。有一年初春，辽道宗耶律洪基带文武大臣到郊外赏花，出南京城万春门后一路向东北而行，午后时分来到一处岗丘之地，但见满眼梨花盛开，阵阵花香扑面而来，道宗龙颜大悦，遂命侍者于花间摆酒欲饮。此时有一老妪蹒跚于梨花丛中，采摘花蕊。道宗令人招之觐见。老妪来到道宗面前，道宗言道："老妪贵庚？"老妪应道："已耄耋之年（80岁）。""采梨花何用？""为老母酿制梨花酒之用。""老母高寿？""已过百岁，皆因每日饮梨花酒而长寿。"道宗为老妪所感动，随赐御酒两壶，以为老妪酿制梨花酒之用。老妪施礼谢之。道宗又问："此地何称？"老妪曰："村野荒丘，本无地名。"道宗见高坎之处梨花盛开，遂赐名"花梨坎"，令人在此修建一座楼台，每至春日，到此赏花，夏日到此乘凉。多年后此地形成聚落，遂称"花梨坎"。据传明清时仍有不少梨树，四月梨花盛开时，十里花芳，为京畿赏花的好去处。

○ 20世纪90年代花梨坎村属顺义县天竺镇，如今村域被逐渐开发。

花梨坎
HUALIKAN

○ 后沙峪站位于顺义区西南部，东北紧邻枯柳树环岛，京沈路（京顺路）与安富街交会处北侧。

○ 《北京市顺义县地名志》载：该村"因地凹多沙，取名沙峪。元已成村，称沙峪社。明析为二村，以前、后相别，始有今称。民国时期属昌（平）顺（义）九区管辖。1949年划归顺义县第一区。1958年属天竺公社，1960年划归朝阳区，后几经调整，今属顺义区后沙峪镇"。

○ 有史料记载：顺义南部，通州北部，是温榆河和潮白河汇流的地方，历史上多次出现水患，大量泥沙积于两岸，形成多处岗丘，俗称沙峪。后沙峪地处温榆河东部，早年间多沙丘，形成聚落称"沙子峪""沙峪"。

○ 汉代此地为安乐县旧址，元代成村，初称信德乡，明代改称"沙峪社"。后该村一分为二，一个在南，一个在北，因南为前，北为后，故称"前沙峪"和"后沙峪"。后沙峪聚落较大，地势东北部稍高，往南地势渐低，村域呈长方形，东西走向，主街一条长1里许。村域曾有耕地两千余亩。多年前该村已拆迁，如今村落与农田均已消失。

○ 村北有清朝裕谦墓。裕谦又名裕泰，博尔济吉特氏，察哈尔蒙古镶黄旗（今锡盟镶黄旗）人，成吉思汗之孙拔都的后代，历任江苏巡抚等职。在鸦片战争中，裕谦任两江总督、钦差大臣，与林则徐志同道合，成为主战派代表人物。1841年2月英军进攻镇海，裕谦跳入泮池，以身殉国。道光帝为旌其忠烈，特拨银为其修建墓地。裕谦墓原有享殿、石碑、石柱、望天吼、石羊等建筑，今已无存。

← 1991年的后沙峪乡政府

后沙峪
HOUSHAYU

南法信
NANFAXIN

○ 南法信站位于顺义城区中部偏西，顺于路与南焦路交会处。

○ 南法信历史悠久，其得名有两种说法。

321 ○ 一说南法信村起初叫"南草地"。最早这里只有三五户人家，人们开荒种地，丰衣足食。此后到此定居的人增多，形成聚落。到了汉代有法、信二姓数十人迁徙于此，故名"法信村"。法姓出自妫姓，为战国时期齐襄王（田氏）后裔所改，以祖名为氏。据《后汉书·法雄传》载，齐襄王法章之后，本田氏，齐灭于秦，子孙不敢称田，故以法为氏。信姓出自姬姓，是战国时魏国公子信陵君无忌的后代。元代法信村已成较大村落，改称"法信社"，明代因法、信二户迁于村北，定名"北法信"，故此村更名"南法信"。

○ 二说清乾隆三十八年（1773年），当朝刑部尚书、二品官杨庭章寿终正寝，其家人到处寻找合适的坟地为其葬身，最后发现京东南草地一带水草丰沛，是块风水宝地。因"杨"与"羊"同音，羊（杨）有草食方能体壮，杨姓葬于此，寓意后人家族兴旺，故将杨庭章葬了南草地。杨庭章墓地占地数十亩，且有松柏树围护，附近村民怎么都觉得不顺眼，便想将其挖掉，无奈墓地有照应（坟户）看守，不易得手。为了破杨家的风水，村民们故将南草地改了名字，称"法信村"，意思是用为信石（砒霜）的方法把羊（杨）毒死，让杨家败落。因法信村分南北两部分，析为"南法信"和"北法信"。

○ 如今依"南法信"之名设南法信镇，位于北京临空经济高端产业功能区的核心区，16个自然村中，辽、金已见法信村、马家营村、冯家营、十里堡建于元代，焦各庄、大江洼、东杜兰、西杜兰等4个村建于清代，其余8个村建于明代，均具有几百年的历史。

石门
SHIMEN

○ 石门站位于顺义区城区西北部,顺白路与顺丁路、府前街交会处。

○ 据《顺义地名由来故事》载:"石门村在明代已经建立,因村西处有一座石门,石门所在的通道为明清两代顺义城百姓出行、经商的交通要道,故将此村命名为石门村。石门村地处顺义与北京之间交通要道的一侧,且距离顺义城1.8公里处,明清两代经过顺义的商队在进入顺义城之前经常在此稍事休息,故石门村曾一度成为商人、旅客的休息之所。"

○ 另传,石门最初是一座石牌坊,建于何时无考,初为全石仿木结构,两柱一门,飞檐翘角,上方刻有麒麟、狮子,造型美观大方。后因年久失修,最后只剩下两个门柱,俗称"石门"。据说早年间出东直门向东北方向有一条大道,经石门、顺义再向东北至丫髻山。该山的碧霞元君祠为京东著名道观,始建于唐代,鼎盛于元、明、清三朝,是京城一带人们瞻拜祈祷的圣地,每年农历四月初一至二十举行庙会,香客众多。石门为不少香客路经之地,曾有石门村民在石门下设茶棚,为往来香客提供方便。

○ 该村地势平坦,东部稍高,西部稍低,村域呈近似正方形,有南北主街一条。20世纪90年代初属顺义镇所辖村,今属旺泉镇。

顺义
SHUNYI

民国时期的顺义元圣宫 →

15
→
19

○ 顺义站位于顺义区中部偏西，府前街与通顺路交会处。

○ "顺义"既是北京市的一个行政区名称，也是北京地区历史最为悠久的地名之一。

○ 《顺义史话》称："顺义"之名取"归顺正义，服从一统"之义，表达唐朝统治者为了在此地安置归附的契丹少数民族，加以施恩使之归顺的愿望。

○ 据史料载：汉代，狐奴、安乐二县分据潮白河东西，渔阳太守张堪曾屯兵狐奴，开垦稻田8000顷，前后历经600余年。隋唐时期，为安置内附的契丹部落，把他们归顺到这里，设羁縻州（笼络之意），逐渐演变为归顺州、顺州等正式建置，鼎盛时期还曾一度辖领怀柔、密云两县。明洪武元年，顺义降州为县。后为顺天府所辖，1914年改顺天府为京兆特别区。1928年6月，北京改称北平，顺义直属河北省。1958年划归北京市设为顺义区。1960年设为顺义县。1998年撤销县制，设立顺义区。

○ 另传，"顺义"之"顺"是根据地理形势、地貌而得名的，顺义县城"地位高亢"，像一座磨盘，四周为平坦的田地，磨盘之上亦为平坦的田地，"四去皆然，顺以此得名"。

○ 顺州城相传建于唐代天宝初年，初称归化郡。城体最初为土筑，辽金元三代曾多次修补，明初仅存遗址。明万历年间为抵御后金军队，在原有土筑遗址上，修建了高大而坚固的砖砌城墙，清代曾两次重修城墙。

○ 1949年以后，为改善交通，顺义城墙被全部拆掉。幸于北城中部尚存一段，成为了解顺州城址的实物。

俸伯
FENGBO

→
20

○ 俸伯站位于顺义区中西部,平顺辅线西段,北运河东侧。

○ 《北京市顺义县地名志》载:"该村域古为'采邑',即帝王赐给亲王功臣作为俸禄的封地。该村传为皇伯封地。辽代已见村名称奉伯,元代称奉伯社,明代称俸伯村,清光绪年间称风伯,民国六年(1917年)复称俸伯。顺平公路修成后,该村被隔成南北两部分,南部称'前俸伯',北部称'后俸伯'。抗日战争期间,隶属抗日联合县,当时两村化名为'北村'和'南村'。"

○ 《说文》曰"伯,长也",即兄弟排行第一。"皇伯封地"也就是皇帝以"俸禄"名义封给他伯父的土地。而此"奉伯"是辽代哪位皇帝给自己伯父的封地,未见史籍记载,无以考证。

○ 明初奉伯村属北平府顺义县,后改为顺天府辖域,1949年划归顺义第七区。1958年成立前俸伯人民公社,1966年撤销,将所属村庄划归北小营、南彩两个公社。1975年复置俸伯人民公社,1983年废社建乡,两村属该乡辖域。今属顺义区南彩镇辖域。

○ 村域周围地势平坦,土质肥沃,西邻潮白河,东临箭杆河,历史上物产丰富,以种植粮食作为为主。

○ 前俸伯与后俸伯村域均为东西向长方形,有东西向和南北向两条主街道,紧邻潮白河。

北安河	BEIANHE
温阳路	WENYANGLU
稻香湖路	DAOXIANGHULU
屯佃	TUNDIAN
永丰	YONGFENG
永丰南	YONGFENG South
西北旺	XIBEIWANG
马连洼	MALIANWA
农大南路	NONGDA'NANLU
西苑	④ XIYUAN

北京地铁16号线

大致为南北走向，已开通北段，均在海淀区域内。北起北安河站，南至西苑站，与4号线衔接，全长19.6公里，设有10座车站，换乘站1座。

北安河
BEIANHE

北安河村双关帝庙 一

○ 北安河站位于海淀区西北部，北清路与通元路交会处。

○ 《北京市海淀区地名志》称：该村"初称北安窝，兴善寺明碑所刻名为安和，后谐音为今名。据《日下旧闻考》载：'出百望（今百望山）十里为长乐河，河水不堪阔而流驶。长乐河即安河，其地有南安河、北安河……诸村。'"另传，该地曾称"安寨"，最初只是一个小村落，"寨"借指人安居或聚会的住所。明代时聚落增大，且村民多集中在村子的南部和北部，逐渐分为两个村了，称"北安寨"和"南安寨"，后谐音为"北安河""南安河"。距北安河不远的大觉寺内有辽代碑刻，对北安河的历史略有记载。20世纪七八十年代设有北安河人民公社（乡），北安河是其中一个生产大队（村）。2003年8月北安河乡并入苏家坨镇。

○ 据传，北安河村早年间的老住户有两部分：一是给皇家看宅、看庙、看坟的人，其中有些是没落的八旗后裔。二是从内地过来到东北或内蒙古做买卖的商人，看这里风水好便在此买地扎了根。

○ 历史上北安河一带以盛产水果著称，其玉巴达杏，个大皮薄，曾为宫廷贡品。

○ 北安河也是京城通往京北及张家口、山西、内蒙古的交通要道。村中曾有多座庙宇，如双关帝庙、地藏庵、灵感观音寺等。

○ 双关帝庙位于北安河四街与三街的交叉口处，坐西朝东，两进院落。前殿关羽居中而坐，左右周仓、关平相对而立；后殿供刘备、关羽、张飞、赵云及周仓拉弓泥塑。因庙内供两座关帝塑像，俗称双关帝庙。后院有铁钟，铸于崇祯五年（1632年）。现院落完整，建筑已全部修缮一新。

温阳路
WENYANGLU

329

○ 温阳路站位于海淀区西北部，北清路与温阳路交会处。

○ 温阳路为南北走向，南起温泉路（温泉村），北至沙阳路（昌平区沙河镇至阳坊镇），原是土路，1956年拓宽并铺筑沥青路面。因该路是温泉村至阳坊镇的道路，1970年取两端地名首字命名为"温阳路"，是京城通往西北地区及关外的交通干道。

○ 温泉村曾名"石窝村"，明代正德九年（1514年）谷太监建"温泉堂"。《帝京景物略》中描述温泉"山北十里，平畴良苗，温泉出焉。泉如汤未至沸时，甃而为池，以待浴者"。早先的温泉池在山前，后来在山后，因有温热泉水冒出而改称"温泉"，附近村落称"温泉村"。

○ 阳坊辽代成村，称坊市，直至明末。从清初开始，蒙古与关内的经济贸易日益繁荣，坊市逐渐成为关南塞北人来货往的交易中心。秋末冬初，塞北的羊群一拨一拨地赶进关内，坊市村里村外触目皆是，人们遂将坊市改称为"羊房"。因位于太行山之阳，民国以后谐音为"阳坊"。

○ 温阳路站西南临近辛庄村。明代《京师五城坊巷胡同集》称"柳林新庄"，因新庄西北有柳林，且与附近的村落相比属"新庄"，故《宛署杂记》称为"新庄村"。20世纪六七十年代属温泉人民公社。村旁有一条南北走向的土路，拓宽后为今天的温阳路，为连接海淀与昌平的干线公路。

稻香湖路
DAOXIANGHULU

稻香湖 一

○　稻香湖路站位于海淀区西北部，稻香湖路与北清路交会处。

○　此地北临三星庄，清初成村，据传因村中有二口紧邻的水井，分布呈三星状，故称"三井丹"或"三星庄"。另说最初聚落有三户人家，称作"三姓庄"，后谐音为"三星庄"。《清光绪顺天府志》记为"三星庄"，20世纪六七十年代属海淀区苏家坨人民公社，当时水稻种植面积占耕地面积的一半以上，村民多从事水稻种植。

○　这里曾是京郊水稻的主产区之一，有过大面积的稻田。如今尚有部分稻田被列为"京西稻农业标准化示范区"。20世纪80年代初为开发旅游业，当时的苏家坨人民公社（乡）利用这一带的河湖、湿地及部分稻田，建成北京市第一座由京郊农民集资的、以农村自然景色为主的郊野公园，距北京城区30余公里。因周边为一望无际的稻田，每至金秋泛着清雅的稻香，故称"稻香湖公园"。此后不断扩建，而今成为由一个600多亩水面湖泊和岸边宽阔的稻田组成的稻香湖景区，此后这一带被泛称为"稻香湖"。

○　2004年自稻香湖东侧向南至温北路兴建了一条新路，初名"稻香湖东路"，后称"稻香湖路"，其周边新建的两条道路分别称"稻香湖北路"和"稻香湖西路"。2006年修建北六环路时，在稻香湖公园西北侧修建了一座大型立交桥，因临近稻香湖公园而称"稻香湖桥"。

屯佃
TUNDIAN

○ 屯佃站位于海淀区西北部，北清路与上庄路交会处西侧。

○ 据《海淀地名典故》载：该村"东临六里屯，西临辛庄、三星庄，南临王庄，北临东马坊、永丰屯。明初称军屯，清雍正称屯田，1949年以来称屯佃村"。

○ 屯田是明初军屯之一。洪武四年（1371年），遗民屯田北平府，在昌平设二十六屯。清康熙十一年（1672年）吴都梁《昌平州志》载"屯田村五十里"。雍正十年（1732年）《白家疃贤王祠祭田碑》云："屯田村旗民贰拾壹名。"屯田又作"屯店"，道光十一年（1831年）十二月二十五日，"昌平州属之屯店村，有静空会梁姓、徐姓、郝姓等念经聚众等事，其业经拿获之谢八等"（《清实录》第三十五册）。

○ 《北京市海淀区地名志》载："这个村上承黑龙潭、冷泉诸水，水源充足，曾经是四面环水，'不过桥进不了村'的村庄，名玉泉屯。"早年间，村西北、北、东北有水塘环绕，主街东西走向，曾是西去妙峰山的香道，道北南庙（地藏庙）前设过茶棚，到妙峰山进香的香客多在此歇息。村民姓氏以范、刘、梁、王为主。村内原有药王庙，曾盛行中幡、五虎棍等"民间花会"。中幡会始创于清乾隆五十五年（1790年），距今已有二百多年历史，至今已传到了第八代。据说被封过一根皇棍，已丢失。如今中幡会被恢复，为海淀区非物质文化遗产项目。

○ 1953年《北京市街巷名册》称"屯佃"，原为昌平县辖村，1958年划归海淀区。1980年《北京市海淀区地名录》称"屯佃村"，今属西北旺镇。

永丰
YONGFENG

永丰乡政府旧影 →

○　永丰站位于海淀区北部，北清路与永盛北路、永盛南路交会处西侧。

○　"永丰"实为"永丰屯"，取永远丰盛之意。《海淀地名典故》载："永丰屯为明代村名，明初在昌平州设五十三里社，'坊市社'中有'永丰里'。清代康熙年间《御制香岩寺碑》载：'永丰屯则距山数里，旧有奉佛处曰弥勒院。'始见'永丰屯'村名。"

○　民间传说"永丰屯"为永乐皇帝所赐。永丰屯明清时属昌平州，民国时又为昌平县所辖，1958年划归海淀区，20世纪六七十年代为永丰人民公社辖域，今属西北旺镇。

○　永丰屯南有香岩寺，俗称香粉寺，坐西朝东，殿分五进，当年全盛时期共有数百间房屋，号称"京西近山大寺"，每年农历三月"万寿节"、四月"佛诞日"、八月"中秋节"都要开设道场，演戏庆祝。现寺中仅存两层大殿，所剩石雕堆于院内，保存完好，1999年被列为海淀区重点文物保护单位。

16

↓

6

333

○　永丰南站位于海淀区西北部，丰智东路与永丰路交会处。

○　该站因位于永丰站南侧得名。此地实为六里屯，故规划地铁站时称"六里屯站"。

○　北京有两个称"六里屯"的地方，分别在朝阳区和海淀区。朝阳的六里屯因西距朝阳门六里而得名，海淀六里屯因距邻近的村落六里而得名。

○　据《海淀地名典故》载："清代以前，由唐家岭到小牛房有古道，其中唐家岭至六里屯，小牛房至六里屯均为六华里，合今三公里，因此而得名。"

○　清代《光绪昌平州志》称"六里屯"，《采访册》云："距城四十里，东至土井村三里，南至宛平县属吴家庄二里，西至屯佃村五里，北至大牛坊四里。东南至宛平县属后厂村三里，西南至亮甲店三里，东北至南小辛店四里，西北至永丰屯二里。"由此勾勒出清代六里屯所处的大致地理位置。

○　该村元代属昌平县，明清时属昌平州。民国时期这一带多为农田，村域处于东北旺与西北旺之间。1953年7月设六里屯乡，属昌平县二区管辖，1958年划入海淀区。1980年《北京市海淀区地名录》称"六里屯"，属永丰公社管辖，今属西北旺镇。

西北旺
XIBEIWANG

← 百望山

○　西北旺站位于海淀区中部，后厂村路与永丰路交会处。

○　"西北旺"之得名有两种说法。一说因"西北望"谐音得名。西北旺临近百望山，相传宋辽交战时，杨六郎与辽兵在百望山下交战，佘太君在山上观阵，并令人摇旗呐喊，擂鼓助威。杨六郎一会儿打到东面，一会儿打到西面，佘太君一会儿向东北方观望，一会儿向西北方观望，最后杨家将打败了辽兵。此后佘太君向东北方望到的地方被叫成了"东北望"，向西北方望到的地方被叫成了"西北望"，后谐音为"东北旺"和"西北旺"，而佘太君观阵的百望山被俗称为"望儿山""望儿顶"。原先山上有座庙，庙里有佘太君的塑像和石碑。据考证，历史上杨家将并没有到过这一带，自然也不可能有佘太君望儿打仗的事，而传说中宋辽开战的金沙滩在山西境内。

○　另说"西北望"因"西百望"谐音得名。明代《长安客话》云："百望山南阻西湖（昆明湖），北通燕平（昌平）。背而去者，百里犹见其峰，故曰'百望'。"明万历年间进士、顺天府（今北京）人王嘉谟在《蓟邱集·北山游记》中所记："瓮山（今万寿山）斜界百望，是山也，南阻西湖，神皋若皆萃焉；北通燕平（今昌平），丛丛硗碗背而去者，百里犹见其峰焉，是宣禾黍。山之阳有祠焉，高十五丈，登之可以望京师，可以观东潞。"故而山之东、西村称"东百望"和"西百望"，后谐音为"东北旺"和"西北旺"。而《日下旧闻考》则称：百望"山麓有东西百望村"，谐音为"东百旺"和"西北旺"。20世纪60年代此地属西北旺人民公社，后改为东北旺人民公社，1984年属西北旺乡，今属西北旺镇。

○　西北旺素有"武术之乡"的美誉，早年间村民有习武之好。清朝时西北旺"幼童少林五虎棍"和"万寿无疆高跷秧歌欢聚一堂"受过皇封，慈禧太后赏的龙旗已收藏了百余年。

○ 马连洼站位于海淀区中部偏东，马连洼北路与圆明园西路、永丰路交会处。

○ 马连洼的历史可追溯到明清时期。明代这里是京城西北部的远郊地带，多为荒丘野地，地势低洼，水草丰沛，每至初夏，遍地生长着马莲，郁郁葱葱，一派郊野田园景色。

○ "马连洼"之得名大约在明末清初，此前史籍中没有提及过。此地因地势低洼且马兰草繁盛，初称"马兰洼"，形成聚落后称"兰洼庄"，后复称"马莲洼""马连湾儿"。清代此地多为贝子坟地，后开辟为农田，1953年《北京市街巷名称录》称"马连洼村"。

○ 另传，旧时此地村东建有一座村庙，看庙的和尚名叫马连，故俗称"马连寺"，后成聚落，以此为名。早年间村民大多以农事为业。1956年北京农业大学在南片占地建校，部分村民迁居东北旺村，为海淀区东北旺人民公社所辖村，1984年改设西北旺乡，今为西北旺镇。90年代中后期，这一地区开始大规模开发建设，一些村落逐渐消失，取而代之的是多处小区，今属马连洼街道。

16
↓
8

马连洼
MALIANWA

农大南路
NONGDA'NANLU

← 北京农业大学旧影

336

○ 农大南路站位于海淀区中部偏东南，天秀路、农大南路与圆明园西路交会处。

○ 初设地铁站时，因紧邻肖家河村而称"肖家河站"，后因地处农大南路西段而称"农大南路站"。

○ 早年间这一带多是岗丘，人烟稀少。大约在明代才出现聚落，据传是从山西移民而来的开荒者，最初只是一个无名小村，村中有八户人家，其中五家为萧姓。

○ 当时西山一带泉水众多，顺地势自西向东而流，形成一条小河，尤其是雨季，河水大涨，过青龙桥后向东北而流，形成较宽的河道。因河旁有一村落，且以萧姓人家最早定居，故称"萧家河"，该河向东至朱房村入清河，清代被谐音为"肖家河"。《日下旧闻考》称："萧家河旧有桥闸，今乃其制，其水由青龙桥来。"

○ 农大，即中国农业大学，初为成立于清光绪三十一年（1905年）的京师大学堂农科大学。1921年清华学校（1928年清华学校改为大学）开办农科学校，30年代筹建农学院，国民政府将圆明园故址的一块土地拨归清华创办农事试验场。此后校名几经变更，初称"北京农业大学"。1995年与北京农业工程大学合并成立"中国农业大学"。其南侧道路原为土路，后改成柏油路，称"农大南路"，东起信息路，西接天秀路再向南延伸。

337

西苑
XIYUAN

4

四惠	❶ SIHUI
四惠东	❶ SIHUI East
高碑店	GAOBEIDIAN
传媒大学	Communication University of China
双桥	SHUANGQIAO
管庄	GUANZHUANG
八里桥	BALIQIAO
通州北苑	TONGZHOUBEIYUAN
果园	GUOYUAN
九棵树	JIUKESHU
梨园	LIYUAN
临河里	LINHELI
土桥	TUQIAO
花庄	❼ HUAZHUANG
环球度假区	❼ Universal Resort

BEIJING SUBWAY BATONG LINE

北京地铁八通线

呈东西走向，连接北京中心城区及东部通州区。西起四惠站，与1号线衔接，东至
环球度假区，与7号线衔接，全长18.96公里，设有15座车站，换乘站4座。

八通

→

① 1

→

② 2

高碑店
GAOBEIDIAN

2012年的高碑店村 →

○ 高碑店站位于朝阳区东南部，高碑店路、兴隆街与京通快速路交会处东侧。

○ 高碑店是京城到通州的必经之地，素有"京东第一店"之称。其得有三种说法。

○ 一是说这里旧称"京亭"。清代《日下旧闻考》载："通州至京城，中途有高米店，或呼高碑店。按宋洪皓《松漠纪闻》云：潞县（今通州区境内）三十里至交亭，三十里至燕。今之高米店疑即古之交亭，交，高，音讹也。"由此看来，其名由"交亭"谐音为"高亭"，再演变为"高米店"或"高碑店"。

○ 二是说"高碑店"本是"高米店"。据《燕京略纪》载："通州至京城，乘舟西行过高米店，一日即到。高米店乃高氏所营米市也。"如此看来，"高碑店"原来叫"高米店"，据传最初是一位姓高的南方人在此经营粮食生意，因这里紧靠通惠河，有可能是南方的稻米运到此后进行"批发销售"之地，形成村落后以店名得地名，后谐音为"高碑店"。

○ 三是说"高碑店"曾叫"高蜜店"，相传有人以郎家园的枣树林养蜂酿蜜为生，方圆数十里来此购蜜者颇多，因此而得名。又因村中古刹地藏庵的铸钟和碑上均有"齐化门（今朝阳门）外高蜜店信众"等铭刻，可以为佐证，但"高蜜"何解，并没有说明。

○ 高碑店为千年古村，早在辽金时即已成村，元代是漕运码头、皇粮商品集散地，曾盛极一时。明清时隶属大兴县，民国期间属北平市郊二区，1952年属东郊区，1961年为高碑店人民公社，后为高碑店乡，1992年设高碑店地区。为有别于河北省保定市所辖高碑店市（县级市），民间曾将位于京东的高碑店俗称为"东高碑店"或"京东高碑店"。

传媒大学
Communication University of China

○   传媒大学站位于朝阳区中南部, 京通快速路与定福庄东街交会处, 中国传媒大学西南侧。

○   最初设计地铁站时称 "梆子井站", 因该站设在梆子井村北侧。

○   何谓 "梆子井"? 即早年间为便于过往路人饮水的地方。在没有自行车、汽车的年代, 除了有钱人乘轿、骑马外, 绝大多数普通百姓是以步行代车。当时京郊的地下水位很浅, 井里的水面距地面也就三四尺, 弯腰可取, 而井边多有树木。为了给过往的路人一解路途奔波之渴, 有施善者将一个汲水的木勺——俗称 "梆子"——挂在树上, 路人走到这里渴了, 随手摘下梆子, 到井边汲水自饮, 用完后再挂在树上。梆子有长方形、长圆形之分, 也有用葫芦瓢或水舀子代替的。日久天长, 人们便将这种备有梆子的水井称为 "梆子井", 附近形成聚落称 "梆子井村"。

○   该站兴建时, 曾有人建议称 "定福庄站", 因北侧有定福庄。该村原有一庙, 名定福寺, 村因庙得名。另讹传, 称定福庄一带在明清时多埋葬宫中的宦官、宫女等, "福" 即棺材上的福头, "定" 即安身、安定之意, 形成村落称 "定福庄"。

○   最终确定站名时, 因该站北临北京广播学院而称 "广播学院站"。该校是1959年在原广播技术人员训练班和北京广播专科学校的基础上创办的, 原校址在复兴门外真武庙, 1966年迁址于此。2004年9月 "北京广播学院" 更名为 "中国传媒大学", 由此出现站名与地名不一致的情况, 遂将该站更名为 "传媒大学站"。

双桥
SHUANGQIAO

○　双桥站位于朝阳区东南部，双桥路与京通快速路交会处。

343　○　而今所说的"双桥"，是跨越通惠河的一座公路桥，为钢筋水泥建筑，与历史上的"双桥"有很大差别。

○　通惠河是元代开挖的一条人工河，主要用于漕运。明代为了方便人们来往于河的两岸，在通惠河上修建了两座小桥，东为石桥，西为木桥，因两桥相距不太远，统称"双桥"。后因东面石桥附近有普济闸，故改称"普济桥"，而西侧的木桥一直沿用"双桥"之称。

○　清代这两座小桥曾多次修缮，民国时也曾改建，到了20世纪七八十年代已成危桥。1974年8月双桥被拆除，在此新建了一座三孔的钢筋混凝土桥，长60米，宽9米，仍以"双桥"而称。1987年5月普济桥也改建为四孔钢筋混凝土桥，长75.5米，宽12米，仍以"普济桥"而称。1995年在京通快速路和双桥路交叉处，也就是双桥的北侧，修建了一座大型立交桥，因紧邻双桥，也称"双桥"，但人们多称其为"新双桥"。

○　双桥因其地建有双桥农场而著称。该场始建于1942年7月，系侵华日军强占双树、塔营、咸宁侯、郭家场4村的民田而建立起来的军用农场。1945年日本投降后由国民党"励志社"北平分社派人接收农场。1949年被北平军事管制委员会接管，后定名"农业部国营双桥农场"，1958年划归北京市。不久与周围的农业高级社合并，成立了双桥人民公社，1962年被命名为"中古（古巴）人民友好公社"。20世纪80年代初尚有大面积农田，后被逐步开发。

管庄
GUANZHUANG

○ 管庄站位于朝阳区东部偏南,京通快速路与双桥东路交会处西侧。

○ 明万历二十一年(1593年)初见村名,元明清三代为水路、旱路运输进京的必经之地,素有北京"东大门"之称。

○ 据《难忘乡愁·朝阳乡村记忆》载:"明神宗万历二十一年(1593年)始见管庄之名。据考,因村里人多以锯木供皇宫烧柴取暖,得名管锯庄,后称管庄。"

○ 另一种说法认为"管庄"曾叫"关庄"。相传明代时曾在京城外的一些交通要道上设置收取关税的卡子,称"关闸",旧时的主要交通工具是马车,进出京城时的车辆大都要经过"关闸",交了银子才能通过。在管庄一带就设一个关闸,后来在关闸附近形成村落称"关庄",后谐音为"管庄"。

○ 1949年前后,管庄一带隶属河北省通县,于1958年划归北京市东郊区。20世纪50年代"管庄"只是管庄村的对外称谓,那时的管庄村归杨闸乡和常营乡管辖,1965年从常营乡划出,随现今管庄乡和三间房乡所管辖自然村组成双桥人民公社管庄管理区,从此管庄才真正成为本地区广义上的代名词。此后几经区划调整,今属管庄地区办事处。村东北有座始建于清代的清真寺。

八里桥
BALIQIAO

清末时的八里桥 →

45

○　八里桥站位于朝阳区与通州区交界处，通惠河南侧。

○　清《光绪通州志》载："永通桥，在州城西八里，明正统十一年（1446年）敕建，赐名永通。即今所称八里桥，东西五丈，南北二十丈，为洞三。祭酒李时勉作记，载艺文志。万历间重修，国朝屡经修葺。"另据明英宗朝国子监祭酒李时勉所撰《永通桥记》载："通州城西八里有河，京都诸水会流而东。河虽不广，每夏秋之交雨水泛溢，常架木为桥，比舟为梁。"

○　另据《通州史话》载：八里桥本名"永通桥"，坐落在通惠河上，因东距通州城八华里而称"八里桥"或"八里庄桥"。因远望此桥如长虹卧波，月轮堕水，故有"长桥映月"之称，为"通州八景"之一。

○　该桥是京东入城咽喉，曾有"陆运京储之通道"之称。它与京西卢沟桥、京北朝宗桥、京东南马驹桥合称"拱卫京师四大桥"。

○　永通桥最初是一座木桥，因通惠河坡度较大、河水湍急，常将木桥冲毁，因此有内官太监李德奏于明英宗，建议于此地建石桥。正统十一年十二月，石桥竣工，英宗赐名"永通桥"。

○　1860年8月，"英法联军"自天津向北京逼近，在猛烈的炮火掩护下，自通州郭家坟分三路向八里桥一带猛扑。清朝军队在僧格林沁率领下与英法联军近两万人在永通桥上奋战，血染通惠河，这就是中国近代史上著名的"八里桥之战"，至今古桥护栏上还留有当年炮弹轰击的弹痕。

通州北苑
TONGZHOUBEIYUAN

○　通州北苑站位于通州区西北部，西关大街与北苑南路交会处南侧。

○　通州北苑站与13号线上的北苑站有所不同，通州的北苑，习惯上称北苑（发"园"音），据说是从"北园"谐音而得。然而查阅多种史籍，均未见历史上这一带有皇家所设园囿的记载。

○　在通州地区，以"园"字为地名的不少，如桑园、梨园、曹园、施园等，多得名于清代。通州地处平原地区，河道密布，水源丰沛，土地肥沃。清朝定都北京后，为巩固皇权，朝廷在京城周边大规模实施"圈地"政策，向诸王、勋戚等"赐园地"，并命令满、汉分居，各理疆界，受雇佣的佃农群居园侧，以园主的姓氏得园名。有史料记载：清朝"内务府所领官地……曰菜园、曰瓜园、曰果园……"这些地与八旗官兵的园地不同，是由内务府直接管理的民地，实为赐予王公贵族的土地。位于京东的通州也在"圈地"范围之内，大量的土地被赐予王公贵族。后来通州漕运衙署官员也效法帝王，兴建园林，以便余暇时在此休闲，形成村落后大多以"园"命名，只有"北园"被谐音为"北苑"，所以早年间通州人说这个"苑"字，多发二声"园"，而外来人多发四声"苑"。

○　《北京市通县地名志》载：清代时北苑为种菜之地，有看园之人居此，于南北两处形成两个很小的聚落，称"南菜园"和"北菜园"，但南菜园消失较早。1949年前后，北园依同音改称"北苑"，1960年前后居民渐增，成为较大的居民区，而今已成为通州城区的一部分。为区别于京城北面的"北苑"，多将此地称为"通州北苑"或"京东北苑"。

果园
GUOYUAN

○ 果园站位于通州区中部略偏西北，北苑南路与通朝大街交会处西侧。

○ 北京地区称"果园"的地方有多处，位于通州的果园是其中之一，其历史较为悠久。

○ 据史料记载，清代内务府管辖的"官地"最初称"官菜园""官瓜园""官果园"，后简称"菜园""瓜园""果园"。"官地"所产的农产品为宫中御用，尽管称"官地"，但多由当地佃户种植，其管理权归内务府。种植者多居住在"官地"上，逐渐形成聚落后，多依种植者的姓氏和园中的植被命名。

○ 据传这个"官地"果园咸丰年间被一位王姓王爷买下，并由一户从山东逃荒到此的王姓人家种植，因园主和雇主都姓王，俗称"王家果园"，后来简称为"果园"。

○ 光绪末年，随着清王朝的覆灭，那个王爷的家业也败落了，果园被变卖，民国时废弃，以后开垦为农田，但"果园"之名却保留下来。

○ 1949年以后，果园村逐渐发展成为有200多户人家的大村子，因地处运河西部，地势平坦，沟渠密布，仍以蔬菜、果木种植为主。

○ 1989年3月在附近修建了一座东西直径205米、南北直径105米的椭圆形公路环岛，以村名称"果园环岛"，由此使通州镇南部交通拥堵情况得到缓解。21世纪初，随着通州城区规模的逐渐扩大，果园一带也被开发。

九棵树
JIUKESHU

○ 九棵树站位于通州城区南部，北苑南路与通马路交会处东侧。

○ 关于这一地名的由来，有两种"版本"。

○ 一是说九棵树在清代时形成村落，最初只有赵、张、金、苗四姓。因该村位于进出通州城的大道旁，从村口至旧城南门的路边植有九十九棵杨树（另说槐树），所以被称为"九十九棵树村"，后来人们觉得"九十九棵树村"叫着拗口，就简称为"九棵树"。

○ 二是说早年间九棵树附近曾有九棵高大的杨树（另说槐树），形成村落后以树称地名为"九棵树"。相传，最初的九棵树一带只有五六户人家，是距通州城只有二里地的一个无名小村。因村前有九棵高大的杨树，树下有一口水井。有一次乾隆皇帝微服私访来到通州城，路过此地时，正值晌午，烈日炎炎，于是在茂盛的杨树下乘凉。这时他又饥又渴，随从一见，连忙从树下的水井中打上水来。乾隆喝完后，顿感凉爽，便即兴赐此井为"琼池"，并将为他遮阳的九棵杨树封为"九臣树"。但人们觉得这个名字过于文雅，便直接称"九棵树"，村名也因此而得。

○ 这两种说法，前者1992年出版的《北京市通县地名志》略有记载，后者系民间传说。该村东近北杨洼，西邻东总屯，北临葛布店，村域呈矩形，今属梨园镇。

梨园
LIYUAN

○　梨园站位于通州区中部偏西北,九棵树东路与梨园北街、云景东路交会处东侧。

○　关于这一地名的由来,有三种说法,但均无确切的史料记载。

○　一说梨园之名始于唐代。相传在唐开元年间,该地为李姓庄园主所有,种植多种果木树,并有看园之人在此居住,故称"李家花园",简称"李园",后因园中梨树繁盛而谐音为"梨园"。历史上的"李园"到底在什么位置,已无从考证。

○　二说明永乐年间,先后有几十万人移民到北京,不少人定居在京城周边,从事耕作。其中有从山西迁来的移民在今天的梨园附近定居,以种植果木为业,隶属朝廷的上林苑,分为桑园、梨园、枣园等,后形成村落,因在梨园附近而得名。

○　三说清朝定都北京后,在京郊大规模实行"圈地"政策。清廷向诸王、勋戚等"赐园地",并命令满、汉分居,各理疆界,受雇佣的佃农群居园侧,多以园主的姓氏得园名。后来通州漕运衙署官员效法帝王,也设园林,形成村落后即以园命名。梨园据说原来叫"黎园",为黎姓漕运官员所有,因园中多种植梨树,后改称"梨园"。

○　该村今属梨园镇,元代郭守敬主持开凿的通惠河曾流经该村,尚有遗迹可寻。早年间这一带水源丰沛,20世纪六七十年代仍有大面积的农田。

临河里
LINHELI

○　临河里站位于通州区中部略偏西北，九棵树东路与颐瑞中二路交会处西北侧。

○　查阅《北京市通县地名志》，未见有关"临河里"的任何记述，1993年以前出版的通县地图上也无标注。

○　据考，"临河里"之名已有上千年的历史。1983年在通州出土了唐代《平州卢龙府折冲都尉乐安故孙公（如玉）墓志铭并序》，其中有墓主于"贞元十四年二月四日（公元798年3月6日）忽奄"，葬于"潞县潞城乡临河里"，"魂埋潞川，东有潞河通海，西有长城蕞山，南望朱雀林，兼临河古戍，北有玄武垒，潞津古关，并是齐时所至"的记载。有学者考证，这个"临河里"和"临河古戍"即今通州区梨园镇小街村。当时潞县县城在今通州燃灯塔以南、新华东街以北、通州宾馆路以东、北果子市以西这一片区域，因是潞县县城而称为"潞城"。今小街村在潞城南10余里处，当属"潞城乡"管辖。

○　另说此地本称"小街"，据传元朝时通惠河古道曾由此经过，聚落形成后建有一条短小的斜街。由于小街在当时潞河的西畔，曾一度被称为"河西村""临河村"。潞河即今天的北运河，北通北京，东南通天津，与南北大运河相接，可直达杭州。20世纪90年代在小街村西侧兴建了住宅区，因东面不远处便是北运河，于是将小区称为"临河里"。但也有人认为临河里是因临近玉带河而得名，因为玉带河在北运河的西面，距离小区更近。

土桥
TUQIAO

○ 土桥站位于通州区中部偏西北，九棵树东路南段。

○ 据《通州文物志》记载：土桥正名"广利桥"，建于元代，位于土桥村的通惠河故道上，是京杭大运河北端码头张家湾入大都城的重要桥梁。

○ 元代水利学家郭守敬主持开挖的通惠河，是南粮北运的主要通道。但当通惠河水量不足之时，南方漕米和北方贡物便在大运河北端的码头张家湾下船，再陆运至北京和通州。为了便于车马通行，就在通惠河咽喉之地，修建了一座木桥，因临近广利闸，初名"广利桥"。该桥桥面为灰土填垫夯实，因日夜车马人流不停，桥面旱时为土，雨时为泥，俗称"土桥"。

○ 土桥因紧邻张家湾码头，桥上山南海北的人络绎不绝，让土桥名传四方。后来，此处建村即以"土桥"为村名。嘉庆十三年（1808年），洪水泛滥令运河彻底改道，之后张家湾码头也废弃了，土桥和入京大道渐被遗忘。

○ 1981年文物普查时，广利桥还是一座单孔平面石桥，南北向，两侧是等长等厚不等高的素面护栏板各三块，戗以如意形抱鼓石。而桥面石、撞券石、金刚墙与雁翅都是花岗岩石块砌成，桥长11米，宽6米，雁翅长10米。桥东北向雁翅壁上嵌石刻一块，上面记录着乾隆年间重修此桥的经过。如今古石桥尚有遗迹可寻，仍被称为"土桥"。

↓

(15)

353

环球度假区
Universal Resort

宋家庄	⑤ ⑩	SONGJIAZHUANG
肖村		XIAOCUN
小红门		XIAOHONGMEN
旧宫		JIUGONG
亦庄桥		YIZHUANGQIAO
亦庄文化园		YIZHUANG Culture Park
万源街		WANYUANJIE
荣京东街		RONGJINGDONGJIE
荣昌东街		RONGCHANGDONGJIE
同济南路		TONGJINANLU
经海路		JINGHAILU
次渠南		CIQU South
次渠		CIQU
亦庄火车站		YIZHUANG Railway Station

BEIJING SUBWAY YIZHUANG LINE

亦庄

北京地铁亦庄线

大致呈西北至东南走向，连接北京市区与北京经济技术开发区，串联丰台、大兴、通州3个行政区。北起宋家庄站，与5号线衔接，南至亦庄火车站，全长23.3公里，设有14座车站，换乘站1座。

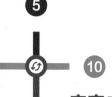

10

宋家庄
SONGJIAZHUANG

○ 肖村站位于朝阳西南部，南四环东路与成寿寺路、三台山路交会处西北部。

○ 有关这一地名的史料记载极少，《北京市朝阳区地名志》称：肖村"东邻岗上村，西与洪寺毗连，西南界大兴县庑殿村，北邻四道口村。以姓氏命村名"。

○ 坊间久传，最早在此定居的是山东济宁人，姓萧，因在家中排行第五，人称"萧五"。他自幼聪明过人，嗜武成癖，秉性刚直。因打抱不平，杀了仗势欺人的邓狗子后，带着一家老小六口逃至京师（北京）。但他不敢住在京城，怕官府通缉，便来到离京城20余里的南苑小红门附近，以"萧"谐音为"肖"，在此暂居下来。几年后有了些积蓄，在附近置办了十几亩地，以种植蔬菜为生。

○ 光绪年间，有同姓亲戚从济宁来此投奔萧五，逐渐形成村落后称"肖家村"，民国时称"萧家村"。当时为北平市三郊区与大兴县交界处，因地处左安门至南苑小红门大道西侧，时有人来人往，逐渐成为有二三百户的大村。20世纪90年代初属小红门乡，有耕地900余亩。修建南四环路时，在该村南侧兴建了一座大型立交桥，称"肖村桥"。

肖村
XIAOCUN

○ 小红门站位于朝阳区西南部,小红门路西段。

○ 小红门原为明清皇家南苑的北界墙门,因与大红门(又称北红门)相对应,故称"小红门"。明永乐十二年(1414年)扩建皇家苑囿南海子时辟有四门,清乾隆年间又增开五门,还在北红门东边新增了一个门,因规制较小,仅为一个稍大的门洞,俗称"小红门"。门虽小,却是南苑北侧的一个主要出入口,是海子里通往北京的重要关卡之一,由八旗兵丁把守。1900年"八国联军"闯入南苑,众多建筑被毁,其九门也逐渐消失,只留下一些地名,小红门是其中之一。旗营官兵解散后,旗营旧址形成村落,仍称"小红门"。

○ 小红门地区文化传承悠久,一直活跃在小红门乡肖村的地秧歌,起源于乾隆二年(1737年),至今已有270多年的历史,已被列入《北京市非物质文化遗产名录》。在南苑小红门内西南二里许,凉水河西岸,有一座元灵宫,俗称"红寺",为清帝钦点建造的御用道教宫观。始建于顺治十四年(1657年),乾隆年间曾两次重修。每年正月十五、七月十五、十月十五为"神诞日",清代各帝王均来元灵宫设道场,以祈福消灾。

○ 清末战乱,清廷疏于对南苑的管理,导致这座昔日的皇家猎苑荒废。清光绪二十九年(1903年)清宫出售南苑内土地,从此,南苑内不再有监管,特别是到了民国初期,南苑一带兵匪横行,苑内多座皇家寺庙惨遭洗劫,元灵宫被奉军拆毁,彻底消失了。

小红门
XIAOHONGMEN

○ 旧宫站位于大兴区北部，东马路与凉水河交会处西北侧。

○ "旧宫"的全称为"旧衙门行宫"，是清代帝王"避暑临憩"的行宫。地处南海子东北隅小红门南二里许，地势较高，东部、南部有凉水河围绕，环境优美。

○ 旧衙门官门三楹，前殿五楹，二、三层殿宁各五楹。又荫榆书屋三楹在后殿，殿东转西为西书房，南为书室。平台楼之东另一所，宫门三楹，内殿二层。前殿额题"阅武时临"，三层殿额题"爽豁天倪"。四层殿西间额题"清溢素襟"，"荫榆书屋"为高宗题额，联曰："烟霞并入新诗卷，云树长开旧画图。""南书室"联曰："雨是春郊，亭皋开丽瞩；风清书幌，花竹有真香。"

○ 乾隆在《旧衙门行宫》诗中写道："清时作行宫，明委乃衙门，不必其名易，于中鉴斯存。"注曰："旧衙门明季太临提督南海子者所居，其时朝政不纲，至阉寺擅权，营构宏壮，号称衙门，兹仍其旧名，亦足存鉴戒也。"

○ 1900年旧宫遭到"八国联军"洗劫，后被奉系军阀拆毁，现遗址已渐成居民村落，唯一保留下来的是村南建于明代的独孔石桥，称为"衙门桥"。

○ 民国聚落初建时称"旧宫村"，1949年以后建立了海子区，后为旧宫农业生产合作社，1958年红星人民公社建立，"旧宫乡"改称"旧宫大队"，今为旧宫镇。

旧宫
JIUGONG

○ 亦庄桥站位于大兴东南部，文化园西路与三台山路交会处东北侧。

○ 亦庄所在地属于明清时期的皇家苑囿南苑，苑内的土地一直严禁私自开垦。到了清末，内忧外患，国力衰败。尤其是1900年"八国联军"入侵北京，使苑囿直接遭受了空前的劫难。此后便有太监、官僚、军阀、巨商等纷至沓来，建立私家庄园，至民国年间，南苑一带的私人庄园和由农民雇工聚居而成的村庄不断涌现出来。由于皇家苑囿的遗风尚存，来此建立庄园的又多是有钱有势之人，自然要为自家的庄园起个富贵吉祥而又品位高雅的名字，亦庄是其中之一。1983年成立乡政府时，因驻地在亦庄村，故称"亦庄乡"。

○ 关于"亦庄"的由来有几种说法。一说源自成语"亦庄亦谐"，但史学界有争议。二说与清代的兵营有关。当地老人习惯称"亦庄"为"亦子庄"，源于清代这里有一座名为"奕字营"的兵营，后来在此建庄园时取"奕字营"之"奕"，并谐音为"亦庄"。三是说从"义庄"谐音而得，据说"亦庄"原本叫"义庄"，是一位有善心的老太监开设的庄园，"义"为疏财仗义。据说这位太监将经营庄园所得的财物均资助于贫困和遭难之人。民国后期"义庄"逐渐荒废，随后形成一个小村落，并谐音为"亦庄"。

○ 亦庄曾是一个名不见经传的自然村，20世纪90年初在此兴建"北京经济技术开发区"，也称"亦庄开发区"，由此使"亦庄"之名为人们所熟知。多年前修建南六环路时在亦庄北侧，即六环路与三台山路交会处兴建了一座大型互通式立交桥，因临近亦庄而称"亦庄桥"。

亦庄桥
YIZHUANGQIAO

○　亦庄文化园站位于大兴区东北部，文化园西路与天华东路交会处西北侧。

○　该站因地处亦庄开发区北部的亦庄文化园南侧得名，历史上为大兴县王怀庄。

○　1902年南苑荒废，官准招佃屯垦，有王姓在此圈地开荒，因在附近的古槐树下建房定居，遂称"王槐庄"，民国时谐音为"王怀庄"。20世纪七八十年代属亦庄乡，兴建亦庄开发区时，改建成绿地公园。

○　据传，这王怀庄的庄主为清廷慈宁宫太监，慈宁宫是慈禧的寝宫，由于他服侍老佛爷多年，得到不少赏赐，于是在南苑置办了一所庄园，建在老槐树下，故称"王槐庄"。之所以将庄园建在老槐树旁，是王太监特意选的。民间有"门前一棵槐，财源滚滚来"和"院中一棵槐，招宝又进财"之说。王槐庄占地百余亩，王姓太监从老家天津武清雇来20多人在此耕种，并从西面不远的凉水河引水浇灌。光绪末年，王太监故去，王槐庄被他的侄子变卖，老槐树也被砍伐。没了槐树，再称"王槐庄"有些名不副实，于是谐音为"王怀庄"。

○　亦庄文化园建于2003年，东起东环北路，西至成寿寺路，南起文化园东路，北至南环路，以荣华北路为中心，将公园划分为东湖区、西湖区。亦庄文化园以植物景观为主，以国际企业文化为主题特色，为亦庄开发区面积最大的人文园林，南五环路由该园北部、西部穿过，并在其北部建有华荣桥。

亦庄文化园
YIZHUANG Culture Park

○ 万源街站位于大兴区东北部，万源东街与宏达中路交会处西南侧。

○ 万源街是在亦庄经济开发区建设时所开辟的一条新路，地处开发区北部。此地原为农田，其东侧曾有双桥村。

○ 《北京市大兴县地名志》载：双桥村"明代已有人居，清初修整南海子时，辟东北门，门东羊坊沟上有石桥两座，门曰双桥门，门外渐有人居，形成村落，随与门相应，村名双桥。后以一桥为界分南北两村。因与朝阳区双桥相对，曾称南双桥。清属顺天府大兴县。1949年以后隶属河北省通县。1958年3月划归北京市南苑区鹿圈乡广德高级农业生产合作社，1958年9月属红星人民公社天恩大队，1961年改属亦庄大队，1984年属亦庄乡"。

○ 双桥村东临京津塘高速路，西为小粮台、东营，南临碱庄，北临大羊坊，村域沿羊坊沟两岸呈南北向带状延伸，散列式街巷。因地处古永定河洪冲积平原，地势低平，有大面积的作物种植。

○ 20世纪90年代随着经济开发区的建设，村域整体拆迁，并在附近开辟街道，呈东北至西南方向，东北至东环北路，即双桥村故址南侧，西南至荣华中路，为求吉祥，以"万源（元）聚汇"之意得名"万源街"。双桥村旧址大致在万源街地铁站东北部。

万源街
WANYUANJIE

○ 荣京东街站位于大兴区西北部，荣京东街与宏达中路、宏达南路交会处南侧。

○ 荣京东街是在亦庄经济开发区建设时所辟道路，地处开发区中部，取"繁荣北京经济"之意得名。东至东环中路，西起荣华南路，此地历史上曾有大粮台、小粮台等村。《北京市大兴县地名志》载："清同治年间，整饬武备，设神机营于南苑，此地为屯粮处，故名大粮台。1902年南苑荒废，官准招佃屯垦，清宫太监李三顺圈占此地，易名俊德庄，1946年复原名。清属顺天府大兴县。1928年属河北省大兴县，1946年属大兴县南苑区鹿圈乡。"

○ 大粮台是专为神机营官兵囤积精粮的地方，其东侧还有个小粮台，附近有东营和西营，是专门为守卫大、小粮台而设的兵营。当时周边的上万亩荒地被皇宫里的一名大太监购得。这个太监名叫李三顺，发迹后更名李延年，由于他精明过人，在官里又得了个绰号"李三嘎子"。据说他是东太后慈安面前最得宠的太监，对拍卖南海子土地，他知道得最早，表现得最机敏。经过实地考察，他便立即拍购下了大粮台及周边的大片上好土地，招佃垦荒，很快在大粮台建起了硕大的李家庄园，更名为"俊德庄"，又在小粮台建起了一处"俊德堂"。

○ 据《南郊农场史》载，俊德庄、俊德堂于1946年恢复原名大粮台、小粮台。1948年属大兴县海子区，此后几经调整，1984年属亦庄乡。2005年因北京经济开发区总体规划，该村实施了整体拆迁。

荣京东街
RONGJINGDONGJIE

○ 荣昌东街站位于大兴区东北部，荣昌东街与宏达中路、宏达南路交会处北侧。

○ 荣昌东街是个新地名，因建设经济开发区时在此辟街，取"繁荣昌盛"之意得名。此地历史上称"二号村"，曾为大兴县鹿圈乡所辖自然村。

○ 鹿圈乡位于黄村镇东北部，明永乐初年扩充南海子，在此建养鹿圈，驯养麋鹿（因其头脸像马、角像鹿、蹄像牛、尾像驴，因此得名"四不像"，原产于中国长江中下游沼泽地带，以青草和水草为食物），供帝王巡游狩猎。清朝初年有八户旗人居此建庄，遂有"鹿圈村"之名。

○ 光绪年间南苑荒废后，许多军阀、官僚、太监到此圈地修建庄园，为图吉利，还给庄园起个好听的名字。1902年清宫太监小德张首先在此圈占大片土地，此为他所建第一个庄园，故名"头号"，后成聚落称"头号村"。随后另有一位太监在此圈占土地建庄，以建村顺序故名"二号"，后成聚落称"二号村"，也称"定丰庄"，20世纪60年代属大兴县红星人民公社鹿圈大队管辖，80年代属鹿圈乡。

○ 随着亦庄经济开发区的建设，这一带的村落与农田早已消失。二号村旧址附近所建荣昌东街为东西走向，西接荣昌西街与荣华南路，东至东环南路，西段与宏达中街相交。

荣昌东街
RONGCHANGDONGJIE

○　同济南路站位于通州区西部，康定街与同济南路交会处西南侧。

○　同济南路所处的位置，紧邻历史上的海户屯。《北京市通县地名志》载：明"正德十一年（1516年5月），录自宫中三千四百余人充海户，每人每月给米三斗；后应录者尚有数千人，分发南海子各地，以开发南海子，供皇室成员游幸。此地正处南海子出入要道东大红门处，设海户看海护墙，形成聚落后，因此得名"。

○　南苑周边曾设有多处海户屯，而今能确定大致方位的有四个，分别位于丰台、朝阳、大兴、通州，此海户屯是其中一个。清末随着南苑的荒废，海户被遣散，海户屯逐渐形成村落，该村属于通州区马驹桥镇，其老住户多是海户的后代。

○　20世纪90年代初，在通州与大兴交界的亦庄一带兴建北京经济技术开发区时，在区域西部自北向南修筑了一条道路，并分南北两段，取"同舟共济"之意而得名"同济北路""同济南路"。其中"同济南路"北起荣昌东街，与同济北路相连接，南至西环南路，与通马路相接。

同济南路
TONGJI'NANLU

○ 经海路站位于通州区西部，经海路与科创十二街交会处西南侧。

○ 该站因地处经海路南段而得名，此地实为安定营。《通州地名史话》称：明代初期，此处白茅遍野，没有人烟。永乐年间，军饷浩大，完全仰给江南漕粮也甚困难。为此，正统初年（1436年）有大臣建议在京官军除操练军事外，余皆令在北京空闲田地屯种，以济军需之乏，发遣禁军三万就近下屯，遂有一批南方士兵至此垦荒驻屯，七分守卫，三分耕种。因屯垦兵士均未成家，故所驻营地称"童子营"。

○ 正统十四年（1449年）"土木之变"，明英宗被蒙古瓦剌部俘虏，瓦剌部挟持英宗包围北京，兵部侍郎于谦拥景泰帝登基，北兵抵抗，保卫北京，童子营屯兵战，受伤而跛者不少，击退瓦剌部后复为营地屯田。吴语称"跛"为"骚"，日久天长，营地渐称"骚子营"。清代形成村落，沿袭旧称。

○ 1950年初，该村邪教"全佛大道会"妄图复辟，公开成立"乾清国"，道首王振玉自称"皇帝"，封宰相，命大臣。当年11月9日，通县公安局一举剿灭邪教组织。1981年通县清理地名时，将该村改称"安定营"。

○ 20世纪90年代初，安定营属次渠镇所辖村。此后随着北京经济技术开发区的建设，这一地区也得到改造。其中自西北向东南方向修建了一条大街，北起科创一街，南至科创十七街，得名"经海路"。

经海路
JINGHAILU

○ 次渠南站位于通州西部,经海九路与科创十二街交会处东侧。

○ 该站因地处次渠镇南部及次渠站西南部得名,此地紧临历史上的崔家窑。

○ 《北京市通县地名志》载:"清乾隆十五年(1750年)崔姓至该地,以经营砖瓦窑为业,1913年后逐渐形成聚落,故名。"

○ 历史上北京周边有多处窑场,且多以窑主姓氏或窑场所处方位得名,崔家窑是其中之一。据传,乾隆年间有一位年已五旬的崔姓山东临清人,携一家老小十几口到此定居。这崔姓临清人的祖上就以窑业为生,且在当地很有名气,以其窑厂设在县城东关外,故称"东关崔大窑"。

○ 崔姓窑主在仔细查看这一带的土质后,发现这里的土质为黏性两合土,宜于烧制建房用的砖瓦,于是设立窑场,开始烧制砖瓦,且以姓氏为地名,称"崔家窑"。几十年后这一带的土被用得差不多了,于是崔家窑关闭,但此时已形成零星的聚落,有20多户人家。聚落因窑业取土形成的坑塘影响,呈散落状,分为南北两部分,南大北小,东西向主街两条。20世纪90年代初已成为有150多户的较大村落,属通县次渠镇。

次渠南
CIQU South

○ 次渠站位于通州区西部,潞西路与东小路交会处北侧。

○ 《北京市通县地名志》载:次渠"元代已成村。迁徙民至该地,在沟渠之旁定居建村,因渠中茨藜丛生,荷花(又称芙蕖)茂盛,故曾名称茨藜庄;1913年改成次渠村;1949年简称今名"。

○ "茨藜"也指茂密的荷花覆盖着湖面。元代此地为大都城东南部的一片湿地,只有零星的聚落。明代有山西移民迁至该地,村域逐渐扩大,因聚落周边沟渠茨藜丛生,遂称"茨藜庄"。后因多次洪水带来泥沙,淤塞了金口新河,茨藜村北面的湖泊逐渐淤浅变小,莲花消亡。

○ 民国时期已成为有上百户的大村。20世纪90年代为次渠镇所辖村,村域呈矩形,东西主街3条,长约2里。历史上这一带多沟渠,有多种作物种植。

○ 次渠村中有座宝光寺,又名法华寺,俗称锥子塔。早年间在通州西南部流传着"通州的塔,次渠的锥,马驹桥的王八驮石碑"的民谚。这"次渠的锥"指的就是次渠宝光寺里的锥子塔。该寺兴建于元大德元年(1297年),明正统五年(1440年)敕赐宝光禅寺。寺内悬铜钟一口,钟身铸有"大明景泰",声音浑圆、深沉、绵长,可传出十几里,为北京城内所罕见。正殿后有覆钵式砖塔1座,名"定光佛舍利宝塔",高30余米,远望像一个倒立的锥子。1976年唐山地震时该塔被毁,而今寺已不存。

次渠
CIQU

○ 亦庄火车站位于通州区西部，站前街中段。

○ 该站因地处京津城际高速铁路亦庄站西侧得名，临近历史上的通县小民屯。

○ 《北京市通县地名志》载：小民屯东距蒋辛庄，南临麦庄，北临周坡庄，明代已成村。山东崔、杨二姓随明初平定北方的部队至此定居，为明代永隆屯驻地，清代更名为"小民屯"，沿用至20世纪90年代，后恢复"永隆屯"之称。

○ 说到永隆屯的历史，可以追溯到明初。元至正二十八年，即明洪武元年（1368年）元月，朱元璋即帝位，封徐达为右丞相，令其继续北伐。徐达率军先后攻克汴梁、潼关、德州、通州，于同年八月攻占大都。元顺帝孛儿只斤·妥懽帖睦尔携皇亲、近臣仓皇出健德门，逃往上都（今内蒙古锡林郭勒盟正蓝旗），由此结束了元朝的统治。随后，徐达令部分随其北伐的军队驻扎于京畿。时有山东德州崔、杨二姓等驻扎于此，亦兵亦农，既为军屯，也为民屯，此后多以耕种为业。最初只有十几户，逐步形成聚落，得名"永隆屯"。

○ 亦庄火车站因位于亦庄开发区东北得名，始建于2007年，是京津城际铁路预留的一座车站，但建成近10年仍未开通，直到2018年12月30日才正式投入运营。

亦庄火车站
YIZHUANG Railway Station

燕山	YANSHAN
房山城关	FANGSHANCHENGGUAN
饶乐府	RAOLEFU
马各庄	MAGEZHUANG
大石河东	DASHIHE East
星城	XINGCHENG
阎村	YANCUN
紫草坞	ZICAOWU
阎村东	房山 YANCUN East

BEIJING SUBWAY YANFANG LINE

北京地铁燕房线

北京首条无人驾驶的轨道交通线路，连接房山新城与中心城区，全线运行于房山区境内，西起燕山站，东至阎村东站，与房山线衔接，全长14.4公里，设有9座车站，换乘站1座。

○ 燕山站位于房山中部偏东，燕房路西段。

○ 此站初称"燕化站"，"燕化"为"北京燕山石油化工公司"简称，始建于1967年，初称"北京石油化工总厂"，因地处燕山脚下，1979年更今名。1980年10月设燕山区，为北京市辖区县之一。1987年撤销，改设燕山办事处，人们多习惯将这一区域泛称"燕化"。

○ 从历史角度来说，燕山有大、小燕山之分。所谓"大燕山"即北京北部的燕山山脉，命名较晚。从潮白河谷一带向东延伸约略成一弧形，一直可达渤海之滨，是东北和华北的天然屏障，北京的军都山即为燕山山脉。而所谓"小燕山"，也称"古燕山"，位于北京西南部，即房山城关街道与燕山办事处西北，也就是大燕山，"燕化"之名即由此而得。

○ 《古今燕山》载："周武王封召公奭于北燕，地在燕山之野，故国名取焉。北燕地在董家林一带，这一带的山只有大房山。所谓'燕山之野'，就是'大房山下的平原'，由此大房山即为古代燕山。燕山为房山之本名，召公北燕曾都此燕山东野、大石河沿岸之燕城。"由此可见，北京燕山石油化工公司所倚临的大房山古代称"燕山"。

○ "燕化"建厂前，这一带分布着大小11个自然村，多为丘陵地势，且有大面积果林，其中有古代皇家栗园多处。随着"燕化"的建设和发展，古村落逐渐消失，但尚有遗迹可寻。

燕山
YANSHAN

○ 房山城关站位于房山区中部偏东，燕房路东段。

○ 该站因地处历史上的房山城北关，即北城关旧址得名。城关是中国常见地名，与古代的城镇军事、政治、经济有相当大的关系，基本上是基于军事区域来划分的。清末到民国时，每个县城重要的军事设施称作"镇"，而每个城市都有关卡，城市的关卡名为"城关"。1949年之后，多数县城建立乡镇建制，设城关镇（公社），且多已无城无关，房山城关也是如此。

○ 房山历史悠久，金大定年间为奉山陵，始析良乡、范阳、宛平三县边地，置万宁县，遂建万宁城，原是土城，方方正正。城墙高丈余，四周长四里有余。四面各有城门一座：东门称"朝曦"；南门称"迎恩"；西门曰"仰止"；北门曰"拱极"。金明昌二年（1191年），改"万宁县"为"奉先县"。元至元二十七年（1290年）"奉先"改称"房山"，并在原基础上扩建，周围一千四百五十步。据《房山城垣沿革纪略》，"西门额曰'揽秀'"，或许是改后的名称。明弘治年间城墙又增高加厚，但仍是土墙。

○ 明隆庆年间，山东人李琮推调房山县任县令，因"房山为京师首善之区，宜缮城以卫之"，于是亲自度量，计八百丈余。又考虑民力不堪承受，先向上方申请，得朝廷内库拨帑银恤，又得县内富绅巨贾资助，加上百姓出力，终于将有近四百年历史的土城改建为石城，于隆庆三年（1569年）春竣工。

○ 到了清代，房山城又几度修葺。清顺治十一年（1654年），山西阳高卫毋配坤大同人任房山县令，捐出俸银百余两，并号召全县绅商捐资，百姓出力，修葺城墙一百二十丈。清道光二十七年（1847年），县令李图复修城垣，并增筑城门瓮城。

○ 房山城作为县城相沿800余年，曾是房山政治、文化、经济中心。20世纪50年代末起，该城垣陆续拆除。到90年代完全消失，城关也名存实无。1998年11月房山区治所由该城迁到良乡，原治所被俗称为"老县城"或"老城区"。

房山城关
FANGSHANCHENGGUAN

○　饶乐府站位于房山区中东部，京周路南侧。

○　《北京市房山区地名志》载：饶乐府"元代以前成村，村名历来有'因此地富饶，村民安居乐业，故名饶乐府'之说。疑与唐代塞外饶乐都督府侨治于此有关"。

○　另据《房山史话》称："饶乐府"之名来源于唐朝的饶乐都督府，已有1300多年的历史。两汉时期鲜卑人生活于辽河上游，称之为"饶乐水"。鲜卑宇文部的一支为奚，北魏时称"库莫奚"，隋时略称为"奚"，居于弱洛水，即汉时的饶乐水，大业年间遣使入隋朝贡。

○　唐贞观二十二年（648年）奚臣属唐朝，因水得名，唐以其地置饶乐都督府，是内属州，曾治于范阳节度使（治所在幽州，今北京）下；以其首领为都督，赐姓李。奚曾叛唐，又再归顺。开元三年（715年）唐封奚人首领李大酺为饶乐郡王。

○　辽时奚部归顺朝廷，以萧为姓，保留奚王名号编制。金灭辽后，又平定奚人的反抗，奚部被编入猛安谋克（金代女真族的军事和社会组织单位）。金代将东北地区的猛安谋克徙入内地。他们不属州县，自成组织，筑寨于村落之间，记户口得授官田。内迁的猛安谋克广泛分布在中都及河北、山东等地。

○　由此推断，今"饶乐府"之名来源于唐朝的饶乐都督府，或为唐政府在奚人争斗时，撤回安置了饶乐都督府的人员于现地，故名之，简称"饶乐府"。还有一种说法是来唐贸易的奚部商人把驻地叫作家乡的官府，称之为"饶乐府"。

饶乐府
RAOLEFU

○　马各庄站位于房山区东部，京周路与顾八路交会处东南侧。

○　《北京市房山区地名志》载：马各庄为房山街道办事处辖域，西北临近羊头岗，东北临近大董村，西临近饶乐府，南临瓜市。明以前成村，因姓得名。据传最初的居民为明永乐年间从山西移民而来的马氏兄弟三人，落户于此农耕为生，遂成聚落。

○　该村地处大石河西岸平原，聚落呈长方形。西有小马各庄，原与马各庄为一村，后因丁家洼河洪水泛滥，村落被淹，一部分村民搬迁河西建房定居，原来仍称马各庄，后村域小于马各庄而称小马各庄。村域地处平原地带，临近大石河，有大面积农作物种植。如今村落已拆迁，村民回迁至新建小区。

○　此站初称"顾八路站"，因紧邻南北走向的顾八路得名。该路因最初东南至顾册村，北至八十亩地村而得名。《北京市房山区地名志》载：清康熙年间志书载有"缸窑村""西坝村""顾栅村"三村，成村年代均不晚于明代。顾册成村应不晚于辽或金，本为"固栅"，原指村四周设有坚固的栅栏，后取姓氏顾，又讹"栅"为"册"，遂成"顾册"。1949年以后，三村合为一村，因顾册村较大，遂以"顾册"为统一村名，今属城关街道辖域。八十亩地清代成村，因原有某户八十亩地，并雇人耕作，形成村落以土地亩数得名。

马各庄
MAGEZHUANG

- 大石河东站位于房山区东部，京周路南侧。

- 该站因地处大石河东侧得名。大石河是房山区境内最长的河流，贯穿区境南北。据《房山文史》载：大石河为海河流域大清河水系北拒马河支流，发源于境内西部山区霞云岭乡堂上村西北。河道在山谷间曲折向东，经霞云岭、长操、班各庄、河北等地，在坨里辛开口村出山……到祖村向南出境，至河北省涿州市码头镇与北拒马河汇合，全长129公里，其中房山区境内108公里。

- 《北京水利史话》称：战国时期大石河称"绳水"，西汉时改称"圣水"，隋代因其流经防（房）山脚下，遂改称"防水"，唐代复称"圣水"，五代时改称"石子河"。金代以龙泉为其源头之一，改名"龙泉河"，至清代未变。民国时期改称"大石河"。因系琉璃河的上游，所以也泛称"琉璃河"。清代《日下旧闻考》称："大石河自宛平（县）柳林入房山境长草（操）村，东南归琉璃河。"

- 据考证，在大石河下游董家林、黄土坡一带，发现和挖掘了商周时代的古城遗址和200多座古墓群，出土的文物有石器、骨器、青铜器、陶器等。有些青铜器上还有清晰的铭文，记载着与燕侯有关的史实。学术界普遍认为这里是西周初年召公的始封地，是燕国最早的都城所在。

- 大石河先后汇聚了房山区境内的黑龙关、河北村及万佛堂等诸多泉水及河流，流经房山平原地区8个乡镇，沿河两岸有村庄近60个，流域面积达1280平方公里，占全区总面积的2/3，是房山区境内的第一大河，被称为房山的"母亲河"。

大石河 一

大石河东
DASHIHE East

○ 星城站位于房山区东部，京周路与健德中街交会处西南部。

○ 该站因地处星城小区东北侧得名。星城为20世纪90年代建成的燕化居民区，此地北部紧邻大董村，南邻开古庄。

○ 据《名镇阎村史话》载：大董村早在唐代就已成村，名叫董村，因姓氏而得名。后分为两村，称大董村、小董村。大董村西北临近焦庄，东北临近小董村，西南为西坟。村域呈长方形，主街东西走向，姓氏以梁、皮、王、郭、贾、徐为主，先祖从何处迁此定居，无考。因地处平原地带，土地肥沃，历史上农业以玉米、杂粮为主，另有果园。此地曾有唐代墓葬，1982年发现唐贞元年间银青光禄大夫、瀛洲别驾刺史、上柱国、申国公蔡雄墓及墓碑。曾出土新石器时期至春秋战国时期的石器、蛋壳陶及鱼骨盆等早期人类文化遗物。

○ 开古庄金代成村，据传因宋将孟良盗骨于此开棺验视而得名"开棺庄"或"开骨庄"，后演变为今名。另据史书记载，清代该村作开各庄，开古庄当为开各庄之讹。

○ 星城是为解决北京燕山石油化工公司原住宅区与生产装置区交错，安全隐患严重问题，居民必须搬迁而建设的住宅小区。始建于1993年10月，选址于房山区大紫草坞乡（今阎村镇），地处京周路南，大窦路西，原名"梨园镇"，后改称"燕化星城"，2000年底竣工。1996年12月成立星城街道办事处，此后这一地区泛称"星城"。

星城
XINGCHENG

○   阎村站位于房山区东部，紫码路与京周路交会处西南部。

○   该站因地处阎村镇西北侧而得名。历史上该镇域大部原属良乡县地，仅西部数村属原房山县。据史料记载，50万年以前，镇西南10余公里处的周口店龙骨山一带已有人类栖居，周初开始设置行政建制，镇东南5公里的琉璃河所辖的董家林一带成为燕国始封地的都城，古称"燕中都"，此时阎村镇一带隶属之。元、明、清、民国直至20世纪50年代从属良乡。1949年以后房山、良乡两县均属河北省通县专区。1958年3月两县同时划入北京市，并合并改名为周口店区，同年成立良乡人民公社大紫草坞管理区，1961年改称大紫草坞人民公社。1983年又改大紫草坞乡。1995年撤销大紫草坞乡，成立阎村镇，因镇域有前(后)阎村得名。

○   镇内古迹较多，不但有唐代墓葬群，还有明朝永乐皇帝第五个女儿永安公主葬于该镇公主坟村北，清道光年间两广总督琦善墓葬于张庄村，另有清代黄氏佛保墓地等。

○   阎村镇历史上以农业生产为主，如今已成为北京西南部重镇。镇域东与西潞街道毗邻，北与青龙湖镇接壤，西与城关街道相邻，南接窦店镇，地势西北高，东南低，大石河于镇境西部自北南流，属平原地区。

阎村镇街景 →

阎村
YANCUN

- 紫草坞站位于房山区东部，大件路南侧。
- 该站因临近大紫草坞村、小紫草坞村得名。
- 据《名镇阎村史话》载：大紫草坞东北邻前沿村，西邻大董村，南接南梨园村，北有小紫草坞村。据史籍记载，该村于辽代就已成村，因地产中药紫草而得名。村名几度变化，初名紫草村，金代称大紫草房，明代称紫草务，亦称紫草坞。因年代久远，人口增多，村落不断扩建，紫草坞村又有大小之分，沿袭至今。该村聚落呈方形，姓氏以王、李、冯为主，曾属大紫草坞乡所辖村，今属阎村镇。
- 小紫草坞北为大紫草坞，东北邻张庄，东邻前、后沿村，西北为公主坟，西南即吴庄。村民姓氏以刘、高、赵、杨为主，先祖从何处迁此定居，无考。
- "务"是古代管理贸易和税收的机构，宋辽时期州县多置"务"。"坞"乃土堡、小城，或指四面高中间低的谷地。因此"务""坞"二字皆可为居民点之通名。
- 大、小紫草坞村地处平原，地有沟坎，早年间紫草繁盛，每至秋后便有房山、良乡及附近村落的药铺派人到此采收，以为入药。据传，直至清代光绪年间此地尚有大面积的紫草，民国时逐渐减少。

紫草坞
ZICAOWU

阎村东
YANCUN East

房山

阎村东	YANCUN East
苏庄	SUZHUANG
良乡南关	LIANGXIANGNANGUAN
良乡大学城西	LIANGXIANG University Town West
良乡大学城	LIANGXIANG University Town
良乡大学城北	LIANGXIANG University Town North
广阳城	GUANGYANGCHENG
篱笆房	LIBAFANG
长阳	CHANGYANG
稻田	DAOTIAN
大葆台	DABAOTAI
郭公庄	9 GUOGONGZHUANG

BEIJING SUBWAY FANGSHAN LINE

北京地铁房山线

连接北京市区与房山区，大致为西南至东北走向，西起阎村东站，与燕房线衔接，东至郭公庄站，与9号线衔接，全长27公里，设有12座车站，换乘站2座。

○ 阎村东站位于房山区东部，西六环路与大件路交会处东北侧，可与燕房线换乘。

○ 该站因地处阎村北部，初称"阎村北站"，后因位于阎村镇东侧而改称"阎村东站"。

○ 阎村，也称闫村、沿村，《北京市房山区地名志》记为"前阎村""后阎村"。另据《名镇阎村史话》载：前沿村明初为永丰里屯，永乐年间有涿州八户阎姓人家来此定居，遂称阎村。沿村东约一里许，就是现在的良乡地域，再向东是区政府驻地。良乡过去又称为盐沟，因村附近有盐沟而得名。后来，随着村落的扩展蔓延和人口的增加，沿村又离析为二，前者称"前沿村"，后者称"后沿村"。

○ 另说阎村系盐村谐音，盐沟即现在良乡西门外的刺猬河，早年间向西可至今天的阎村。每逢冬雪之后，盐沟内形成一起一伏的雪浪。在红日高照下，层层雪浪闪着道道银光，时称"盐沟雪浪"，为"良乡八景"之一。此后在盐沟旁形成聚落称"盐村"。

○ 还有一种说法，因村中有一条很宽的河沟，村落因位于沟沿两侧而称"沿村"。以后村子被析为三部分，位于南侧的称"前沿村"，位于北侧的称"后沿村"，位于东北侧的称"东沿村"，又因阎姓始居此而称"前阎村""后阎村""东阎村"，曾同为大紫草坞乡自然村，今属阎村镇。

○ 前沿村北邻后沿村，西北为小紫草坞、张庄，东南为炒米店。村域呈长方形，历史上以粮食生产为主。村中曾有明代建筑静月庵，系佛教寺庙，建筑规模较小，早年间曾有出家尼姑在此修行，尚有遗迹可寻。

燕房 **阎村东**
YANCUN East

○ 苏庄站位于房山区东北部，长虹西路与苏庄大街、翠柳大街交会处东侧。

○ 《北京市房山区地名志》载：苏庄"明代已成村，因姓得名。村处平原，刺猬河流过村东"。据传永乐年间，有苏、姜二姓人家从山西迁徙此地，定居在茨尾河（今刺猬河）西侧，以开荒种地为生。万历年间各形成村落，称"苏家庄"和"姜家屯"，后简称"苏庄"和"姜屯"，其中苏庄为上百户的大村，清顺治年间两村合为一体，统名"苏庄"。

○ 另传，明代万历年间，良乡城有苏姓商人开钱庄兼做皮货生意，是良乡一带有名的大买卖，发达后修建了一座很大的庄园，人称"苏家庄"。多年后产业传到孙辈，因不善经营，最后将城外的庄园变卖还债，由此苏家彻底败落。此后庄园附近形成聚落，仍称"苏家庄"，后简称"苏庄"。此二说应系传闻。

○ 历史上的苏庄村域略呈方形，民国时已成为有百户人家的大村，北临太平庄，南为夏庄，西北为东阎村，东为南关。村民除以农耕种植为生外，因村子离良乡城不远，还有不少人家在城里做小买卖。

○ 20世纪80年代末，苏庄村属良乡地区办事处辖域，仍有耕地千余亩。随着良乡新城的建设，村域被开发建设，但仍保留苏庄行政村建置，同时修建了苏庄大街、苏庄东街和苏庄北路。

383

苏庄
SUZHUANG

○ 良乡南关站位于房山区东部，长虹东路与凯旋大街交会处。

○ 自古以来，良乡为北京陆路交通最重要的门户，有"京师南大门"之称，今为房山区政府所在地。

○ 据史料记载，汉高帝六年（公元前201年），今房山区地设有良乡、广阳、西乡三县（国），其中良乡、西乡为侯国，广阳为县，属燕国，而"良乡"之名相传为刘邦所赐。

○ 秦朝灭亡后，刘邦即帝位。为平定匈奴，刘邦率兵北征。当他率领大队人马途经燕国所设的中都县县城时，便稍作休息，暂住于驿站。

○ 第二天一早，刘邦登上南关城楼，由此近望城内，远望城外。但见城郭之内炊烟缕缕，一派太平景象；城郭之外是一望无际的良田，一派丰收景象。于是命人将县令找来，细问乡情。县令一一作答后，便请刘邦为此地赐个"吉名"。刘邦言道："此地人、物俱良，祥和安宁，以称'良乡'为宜。"不久此地重设县治，因刘邦已赐"良乡"之名，故将"中都县"改称"良乡县"。

○ 良乡老城有四座城门，东曰"迎曦"，西曰"宝成"，南曰"就日"，北曰"拱辰"。城门外为关厢，南关即南门外之关厢，俗称"南关"。如今城关早已消失，但仍有南关村、大南关村之地名。其中南关村地处地铁良乡南关站东北部的拱辰南大街南段西侧，因系旧良乡县城南门关厢，故名。大南关村地处地铁良乡南关站西南部，明代成村，因居良乡城南门外得名。村南有古迹郊劳台，又称接将台。清乾隆二十五年（1760年）为迎接大将军兆惠平定准噶尔回部班师归来时皇帝行郊劳礼而修建，尚有遗迹可寻。

384

百年前的良乡城 →

良乡南关
LIANGXIANGNANGUAN

○ 良乡大学城西站位于房山区东北部，长虹东路与揽秀南大街交会处。

○ 该站因地处良乡大学城西侧得名，初设地铁站时因临近东杨庄称"东杨庄站"。

○ 东杨庄曾称"东羊庄"或"羊庄子"。相传明代天启年间，这一带为良乡城东面的一大片岗坡地，水草丰茂。有杨姓回民兄弟二人从口外（张家口以北）沽源到京西一带以经营"北口羊"为主。"北口羊"是指张家口、蒙古一带产的羊，其肉不肥不瘦，最适合涮着吃。他们在房山城和良乡城分别开设了羊肉铺，专门出售自养的"北口羊"。他们在良乡城租了十几亩地，并从老家沽源雇了几个本家亲戚专职饲养"北口羊"，其羊及羊肉全部"自产自销"。几年后遂成聚落，俗称"东羊圈"，后因不雅而称"东羊庄"。

○ 这杨姓兄弟待人和气，买卖公道，特别是所出售的羊及羊肉全是"北口羊"，所以颇受附近回民的青睐。后来他们又到京城牛街和前门外开设了两家羊肉铺，而设置于良乡城外的羊圈也不断扩大，最多时养羊上千只。

○ 多年后，"东羊庄"成为较大聚落，改称"东杨庄"。

○ 该村北邻梅花庄，东北为前岗村，西邻纸房村，南邻徐庄，村域呈方形。主要种植庄稼，还有果园。2001年后，因良乡大学城的兴建，该村整体拆迁。其旧址大致在距离地铁良乡大学城西站北侧不足1里的地方。

良乡大学城西
LIANGXIANG University Town West

○ 良乡大学城站位于房山区东北部,长虹东路与致美南街交会处西侧。

○ 该站因地处良乡大学城核心区域得名,历史上为于管营村。

○ 《北京市房山区地名志》载:该村"明以前成村。相传原名李家寨,清代村名作鱼管营、鱼贯营,当因该村河沟水塘多有鱼而改名,今谐音作于管营。村处平原,村址海拔39.8米。聚落略呈三角形"。该村东南临近时梨村,东北为长阳镇水碾屯,西为徐庄。村民姓氏以邬、田、王、于为主,均为汉族。村域地处平原地带,村中土壤多沙土及黏沙,历史上以农业生产为主。

○ 另传,此地清代为旗庄,是朝廷给皇亲国戚的封地。庄头雇人耕种,遂成聚落,因庄头为满族于姓,老姓是尼玛哈氏(另说于佳氏、巴颜氏),为满洲镶红旗人,为五品官,故以庄头于姓及官品称"于官营"。民国时该村已成良乡城外较大村落,西邻徐庄,东南为梨村。历史上曾有刘墉断李家案之传说。

○ 2001年10月,北京市批准"在昌平沙河地区和房山良乡地区建设两个高教园区",遂在良乡卫星城东南端兴建"良乡高教园区",俗称"良乡大学城",由此规划园区内的多处村落整体拆迁,于管营也在其中。如今村落早已消失,但地名尚存,设有于管营行政村,今属拱辰街道。

良乡大学城
LIANGXIANG University Town

○ 良乡大学城北站位于房山区东北部，良乡东路与东环路交会处南侧。

○ 该站因地处良乡大学城东北部得名，初设地铁站时因临近水碾屯称"水碾屯站"。

○ 《北京市房山区地名志》载：水碾屯"明以前成村，因村东小清河上曾设有碾香面（一种烧香用品）的水碾，故名"。水碾是在湍急的河边设置的碾子，利用水力带动碾子转动，以碾压谷物。

○ 相传，明代万历年间有一南方人，慕名到京西云居寺进香，徒步走了三个月才走到京西，不想快到云居寺时得了重病，但依然前往，最后在山门外昏倒。寺内方丈为这位南方香客的虔诚所感动，并为其治病。经过精心照料，这位香客终于痊愈。他对僧人的关照万分感谢，遂在良乡城外暂居。他见附近有一条河流，水流很急，便设置水碾子，义务为云居寺碾制禅香。此后有南方近亲投奔于此，所碾制的禅香送与京西多处寺院，如白水寺、常乐寺、潭柘寺、戒台寺等。因其碾制的禅香品质上乘，香气宜人，颇受僧人及香客的青睐，多年后遂成聚落，称"水碾屯"或"碾香屯"。

○ 民国时水碾屯已为良乡城外较大村落，西北为辛瓜地，东北为牛家场、保和庄，东南为葫芦垡，村域呈方形，20世纪90年代初为长阳镇所辖自然村，以农业生产为主。2001年后，因良乡大学城的兴建，该村整体拆迁，今属长阳镇辖域。

良乡大学城北
LIANGXIANG University Town North

○　广阳城站位于房山区东北部,长阳路与长于大街交会处南侧。

○　该站因临近南广阳城村得名。《北京市房山区地名志》载:"此地在汉为广阳县城所在,北齐时废入蓟县(今北京),但古城犹存。唐时曾侨置端州来远县、夷宾州来苏县和归义州归义县等羁縻州县于此。明人王嗣箕诗云:'良封曾建广阳城,今日犹存旧日名。遗址荒凉人迹少,晓烟相映暮云平。'可见明代此地已无村落。今村成于清代,因广阳城址在其北,故名南广阳城。"

○　汉代时广阳城地属燕国,城址在今天的长阳镇广阳城村,已有2000多年的历史。汉武帝元朔元年(公元前128年),燕国废,改设燕郡,广阳县属燕郡。汉武帝元狩元年(公元前122年),燕国复设,广阳县又属燕国。历三国(魏)、西晋,十六国时期,广阳县一直设置。到南北朝时,北魏、东魏两朝,今房山区地仍设有良乡、广阳两县。到北齐时,良乡、广阳两县并入蓟。良乡县于北齐武平年间复设,广阳县则再未复置。

○　金代广阳镇曾属大兴县(今大兴区庞各庄北黄村以南)。1982年在广阳附近出土八面经幢一块,是金明昌五年(1194年)右班殿直广阳镇商酒兼烟火督监李之问为其母所建,成为金史中"大兴县领广阳镇"之记载的佐证。据史料记载:金代的这座小城南北长约2.5公里,东西宽约1.5公里,形状为长方形。元代废弃,形成村落,明代时聚落已经消失。而今的村子成于清代,因有广阳城,依方位分称"北广阳城村"和"南广阳城村"。

广阳城
GUANGYANGCHENG

○　篱笆房站位于房山区东北部，京良路与长于北大街交会处南部。

○　京郊称"篱笆房"的地方有多处，位于房山区长阳镇的篱笆房是其中之一。

○　何谓"篱笆"？即用树枝、板皮、芦苇、秫秸等编成或夹成埋在地上阻拦人或动物通行的障碍物，多用在院落、菜园、场院的周围。北京人多称"栅栏儿"。据传，篱笆房明代以前成村，最初的村民是从山东逃荒到此定居的。

○　明嘉靖年间，山东、河南等地闹旱灾，其中山东济宁一带的灾情最严重，老百姓只好四处逃荒。济宁府有十几个穷苦乡亲结伴而逃，他们过了黄河后一路向北，逃到京城无定河（今永定河）西面，距长阳古镇不远的地方。此时正是阳春三月，他们见这一带荒无人烟，土地肥沃，北有一村落，南为一片树林，便在此暂住下来。他们用柴枝编成篱笆，又找来一些苇箔搭起了三间简易房屋，随后又用树枝、芦苇、秫秸扎起篱笆墙，因住房和围墙均用柴枝所编篱笆搭成，故称"篱笆房"。以后又有一些逃荒的外地人在此定居，几年之后成了二十几户人家的聚落，俗称"篱笆房"。

○　该村呈长条状散列，早年间村民多以种植蔬菜为生，其大蒜最为知名，有"篱笆房的大蒜，西红门的萝卜"之说。村南有永安桥，因建造年代久远且造型古朴，有"小卢沟桥"之美誉。

○　1922年4月，以吴佩孚为首的直系军阀和以张作霖为首的奉系军阀爆发战争，史称"直奉战争"。直军与奉军在多处展开激战，篱笆房村北的岗地也是战场之一。

篱笆房
LIBAFANG

○ 长阳站位于房山区东北部，京良路与长政南街交会处西侧。

○ 《北京市房山区地名志》载：长阳"明以前成村。清设长阳店镇，隶属良乡，后演变为今称"。远在西汉高祖六年（公元前201年）长阳已建立了郡制，史称"广阳郡"。民国时出版的《良乡县志》载："长阳故城在良乡县东北八里，汉旧县，后汉为侯邑。"由此可见远在西汉时这里就建立了郡制，明代已成为较大的村落，初称"长羊"，后演化为"长阳"。

○ 长阳地处京城西南交通要道，自古以来为入京之咽喉，战略位置十分重要，素有"潞路之喉"之称，而今仍是北京西南部的重镇。民国时长阳村属良乡县，1958年随良乡县划入北京市，属周口店区。1961年6月正式命名"长阳人民公社（农场）"，后几经变更，1971年改称"长阳中柬（柬埔寨）友好人民公社"。1983年4月改长阳人民公社为长阳乡，属房山县和北京市农场局共同管辖，1990年改为长阳镇，2002年与葫芦垡乡合乡并镇。

○ 长阳地处房山、丰台、大兴交会处，环北京卫星城之一，距北京市区仅15公里。镇域内主要古迹有汉广阳县城遗址，又称小广阳。村域有古桥三座，北曰永安桥，中曰永乐桥（又名长安桥），南曰保安桥（又名安保桥），为京城东南部重要的古迹。

长阳
CHANGYANG

○　稻田站位于房山东北部，独义三路与长韩路交会处西侧。

○　《北京市房山区地名志》载：稻田"明代以前成村，因地处永定河畔，村南为洼地，地势低平，灌溉方便，种稻的历史悠久，因以得名"。

○　据传，明朝初年，有一位追随朱元璋打天下的汪姓将领，深谋远虑，预见朱元璋登基后必屠戮功臣，遂主动在明朝开国后辞官北上，隐居于大都城。朱棣被封为燕王驻守北京后，这位大臣顿感不安，因为朱棣是个生性多疑的人，果不其然，多年后一场"靖难之役"，朱棣打败了侄子建文帝，夺权成功，即皇帝位，多年后迁都北京。汪姓老臣不愿在北京久留，拿出全部积蓄在永定河西岸置地五十亩，并修建了一个宅院，以作安身之处。此地西邻永定河（故道），水源丰沛，这位老臣自幼生活在江南，熟谙水稻栽植，故将置办的土地辟为稻田。

○　永乐年间，此地形成稻田、独义、高佃多个聚落，其中稻田村最大，因附近多为稻田而得名，村民除了种植水稻外，还种植多种作物。随着这一地区人口的不断增加，在其西北部形成多个小村落，分别称稻田一村、二村、三村、四村和五村。邻近的高佃村，因地处丘陵边缘的浅丘地带，地势起伏不平，比周边的村子都要高而得名"高店"，后演变成"高佃"。1939年永定河决口，洪水泛滥，许多农田被毁，直到20世纪90年代，此地仍有面积较大的稻田。今属长阳镇辖域。

391

稻田
DAOTIAN

○　大葆台站位于丰台南部，葆台路与丰葆路交会处，世界公园东南侧。

○　大葆台因1974年大葆台西汉墓的发掘而闻名，此前，"葆台"只是一个名不见经传的地方。

○　《北京市丰台区地名志》载：葆台，曾名宝台、保台、大保台，现名葆台。包括小宝台、大宝台、杨家柳。1958年以后，小宝台的住户不断发展，原住户逐渐向大宝台搬迁。1980年实行地名标准化时，恢复了历史名称"葆台"。

○　《北京百年考古纪事》载：1974年6月发现大葆台西汉墓（现为大堡台西汉墓博物馆），经发掘，该墓为天子葬制木结构地下宫殿。汉代帝王葬制称为"黄肠题凑"，即"以柏木黄心致累棺外，故曰黄肠。木头皆向内，故曰题凑"，"梓宫、便房、黄肠题凑者，天子之制也"。大葆台虽为诸侯之墓，却采用了天子制。

○　墓室用一圈截面10厘米见方的柏木条筑成厚木墙，所有柏木条的一端都朝向墓室中心，共用柏木条约15880根，出土时大部如新。木墙正南辟有门，门内前室为"便房"，象征死者生前饮食宴乐的地方，过了"便房"北门是"后室"，棺木放在正中的棺床上。除此之外，遗址还包括为主人殉葬的车马坑。经考证，墓主为西汉燕王刘旦（或广阳王刘建）及其夫人。

○　葆台村为丰台区花乡乡所辖自然村，呈长方形，农业以蔬菜为主，辟有果园。随着大堡台西汉墓博物馆的建立，村域被逐渐开发。

大葆台
DABAOTAI

郭公庄
GUOGONGZHUANG

昌平西山口	CHANGPINGXISHANKOU
十三陵景区	Ming Tombs
昌平	CHANGPING
昌平东关	CHANGPINGDONGGUAN
北邵洼	BEISHAOWA
南邵	NANSHAO
沙河高教园	SHAHE University Park
沙河	SHAHE
巩华城	GONGHUACHENG
朱辛庄	**8** ZHUXINZHUANG
生命科学园	Life Science Park
西二旗	**13** XI'ERQI

BEIJING SUBWAY CHANGPING LINE

北京地铁昌平线

大致为南北走向，串联海淀、昌平2个行政区，北起昌平西山口站，南至西二旗站，与13号线衔接，全长31.9公里，设有12座车站，换乘站2座。

昌平西山口
CHANGPINGXISHANKOU

○　昌平西山口站位于昌平区中部，南涧路与万西路交会处。

○　历史上的西山口为明十三陵的十个山口之一，因所处的相对位置而得名。

○　十三陵北、西、东三面环山，层峦起伏，因山为城，建有二门、十口。"二门"是大小红门，"十口"为中山口、东山口、老君堂口、贤庄口、灰岭口、锥石口、雁子口、德胜口、西山口、榨子。山口砌城堞，水口垒水门，形成天然屏障。明代这些山口建有城垣、水门，并有重兵把守。

○　据《明十三陵边墙山口查勘记》载："'西山口距悼陵南二里，有小红门。'位于今小红门村中部。方向正南北，口宽755.35米，两侧沿山脊建边墙，以山石垒砌，灰泥灌缝，与东山口两侧相似，不甚坚固，基宽1—1.25米，上宽0.7米左右，残高0.4—2.85米。西侧边墙建至近顶处，总长893米。东侧至榨子，长1151米，口内东侧现存水关两座，各一孔，二者相距14.35米。水关之上及二者之间原建有边墙，残存墙基，下部为灰石垒砌，上部砌以大城砖，残存四层，与今地面平。"

○　西山口村址明代是昭陵园，专门生产供昭陵祭祀用的果品和蔬菜。明代灭亡后，园囿消失，清代形成村落时，是由杨宅、后营、前庄三个相对独立的聚落组合而成，因村址临近西山口，遂称"西山口村"，紧邻大宫门村、王庄村。村北曾有明万历十八年（1590年）重建的古刹圆通寺，现仅存遗址、寺碑、古槐等，今属十三陵镇辖域。

十三陵景区
Ming Tombs

民国时期的十三陵牌坊 →

397

○ 十三陵景区站位于昌平区中北部，029县道南侧。

○ 初设地铁站时因地处涧头村而称"涧头村站"，后因东北部有十三陵景区而改称"十三陵景区站"，其实此地东北距十三陵约4公里。

○ 《北京市昌平县地名志》载：涧头村元代中叶成村，起初叫大黄庄村，此地人烟稀少，以垦荒为生。因村中多涧沟，坑坑洼洼，后来人们将大黄庄改为涧头村。该村是昌平区居住满族人口最多的村落之一，据传先祖是"拽着龙尾巴"（指1644年入关的顺治皇帝）进关的，路姓满族人最初在此定居。涧头村的高跷全称"涧头村太平子弟高跷会"，由该村满族人路德义在清光绪元年（1875年）创立，至今已有140余年历史，为"北京市非物质文化遗产"项目。

○ 十三陵是明朝迁都北京后十三位皇帝陵墓的总称，坐落于天寿山麓，地处东、西、北三面环山的小盆地之中。陵区周围群山环抱，中部为平原，山明水秀，景色宜人。

○ 从明永乐七年（1409年）成祖朱棣卜定天寿山为"吉壤"后开始营建，直到崇祯十七年（1644年）清军入关明王朝灭亡，历时230多年，前后兴建了长陵、献陵、景陵、裕陵、茂陵、泰陵、康陵、永陵、昭陵、定陵、庆陵、德陵和思陵共十三座皇陵以及七座妃子墓和一座太监墓。共埋葬了十三位皇帝、二十三位皇后、两位太子、三十余名妃嫔、一位太监，是历代帝王陵墓建筑规模最大，至今保存最完好的皇陵。

○ 目前十三陵已开放的景区有长陵、定陵、昭陵、神路等。长陵是明朝第3位皇帝成祖文皇帝朱棣的陵寝，在十三陵中建筑规模最大，营建时间最早，地面建筑保存得最为完好，是十三陵中的祖陵。

昌平
CHANGPING

昌平县城旧影 →

○ 昌平站位于昌平区中部，政府街与鼓楼南街交会处。

○ 昌平既是北京市一个行政区域的名称，也是一个广义的地名。6000多年前就有祖先在境内雪山、南口等地繁衍生息。西汉时在此设昌平县，属上谷郡。名称来自汉代的昌平侯，为"昌盛平安"之意。《昌平山水记》载："汉齐悼惠王子卬以昌平侯立为胶西王，县名始见于此。"五代十国时期，昌平县属后唐管辖，庄宗李存勖为避其祖父李国昌名讳中的"昌"字，于同光二年（924年）将"昌平县"改称"燕平县"。后唐大将石敬瑭在契丹国的扶助下，推翻后唐，建立后晋，于天福元年（936年）恢复"昌平县"旧称。

○ 昌平为西汉置县，最早与军都县同属上谷郡，自西汉至北魏初，其城址位于今址东南、温榆河北岸（今沙河镇辛力屯村一带），北魏初裁撤昌平县入军都县，东魏天平年间复置昌平县，属平昌郡，并将县治改设在始建于战国末期的原军都县故城，位于今址西南（今马池口镇土城村一带）。约在唐代建中年间，昌平县治又自军都故城迁至距今址西八里的旧县村一带，建城名白浮图城。元代皇庆二年（1313年）一度再迁县治至其西南六里的新店，约在至正年间又迁回原址。

○ 明代定都北京后，将皇陵选址于昌平的天寿山下，昌平县于明景泰三年（1452年）迁县治于永安城（现昌平镇）。正德八年（1513年）升为昌平州（辖怀柔、密云、顺义三县），成为明朝的京畿重镇。1913年改州为县，先后属京兆区、河北省。1956年划入北京市，为北京市昌平区。1960年初，改为昌平县。1999年9月，撤销昌平县设立昌平区。

○ 昌平地处北京之北，素有"首都北大门"和"北京后花园"之称。因地理位置重要，自古被誉为"密尔王室，股肱重地""京师之枕""甲视诸州"等。

昌平东关
CHANGPINGDONGGUAN

○　昌平东关站位于昌平区中部，府学路、昌崔路与水库路、龙水路交会处。

○　历史上的昌平城东关旧址大致在今天昌平城区东环路和鼓楼东大街交界的十字路口处，而非地铁昌平东关站所在的位置，所谓的东关实际是永安城的东门。

○　明代以前，昌平县城位于今昌平旧县村。明代以后，为了抵御来自北方的南侵势力，特别是加强对皇陵的守备，在距原昌平县城东8里处建永安城。《明实录·代宗实录》载：景泰元年春正月辛巳（1450年1月18日）……于天寿山之南筑城，周围十二里，以居长陵、献陵、景陵三卫官军，并移昌平县治于内。景泰二年十月己卯（1451年11月7日），永安城初具规模；三年后，昌平县治所、儒学、仓库迁进新城，县衙就是现在昌平区政府所在地。由此，永安城成为一座兼具军事、行政功能的城。后来，因陵卫续设日益增多，又在城南筑一城连之，"至崇祯九年（1636年），兵部侍郎张元佐拆旧城南面砖石修补东城门楼，城遂合而为一"。至此，永安城初具规模，由最初的正方形变为长方形，面积也增加不少。

○　永安城因北倚青山，未设北门，只有东西南三门，俱是重门券城，内建城楼，外设箭楼，城墙高2.1丈。四个城门均有明军戍守，最初由勋臣镇守，嘉靖二十八年（1549年）改由副总兵守御，之后改设守备。清康熙年间在三个门上设置门额，东门额为"奠安燕冀"。东门外被称为东关，出了东关便是村野。

○　20世纪50年代，有着500年悠久历史的昌平古城遭到拆毁，城墙及墙上建筑逐渐消失，如今只有东关、西关、南关作为地名沿用至今。

北邵洼
BEISHAOWA

○ 北邵洼站位于昌平区中部,昌崔路与内环西路交会处西侧。

○ 最初在此设地铁站时,因地处规划建设中的昌平新区,故称"昌平新区站",后因临近北邵洼村而改今称。

○ 《北京市昌平县地名志》载:北邵洼"明代成村,明初设军屯,称北邵屯,后演变为今称"。另据《昌平镇村探源》载:"北邵洼与南邵(哨)相对,意义相仿,该地恰在营区北面建过哨所,才称为北邵(哨)屯。至于为何又称北邵(哨)洼,这主要是该地与周围相比地势的确低洼,尤其与村东近邻小北哨相比,村址海拔相差3.1米。"清代称"北邵洼",民国及解放初期称"北哨洼",后复旧称仍为"北邵洼"。

○ 北邵洼村隶属于南邵镇,与张各庄、井文屯、四合庄相邻,村域呈矩形,有三条主要街道,均为东西向。20世纪90年代中期已成为昌平县辖域内较大聚落。该村地势低洼,水源丰富,早年间附近有较大面积的耕地。

○ 2003年昌平卫星城东区规划得到北京市批复,位于老城区东侧,是未来昌平新城重要的建设发展区域。随着昌平新区的建设,北邵洼一带已被列入新城区范围。

南邵
NANSHAO

○ 南邵站位于昌平区中部偏东,南环南路与内环东路交会处。

○ 据《昌平镇村探源》载:"南邵成村较早,元代以姓氏得名,称邵家庄。明初在该地设军屯,称南邵屯。""清代麻兆庆在《昌平外志》中所列元代村名中已有邵家庄,又在《职官表》'拾遗'中有'邵家庄副史樊进'之名。此内容源自《梁公祠元大德四年碑阴》,由此可见,元朝的邵家庄(今南邵)是个重要村庄,当时是由官员'副史樊进'掌管。"

○ 明洪武四年(1371年),大将徐达练兵于北平,并遣沙漠遗民屯田于北平府管内之地,其所设昌平二十六屯中就有南邵屯。明隆庆《昌平州志》记为"南邵屯",清康熙《昌平州志》则记为"南哨屯"。

○ 崇祯十七年(1644年)三月,李自成率大军自居庸关向北京进发,沿途明军屯营里的官军四散而逃,不久明朝灭亡。从此,南邵屯被废弃,形成聚落,清代称"南邵村""南邵庄",也称"南哨屯",民国时期称"南邵庄",1949年以后称"南邵"。

○ 该村历史上有一座古寺,称"黄山寺",光绪《昌平州志》记有"黄山寺,在州治东,古名寺,明永乐十四年(1416年)迁于南邵村,殿宇极其宏丽"。20世纪70年代因建南邵中心小学被拆毁。

○　沙河高教园站位于昌平区南部,高教园中街与南丰路交会处北侧。

○　此地历史上称"小寨",故规划地铁站时称"小寨站"。清代《康熙昌平州志》中已载有"小寨"之名。

○　相传,明崇祯十七年(1644年),李自成率大军攻下居庸关后经昌平县城南下,到达今天的小寨村一带。因天色已晚,闯王令大军在此安营扎寨,故称"小寨"。清嘉庆年间在此设立了一处只有十几个兵卒的小军营,以护卫去往皇陵的御道,称"小寨营",清初撤销,光绪年间复称"小寨"。

○　民国时该村先后属昌顺县第十区和昌平县第三区。1953年7月设有小寨乡,乡政府驻地为小寨村,当时属昌平县二区管辖,1957年5月并入松兰堡乡,此后几经调整,1997年为沙河镇所辖自然村。村域呈矩形,有东西向石渣路,村民330多户。

○　2001年10月,北京市批准"在昌平沙河地区和房山良乡地区建设两个高教园区",由此沙河高教园区筹建工作正式启动。多年后,古村落及周边的农田、冈丘全部消失,"小寨"之名也逐渐被"沙河高教园"所替代,但地名尚存,属沙河镇辖域。

○ 沙河站位于昌平南部，百沙路与南丰路交会处南侧。

○ 沙河是一个历史悠久的古镇，原称沙河店，因温榆河上游支流南沙河、北沙河在此交汇而得名。而沙河因河道较宽，含沙量大，曾被称为"金河"。此地处于京师北部，自古以来为兵家必争之地。

○ 明朝永乐皇帝迁都北京后不久，便在昌平北面的天寿山下兴建皇陵。据传，朱棣前往长陵察看修建情况时，来到一条大河边，问随行大臣这条河叫什么名字。大臣说叫沙河。永乐皇帝闻听，很不高兴，随即赐名"金河"，并令昌平州的官员前来晋见。

○ 永乐皇帝因何将"沙河"改称"金河"？因为他本姓朱名棣，朱（猪）最怕杀（沙）了，为了"避讳"，必须改地名。昌平州的官令接了"御旨"后，不敢怠慢，连忙命令昌平州内凡是姓沙（杀）、屠（宰）、郎（狼）、陆（戮）的人统统迁出，换上姓朱、梁（粱）、康（糠）、米、蔡（菜）、曹（槽）、甘（泔）的人家。

○ 御旨一下，老百姓就遭了殃，许多姓沙、屠、郎、陆的人家被迫搬出去，一些不愿搬出的只好改姓，而外乡许多姓朱、梁、康、米、蔡、曹、甘的人家又被迫搬了进来。老百姓们迁出迁入折腾了很长时间，对永乐皇帝恨得直咬牙，于是仍把这条河叫成"沙河"，隐含杀（沙）死狗皇帝之意。直到现在，人们仍把这条河叫"沙河"，而"金河"之名却鲜为人知。

○ 沙河历史上为京北重镇，明清时为京城通往关外的重要通道。明初北征与谒陵皆驻于此，永乐年间于此筑沙河行宫，嘉靖年间筑城。清末及民国时为京城北部的商业重镇。20世纪50年代在此设"红旗人民公社"，1961年更名"沙河人民公社"，1983年改"沙河乡"，1986年撤销沙河乡，并入沙河镇。

← 沙河上的朝宗桥

沙河

SHAHE

○ 巩华城站位于昌平区南部偏北，南沙河与北沙河之间，巩华城遗址东侧。

○ 巩华城南距京城德胜门42里，北距昌平城区20里，是明代帝王北征与祭谒皇陵驻跸之地。

○ 明永乐十九年（1421年）成祖朱棣迁都后，为讨伐元朝残余势力，欲御驾亲征，而北沙河为出征必经之地，也是大军车马粮草的集散地，故在此兴建了一座行宫，称"沙河店行宫"。《光绪昌平州志》记载："巩华城，旧名沙河店，明初北征多驻于此，有文皇帝（永乐皇帝）行宫。"永乐皇帝死后葬于天寿山长陵，为十三陵中第一陵，此后这里又成为祭谒皇陵驻跸之地。

○ 正统元年（1436年），行宫建筑与护军营房全部被洪水冲毁，此后沙河店行宫荒废近百年。嘉靖十六年（1537年）世宗驻沙河，礼部尚书严嵩奏请建城及修建行宫，驻兵防卫。次年动工修建，十九年（1540年）完工，嘉靖皇帝御赐名"巩华城"。后经明清两代的不断变化与扩充，巩华城最终发展成为一座具备谒陵、驻防、漕运、经贸等多种功能的京畿重镇。

○ 到了清代，巩华城失去了原有作用。但清廷一直派兵驻守，称"巩华城营"。康熙十六年（1677年）清王朝武备院利用这座行宫设"擀毡局"，专门制作供皇室和清军使用的毡子。自此，沙河清水毡子便遐迩闻名。乾隆八年（1743年），清王朝顺天府辖区扩大，设置了东、西、南、北4个路厅。其中北路厅捕盗同知衙署就设在巩华城内，管辖一州四县。清朝末年，巩华城逐渐被冷落，1932年被民国政府拆除变卖，如今已是断壁残垣，只有四个旧城门幸存下来。

← 巩华城遗迹

巩华城
GONGHUACHENG

朱辛庄
ZHUXINZHUANG

○ 生命科学园站位于昌平区南部，北清路与京藏高速路交会处西侧。

○ 生命科学园，即中关村生命科学园。此地实为"东半壁店"。《北京市昌平县地名志》载：东半壁店明代成村，《隆庆昌平州志》称半比店。清代《光绪昌平州志》称半壁店，由于自然流水（系注入南沙河之沟渠）切割，分为东西两村，该村在东岸，故称东半壁店。

○ 所谓"半壁店"，最早叫"半边店"，是指一间房屋，一半做铺面，一半用于居住。也有的是一半做店铺，一半当成加工作坊，即"前店后厂"，多处于街道或河道两侧。此半壁店原为一个村落，因有南北向的沟渠相隔，分为东西两部分，称"东半壁店"和"西半壁店"。

○ 据传，该村出现于明嘉靖年间，因临近去往明陵（十三陵）的御道和昌平、延庆及关外的大道，时有人员往来，故有人在道旁开设店铺。最初只有一间房屋，一半做铺面，一半用于居住，俗称"半边店"。随后又有人在附近开设店铺，且小店越开越大，渐渐形成聚落。因多为半边店，故称"半边店村"，后谐音为"半壁店村"。清代为"东半边店"，又称"东半壁店"。

○ 20世纪90年代，该村属昌平县所辖回龙观区史各庄乡，村域呈矩形，有南北向主街两条，分为前街、后街。村民250多户，村域多农田。今属回龙观镇，农田已近消失。2000年11月中关村生命科学园一期在此建设。

生命科学园
Life Science Park

西二旗
XI'ERQI

13

BEIJING SUBWAY LINE S1

北京地铁S1号线

北京首条中低速磁浮线路，连接城区与门头沟，西起石厂站，东至苹果园站，与地铁1号线、6号线衔接，全长10.2公里，设有8座车站，换乘站2座。

○ 石厂站位于门头沟区东南部，石龙南路西侧。

○ 该站因临近石厂村得名。据《北京门头沟村落文化志》载："《宛署杂记》载：'石景山之左径八里曰曹哥庄……又二里曰何各庄，又二里曰石厂。'据此可见石厂在大明万历二十一年（1593年）以前业已成村。本村因附近山上盛产石板和石料，得名'石厂'之村名。石厂东过街楼的青石门额中有'石厂东栅栏'五个大字，右边竖排镌有两行小字曰'万历庚辰岁孟秋重盖造'。这又比《宛署杂记》问世时间早了13年，况且为重建，那么始建年代肯定更早。村北碑碣顶的'马鞍山石厂四至记'碑，所载建碑时间为'大明永乐年'，是至今发现记述石厂时间年代最早的文字记载。"

○ 石厂村素有皇家采石基地之称，村北依山，蕴有丰富的石资源，为历代古建工程必需之物。青石以其坚硬细腻、韧性强、抗风化、耐腐蚀、质地纯正，被誉为"天下之极品"。

○ 石厂村东至校场地，西临苛萝坨，南至南坟地，北至碑碣顶。村域土地多为山坡地，农作物种植较为广泛。该村历史上庙宇较多，有圆照寺、玄帝庙、灵应寺、五道庙、上庵庙、下庵庙、朝阳寺、菩萨殿等。其中圆照寺也称西庙，为敕建庙宇，有山门、关帝殿、观音殿等建筑，至今尚有遗迹可寻。

○ 历史上石厂村曾是两条古道交会处。一条由石厂村经上岸村，达石景山山底下村，向东而去，可至京城的阜成门，以运送西山所产石材、煤炭等物资为主。一条自京城而来，从庞村渡口过河，穿石厂村，经西峰寺，到达潭柘寺。也可穿石厂村，经苛萝坨的娼妓桥，去往戒台寺。故此村曾有多家店铺、旅舍，时有商贾在此落脚。20世纪六七十年代该村曾属门头沟人民公社、永定人民公社，今属永定镇。

石厂
SHICHANG

○ 小园站位于门头沟区东南部，龙林路与紫金路交会处东侧。

○ 小园村东至桃地与栗园庄相连，南至南山与丰台交界，西至塔地与王村接壤，北至砖厂与石门营为邻，地处山前平原，地势略有起伏。

○ 《北京门头沟村落文化志》载："小园村明时成村。明万历二十一年（1593年）出版的刻本《宛署杂记》载：'万寿戒坛寺，在小园村，辽清宁中建，名大慧聚寺……'这大慧聚寺便是如今戒台寺的始称之名。辽代清宁年间（1055—1064年），法均大师来到慧聚寺，带领僧众广募资财，在寺内'肇建戒坛'。小园村距戒台寺十里有余，当时的著书人能把戒台寺与小园连在一起，并不是偶然的，它的成村与戒台寺有着必然的联系。辽咸雍六年（1070年）四月戒坛寺建成以后，法均大师'开坛演戒'，一时戒台寺名声大噪，香火繁盛。当时的僧俗民众、皇亲国戚，都纷纷前来戒台寺听法均大师'演戒讲经'。'来者如云，官莫可御。'为了招待前来'听经求戒'的朝廷官员、高官富胄，便在小园开辟菜园，种植蔬菜，以供官员日常之用（小园村是戒台寺的菜园）。随着蔬菜种植面积的增加，菜农的人数也多了。后来菜农们便在此娶妻生子居住下来，逐渐成村，遂称之'小园'，一直延续至今。"

○ 小园村早年间物产丰富，除了果木、蔬菜之外，南山上盛产优质青石板，开采历史悠久。

○ 该村主街长约1里，东西走向，村子东西各有一座高大的琉璃瓦顶影壁，建于民国初年，毁于"文革"时期，后复建。村中曾有西庙，供奉关帝，另有五道庙、七神庙等。

小园
XIAOYUAN

上岸

SHANG'AN

○ 上岸站位于门头沟东南部，东临永定河，金安路与新城大街交会处。

○ 《北京门头沟村落文化志》载：上岸"明时成村，曾称上安村，村民多为山西移民，因地势较低，永定河水泛滥，溢到村边，故又称'上岸'。又据《琉璃厂杂记》一书记载，万佛堂'金大定间居民怜其废，改作上岸村石大店'，如此说来，村子应有上千年历史了。据专家判断，西庙的观音石刻造像应为北魏时期，由此推断建村年代应当更早"。

○ 另传，此地历史上曾是永定河的一个渡口，过往渡河的香客僧侣离船上岸却不知道该地名，便称呼该地区为"上岸"。村中有条古街名曰"上岸街"，是通往潭柘寺、戒台寺的古道，村中的老庙将古街分为东街和西街。随着上岸的发展又出现中街、南街、北后街（长安街）、鬼街、新街等街区。村中的老庙里有两棵参天大树足以见证该村的悠久历史（辽宋时期），据传庙里两棵大树为一雌一雄的银杏树，与潭柘寺帝王树齐名。

○ 明代，上岸村隶属宛平县京西乡，清代隶属卢沟桥巡检司、卢沟桥镇辖村。早年间，永定镇镇域之内有十三个村庄，俗称"外十三"，上岸村地处"外十三"的中心位置，村民以安姓为主，还有祁、程两大姓。村中古迹众多，有古庙、石刻、古桥、古道等。其中西庙在村东西街中间，为坐北朝南的三间大殿。东庙，名嘉兴庵，又名白云庵，清代道光三十年（1850年）重建，位于村东街，早年为尼姑庵，后被僧人占用，庙内供奉娘娘和关帝圣君等多尊神像。这两座庙宇规模较大，佛事庄严，兴盛一时，如今面目皆非，但仍有遗迹可寻。

○ 栗园庄站位于门头沟区东南部，永安路与新城大街交会处。

○ 《北京门头沟村落文化志》载："栗园庄原属潭柘寺佃户庄村，村西古庙（奉福寺）原为潭柘寺的下院，庙旁多栗树，故称栗园庄。另据《宛署杂记》记载，明万历年间即已成村。"

○ 该村东至西辛称，西至小园，北至上岸，南至南坡分水岭。奉福寺为村中知名建筑，俗称栗园庄庙，始建年代不详，明正统年间重修，占地80亩，是古刹潭柘寺的下院。院内分东西两部分，西院为三进院落，大雄宝殿三间。东庙又名吉祥庵，明代创建，据传皇家某公主一生未婚，后出家，在栗园庄村修建一座庙宇叫吉祥庵，且拨发800亩土地作为脂粉地。村中还有娘娘庙、七神庙、山神庙等，而今这些庙宇多已无存。

○ 村北有一代京剧宗师谭鑫培之墓。谭鑫培本名金福，字望重，籍贯湖北黄陂（今武汉市黄陂区），为京剧史上第一个老生流派——"谭派"创始人。他颇谙佛理，曾于光绪年间在戒台寺受戒。晚年向当时的戒台寺住持妙老人提出："愿借寺中一席之地，永作伴城，以便百年之后也能得到禅宗的恩护。"妙老人深知谭信佛的初衷，愿拿出属于戒台寺的香火地12亩给谭修墓。1915年戒台寺住持达文和尚为谭鑫培修建了一座墓园，1917年谭鑫培安葬于此。

○ 栗园庄村有丰富的石板资源，开采历史悠久，为当地特产，行销各地。开采石板是该村祖祖辈辈的主要生财之道，其历史可以追溯到辽代，已形成一整套石板开采及制作工艺。

○ 2010年因S1线和长安街西延工程建设需要，该村已整村拆迁。

S1

↑

③

411

栗园庄
LIYUANZHUANG

桥户营
QIAOHUYING

← 桥户营旧影

○　桥户营站位于门头沟区东南部，石龙路西段。

○　该站因临近历史上的桥户营村得名。该村东至永定河西岸，西至曹各庄，北到葡萄嘴，南到上岸村。据《北京门头沟村落文化志》载：关于桥户营的村名，有几种说法。一说，昔时村东永定河上有一座木桥，称为善桥，是潭柘寺出资修建的。有一户姓史的人家搬迁到村里后，就负责看管维护桥梁。后本村为桥户人家聚居地，并摆渡过往行人，发展成村，得名桥户营。二说，该村原来四面多沟，要想进村必须过桥，不过桥，就无法进村，故称桥户营。

○　桥户营有十户十姓，阎安侯李张，崔冯史程王，后来剩下了七户七个姓，故村子又叫七户营。又据，药王庙重建于乾隆五十六年（1791年），铜磬文字所记载村名叫桥古营。

○　历史上桥户营是一个重要的产粮地区，有着优厚的土地资源，主要产业以种植业为主。该村属永定镇，2010年因S1线和长安街西延工程建设，已整村拆迁。

○　四道桥站位于门头沟东南部, 石龙路与西苑路交会处。

413

○　《北京市门头沟区地名志》载: 该村 "明代成村, 原为潭柘寺庙产租地, 是稻地两大庄园之一。昔时有永定河引水大渠在村边分流为四条支渠, 每条支渠各架桥一座, 故称四道桥"。

○　另据《北京门头沟村落文化志》载: "四道桥村, 西铺、复兴庄是其曾用名, 地处稻地片中心。稻地古称下滩, 土地肥沃, 灌溉便利, 原是潭柘寺一个重要的产稻庄子, 为潭柘寺庙产租地, 是稻地两大庄园之一, 周围有不高的围墙。皇室以及公卿无不垂涎, 纷纷在本村周围开设粮庄。1931年, 大有庄曾改称 '天恩庄', 原来是皇家庄园, 意为 '富足大有', 养马屯粮之用。增胜庄, 又称同庆庄, 后叫继永庄, 曾经是清朝末年一个姓纪的太监的私人庄园。昔时四道桥村原有永定河灌渠在村边分流四条支渠, 每条支渠各架小桥一座, 故此村得名四道桥。村落建于清代。"

○　这一带因地处永定河冲积平原, 地势平坦, 水源丰沛, 历史上为京西粮食产地。其中水稻种植面积最大, 曾有 "西山稻乡" 之称。村内曾有一座龙王庙, 坐北朝南, 院落进深10米, 是潭柘寺为保护庄园而建, 当时是永定河西岸较大的寺庙, 香火盛极一时。历史上的南北大道和进京大道也由该村经过明清时这里较为繁盛, 开设多家商铺、旅舍。因地处西山脚下, 曾有 "西山第一驿站" 之誉。

○　2010年因修建S1线和长安街西延工程建设的需要, 该村进行整村拆迁。

6

金安桥
JIN'ANQIAO

→

⑦

香山	Fragrant Hills
植物园	Botanical Garden
万安	WAN'AN
茶棚	CHAPENG
颐和园西门	West Gate of Summer Palace
巴沟	⑩ BAGOU

BEIJING SUBWAY XIJIAO LINE

北京地铁西郊线

北京市首条现代有轨电车线路，全线运行于海淀区，西起香山站，东至巴沟站，
与地铁10号线衔接，全长8.8公里，设有6座车站，换乘站1座。

香山
Fragrant Hills

民国时期的香山 →

○　香山站位于海淀区西部，香山路与碧云寺路（煤厂街）交会处东南部。

○　香山是北京西山的一部分，其得名有多种说法。

○　一说得名缘于山顶上的巨石。在香山的最高峰有两块巨大的岩石，形如"香炉"，因山势险要，每逢阴雨天气，巨石旁时有似喷云吐雾的现象，故名"香炉山"，简称"香山"。

○　二说得名源于花香。据史料记载，古时的香山并非像现在这样，而以苍松翠柏和杏树为胜景，另有一番景色。明代工衡记载：那时"杏树可十万株，此香山之第一胜处也"。每到春天，花香十里，漫山遍野杏花绽放，故将山名俗称为"杏花山"，后来人们根据这杏花的香味儿，把"杏花山"叫成了"香山"。

○　三说"香山"之名与佛教有关。据记载：佛教创始人释迦牟尼出生地迦毗罗卫国都城（佛经中称父城），附近有名为香山的一座山，释迦牟尼在世时其弟子有入香山修道者，其后仍有很多佛教徒在香山修道。故《华严经》在排列阎浮提十大名山时，香山仅次于须弥山（即雪山，今喜马拉雅山），名列第二，成为佛教名山。自佛教传入中国，香山之名也随之传来，多将建有佛教寺庙的高山称为"香山"，北京香山是其中的一座。

○　远在金代，皇家已在此修建园林，元明时仍在香山大兴土木。乾隆十年（1745年），加以扩建，建成大小园林景观八十余处，并以"二十八景"名噪京城。乾隆皇帝将这座皇家园林赐名为"静宜园"，并御题了《静宜园记》，其中写道："动静有养，体智仁也。名曰静宜，本周子之意或有合于先天也。"

○　1949年以后，静宜园经过修整与绿化，于1956年正式对外开放，并以金秋时节的香山红叶驰名。2012年11月，香山被世界名山协会授予"世界名山"称号。

植物园
Botanical Garden

北京植物园 →

○　植物园站位于海淀区中西部，香山路西段，紧邻北京植物园。

○　北京植物园创建于20世纪50年代，分为两处。一处在香山路南侧，隶属中国科学院植物研究所，以植物标本收集与科研为主，俗称"南植"。一处在香山路北侧，隶属北京市公园管理中心，以植物观赏及旅游观光为主，俗称"北植"。

○　"南植"建有珍稀濒危植物原园区和国内最大的植物标本馆，为国家级科普教育基地。20世纪60年代初，"末代皇帝"爱新觉罗·溥仪从辽宁抚顺战犯管理所"特赦"后，曾在此当了一年多的"花工"，并留下不少逸事趣闻。

○　"北植"所辖地域的南部曾为清代健锐营正白旗营地，周边临山地带有岭峻、东沟、北沟等村落，北部有始建于唐代贞观年间的"兜率寺"、元代"冶铜五十万斤铸释迦牟尼卧像"，清雍正十年（1732年）重修后，胤禛赐名"十方普觉寺"。因寺供有卧佛造像，俗称"卧佛寺"。

○　1971年4月，在正白旗39号西耳房的墙上发现了一批诗文墨迹，其中有"远富近贫以礼相交天下有，疏亲慢友因财绝义世间多"的题壁诗。经过考证，有人认为这里是曹雪芹晚年居住和写作《红楼梦》的地方，但至今尚无定论。1983年4月在此兴建了曹雪芹纪念馆，主要展出与曹雪芹传说相关的物品以及《红楼梦》所描述的实物仿制品等。

○　北京植物园于20世纪90年代以后大规模扩建，区域内村落全部搬迁，遂建成植物展览区，包括观赏植物区、树木园和温室区三部分。

○ 万安站位于海淀区西北部，旱河路北端，紧邻万安公墓。

○ 万安公墓因地处万安里得名。早年间这一带本是大面积的沼泽地带，水草丰富。百余年后，这一带的沼泽逐渐消失，土地却是肥沃。清王朝灭亡后，当初在此看守禁地的人们便定居下来，以耕种为生，其人数也由最初的几个人，繁衍为几十人，逐渐形成一个小村落，因村落之西有万安山故得名"万安里"。相传元代时，西山古刹弘教寺请来一位德高望重的万安法师主持香火，他以普度苍生为己任，经常施善济贫。他圆寂后，为了纪念他，人们将这座山叫成了"万安山"。

○ 1928年曾任北洋政府交通部司长的浙江人蒋彬侯在京西购置土地，准备开办学校。但他相信风水之说，加上政府正在筹划建立公墓，便与时任"恒生营造厂"经理的王荣光合作，将此地辟为公墓，因地处万安里而称"万安公墓"。这是北京历史上第一座现代公墓。整体布局犹如一只昂首的长寿大龟，寓意"万世平安"。庞大的墓园中按照中国传统五行方位学说布局，区内又以《千字文》《百家姓》为组号。墓碑、墓表的设计吸取了西洋样式，造型独具特色。

○ 90多年来，万安公墓中长眠了数以万计的社会各界人士，其中在中国近现代历史上有着一定影响的人物有近百位，既有社会活动家、军政要人，也有科学家、艺术家及工商界名人。

420

20世纪30年代的万安公墓牌坊 →

万安
WAN'AN

○ 茶棚站位于海淀区中部偏西南，茶棚路与北坞嘉园北小街交会处东北部。

○ 茶棚也称"舍茶棚"，是旧时庙会期间在香道上为香客提供沿途饮食、休息的场所。明清时，自城门开始，每隔数里设一处，通常建在村中或村周围，以及香道途中的平地、平台、山洼等地。最初为松棚或席棚，后来多用原有旧庙新建庙宇型房舍，内供奉娘娘像或观音像，谓之"娘娘驾"，备有茶水及粥。

○ 妙峰山位于北京西北，其顶峰的碧霞元君庙俗称"娘娘庙"。在明清及民国年间，曾是著名的圣地。每年四月初一至十五有庙会，许多人要去妙峰山金顶朝拜。京城的人们多出西直门、阜成门、西便门，向西北至六郎庄，经蓝靛厂、南坞、北坞到玉泉山下，然后经功德寺、青龙桥，翻过红山口，接着向西北过西北旺、温泉到北安河，再转入妙峰山方向，沿香道至金顶娘娘庙进香。玉泉山下的舍茶棚是许多香客去往妙峰山和香山的必经之地。

○ 舍茶棚全称为"万缘舍茶棚"，简称"茶棚"，建于清光绪年间，为李姓人家所办的善事。为一进院落，北殿三楹，前房为茶棚，后殿为家庙。

○ 1949年以后妙峰山庙会被取消，舍茶棚不再有香客光顾，改为居住房屋。20世纪七八十年代已破旧的舍茶棚被拆除，后在此建成新房，属四季青人民公社玉泉大队辖域。2011年舍茶棚村被整体拆迁，但附近新辟的道路仍以"茶棚路"而称，北起万安东路，南至闵庄路。

421

茶棚
CHAPENG

颐和园西门
West Gate of
Summary Palace
West Gate of
Summer Palace

颐和园西门旧影 一

○　颐和园西门站位于海淀区中部偏南,颐和园西门路与金河路交会处南侧。

○　颐和园为京西"三山五园"之一,其前身为清漪园。乾隆十五年(1750年),乾隆皇帝以祝贺其母六十大寿的名义,在瓮山前修建大报恩延寿寺而大兴土木,十六年(1751年)正式定名"清漪园"。关于"清漪园"之命名,清宫档案无记载,但乾隆御制诗中有过直白的说明。《清漪园即景》诗中有"山称万寿水清漪,便以名园颇觉宜"句,另如《节后万寿山清漪园作》"水号清漪山万寿,新正节后每先来,观澜临水三余度,问景乐山九望开"句,由此可见"清漪"二字只写水态实景。

(　)　1860年清漪园被"英法联军"焚毁,1886年慈禧挪用海军经费再次兴建,并改名为"颐和园"。"颐和"为"颐养天年,天下太平"之意。1900年颐和园再次遭到"八国联军"的破坏,1903年重新修复。

○　颐和园主要由万寿山和昆明湖两部分组成,其中水面占四分之三。园内建筑以佛香阁为中心,有景点建筑物百余座、大小院落20余处,整个园林集传统造园艺术之大成。1924年,颐和园辟为公园,对外开放。

○　颐和园西门是颐和园唯一一座朝西开的大门,临近西堤和畅观堂,也是颐和园对外开放最晚的大门。颐和园西门为三楹,一明两暗,系宫殿式建筑,虽然建筑规模小于东宫门和北宫门,但古朴典雅,门前有一对铜狮子。

○　此地西临大山口,历史上曾有两座不高且相连的土丘,俗称大山。两座土丘相距百米,中间有一条小路为南北通道,时称大山口。清道光至光绪年间土丘逐渐消失,但"大山口"之名保留至今。

西郊

↓

⑥

423

巴沟
BAGOU

10

东直门	❷ ⑬	DONGZHIMEN
三元桥	⑩	SANYUANQIAO
3号航站楼		Terminal 3
2号航站楼		Terminal 2

首都机场

北京地铁首都机场线

北京市第一条快轨线路，大致呈东西走向，连接北京市区与北京首都国际机场，西起东直门站，与2号线、13号线衔接，东至2号航站楼站，全长28.1公里，设有4座车站，换乘站2座。

三元桥
SANYUANQIAO

⑩

东直门
DONGZHIMEN

② ⑬

2号航站楼
Terminal 2

3号航站楼
Terminal 3

○ 3号航站楼站位于顺义区西南部，首都国际机场T3航站楼前。

○ 3号航站楼始建于2004年8月，为2008年北京奥运会重点工程之一，地处首都国际机场东南部。

○ 历史上，今天的首都机场3号航站楼一带元代属大都路顺州，明初为北平府顺义县，后为顺天府所辖。民国初期属京兆特别区，民国十七年（1928年）随顺义县直属河北省。1958年4月划归北京市，属顺义区，1960年为顺义县，1998年12月属顺义区天竺镇和仁和镇辖域。

○ 因首都机场东扩，新建航站楼用地，从2003年11月至2006年6月底，机场扩建范围内的龙山、塔河、桃山、冯家营、卸甲营、哨马营6个村整建制拆迁，6900多人异地安置于三山新兴家园、港馨家园等小区。这些村落历史悠久，其中以"营"而称的村落多为明代所设的屯兵、屯民之营，有五百余年的历史。而仁和镇塔河村始建于元延祐三年（1316年），因村西有河、村南有塔而得名。

○ 3号航站楼目前是世界上最大的单体航站楼，由主楼和国内候机廊、国际候机廊等组成，由英国建筑大师诺曼·福斯特设计，建筑规模庞大，从空中俯视犹如一条巨龙，形成了充满整体动感的建筑体量。

○ 整个3号航站楼分为"龙吐碧珠""龙身""龙脊""龙鳞""龙须"五部分。其"龙吐碧珠"，即旅客进出的"集散地"交通中心（GTC），俗称停车楼；"龙身"，即扩建工程的主体；"龙脊"，即主楼双曲穹拱形屋顶；"龙鳞"，即屋顶上正三角形的天窗，从远处看，犹如巨龙身上的鳞片；"龙须"，即四通八达的交通网。

3号航站楼
Terminal 3

○ 2号航站楼站位于朝阳区在顺义区西南部的"飞地",首都国际机场T2航站楼楼外绿地和道路下方。

○ 首都国际机场原称"首都机场",于1958年3月投入使用,是中华人民共和国首个投入使用的民用机场。其所在地为20世纪50年代初河北省所辖的顺义县境内,故机场所占土地成为北京市在河北省的飞地,机场区域归属北京市朝阳区管辖。1958年4月随着顺义县从河北省划归北京市管辖,机场依然归属朝阳区,故成为朝阳区在顺义区的"外飞之地"(今朝阳区设有首都机场街道办事处)。

○ 首都机场建设之前,这里为广袤的田野,几十个村落零散分布。清代大部分土地为皇室"封地",而劳作者多为附近村民。随着清王朝的覆灭,"封地"多被变卖或转让。民国时仍为北京东北部的空旷之地,为大面积的农田及冈丘,且沟渠密布。

○ 1954年,为改变民航和空军共用北京西郊机场的状况,拟建立中国民航的主要基地,中央同意在北京东北部兴建民用机场,并将场址确定在当时的河北省顺义县境内。在建设过程中,先后被冠以"北京中央航空港""北京天竺机场""北京中央机场""东郊机场"等名称。1957年1月,经国务院批准命名为"中国民用航空局首都机场",1958年3月1日正式投入使用,当时仅有一座小型候机楼(现称机场南楼)。

○ 随着客流量的不断增大,原有的一座航站楼(今1号航站楼)客流量日趋饱和,故在其东部重新规划了建筑面积达33.6万平方米的2号航站楼。1995年10月开工建设,1999年11月1日全面投入运营。

20世纪60年代的首都机场候机楼 一

2号航站楼
Terminal 2

草桥
大兴新城
大兴机场

⑩ CAOQIAO
DAXINGXINCHENG
DAXING Airport

BEIJING DAXING
INTERNATIONAL AIRPORT EXPRESS

大兴机场

北京地铁大兴机场线

简称大兴机场线，途经北京市丰台区、大兴区与河北省廊坊市广阳区，大致呈南北走向，北起草桥站，与10号线换乘，南至大兴机场站，全长41.36公里，设有3座车站，换乘站1座。

草桥
CAOQIAO

大兴新城
DAXINGXINCHENG

大兴机场

↓

①

↓

②

○ 大兴新城站位于大兴区西北部，团河路南侧。

○ "大兴"之名历史悠久，秦朝建县，元朝得名。最早为古蓟县，因建于蓟城地区得名，为春秋战国时期燕国所建。秦始皇二十三年（公元前224年），朝廷于蓟城地区"置广阳郡，蓟县属之"。自汉至隋唐、五代，蓟县的建制始终存在。辽会同元年（公元938年），蓟县改名蓟北县，隶属幽都府。辽开泰元年（1012年），蓟北县改名析津县，隶属析津府。金迁都燕京后，改名中都，改析津府为永安府。金贞元二年（1154年），永安府又改称大兴府，包括今天北京大部分地区及永定河以南的河北霸州、固安的广泛区域。后析津县更名为大兴县，隶属大兴府。到了元朝，大都仍下辖大兴府。

○ 据传，"大兴"二字系金海陵王完颜亮所赐。他即位后励精图治，用"大兴"寓意疆域辽阔，兴旺发达，祈望大金朝能入主中原，振兴大业。当时，大兴、宛平二县分治中都城东、西，同为赤县（即京都所治之县）。明洪武三年(1370年)"创盖"大兴县署。元明清各朝，大兴县域大致包括今北京城东部、昌平区东南、顺义区西南、朝阳区大部和大兴区东南大部。

○ 辛亥革命后，废顺天府，改京兆地方，下辖大兴、宛平等20县。1928年直隶改称河北省，京兆所属大兴县等划属河北省。当时大兴县辖域东至通县，南接安次县，西连宛平县，北靠顺义县、昌平县。1935年大兴县治所迁至南苑大红门奉宸苑。此后几经调整，1958年大兴县由河北省划归北京市，且改县为区，1960年复改为大兴县，并形成今日之辖域范围。2001年撤销大兴县，设立大兴区。

○ 黄村镇为大兴区政府所在地，早在清康熙年间已成为京南重镇。近年来，大兴区加快推进黄村镇发展新格局，城区面貌焕然一新，"大兴新城""亦庄新城""临空经济区"被誉为"京南三城"。

○ 大兴机场站位于北京大兴国际机场航站楼内，所属地域为河北省廊坊市广阳区九州镇。

○ 据《广阳史话》记载："广阳"之名源自战国、秦、东汉时期所设广阳郡，距今已有两千多年的历史。九州镇为广阳区所辖，距廊坊市区11公里。

○ 早在6000多年前就有人类在此聚居。明代《长安客话》称："黄帝制天下，以立万国，始经安墟，合符釜山，遂隶涿鹿之阿。"釜山是指今河北保定、徐水一带，而安墟则指今廊坊安次一带，即今广阳区九州镇北常道村附近。夏商时，这里属冀、燕、幽州。周武王封召公长子于燕，设采邑常道城，常道城即古安墟庄。约4600年前，始祖黄帝就是从这里出发，前往涿鹿（今属张家口），联合炎帝部族，最终打败蚩尤，奠定华夏江山一统。

○ 公元前206年，汉高祖刘邦在渤海郡设立了安次县，县治在今辖区内，是广阳、安次、廊坊的发源地，后县治迁址现在九州一带。元中统元年（1260年），安次县改为东安县，至元元年（1264年），东安县升为东安州。明洪武二年（1369年），永定河泛滥，县治迁徙张李店，在原址上建村，始称"旧州"，意为"旧时州城"。1961年成立旧州人民公社，1985年改为旧州乡，2004年撤销旧州乡设置九州镇。

○ 大兴机场所处位置为九州镇团城、团城辛庄、毕各庄所属村域。未建机场时，为大面积农田。因地势平坦，气候温和，地下水资源充沛，历史上此地以蔬菜生产为主。

○ 大兴机场站处于九州镇团城村与团城辛庄之间。据《廊坊市广阳区志》记载：金天会年间，今广阳区九州镇（旧州）一带隶属燕京路析津府，为京南重镇。为加强防御，在旧州所辖区域修建多处城堡，俗称团城。元代，团城被逐渐废弃，遂在附近形成聚落，称团城村，后在该村东北侧形成新的村落，称团城新庄，后谐音为团城辛庄。30多年前团城村遗址尚存，被列为"广阳区不可移动文物"。

大兴机场
DAXING Airport

建设中的北京地铁"北京站"工地 ↑

北京地铁建设工地现场 ↓

北京地铁建设工地"敞开式"施工 ↓

○　1863年1月10日，世界上第一条地铁线路在英国首都伦敦开通。从此，各国的大城市都相继推广使用这种快捷、环保的轨道交通方式。

○　中国第一条地铁诞生于首都北京，至今已有50多年的历史。

○　20世纪50年代，毛泽东从战备和民用角度倡导北京要搞城市地下铁道，指出"不仅北京要搞，很多大城市也要搞"，并于1953年开始进行北京地铁线路的规划。

○　1965年，中共中央书记处和国务院决定修建北京地下铁道。2月4日，毛泽东在北京地下铁道建设方案的报告上作了"精心设计，精心施工，在建设过程中一定会有不少错误、失败，随时注意改正"的批示，确定了北京地铁"适应军事上的需要，兼顾城市交通"的建设方针。

○　1965年7月1日，北京第一条地铁开工建设，其线路沿长安街与北京城墙南缘自西向东贯穿北京市区，连接石景山中部和北京站，采用明挖填埋法施工，全长23.6公里，由中国人民解放军铁道兵部队承担主要建设任务。

○　经过四年的艰苦奋战，我国自行设计、自行施工、自行制造设备的第一条地下铁道，于1969年9月20日基本建成。线路从西山苹果园到北京火车站，设有17座车站。1971年1月15日，开始试运营，先期开通由北京站至立新站（今公主坟站）。同年8月5日延至玉泉路站；11月7日延至古城站；1973年4月23日，延至苹果园站。

○　北京第二条地铁，即环线地铁，始建于1969年，其线路沿北京内城城墙自建国门至复兴门，呈倒U字型。1981年9月15日，一期正式对外运营。1983年4月1日，二期西直门至复兴门开始试运行。1987年12月28日全线贯通，形成环路，全长16.9公里，设有12座车站，即今天的地铁2号线。

○　随着环线地铁的开通，由从苹果园至北京站的一期改为由南礼士路至复兴门站后折返运行，不再向南转向

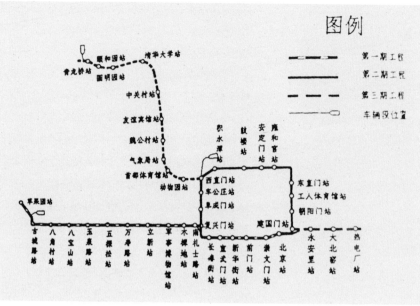

图例

	第一期工程
	第二期工程
	第三期工程
	车辆段位置

20世纪60年代北京地铁规划图 ↑

连接长椿街站。线路全长16.9公里，设有12座车站，即北京地铁1号线。

○ 1992年6月24日，复八线工程，即西起复兴门，东至八王坟，后延至四惠东，全长13.59公里。1999年9月28日建成通车。2000年6月28日，复八线与北京1号线贯通运营，"复八线"之名由此撤销。

○ 根据城市发展的需要，北京市对地铁建设进行了长远规划。由于各区域发展情况不同，对轨道交通的局部供需也有所不同，因此，随后的地铁建设并没有按照最初规划的顺序号建设，而是从服务大环境和重点区域、缓解城市交通压力、促进绿色出行的思路出发，根据不同区域的需要及特殊性，适时进行地铁线路的建设。

○ 由于北京城区北部回龙观、东北部望京等大型住宅区的兴建及上地信息产业基地的建设，这些地区成为人员重要聚集地，为此，于1999年12月开工建设13号线，时称"北京城铁线"。路线环北京市西北、北、东北部呈U字形，西起西直门，东至东直门，全长40.9公里，设16座车站。西段（西直门至霍营）于2002年9月28日通车试运营，2003年1月28日全线开通。

20世纪70年代北京地铁线路示意图 ↓

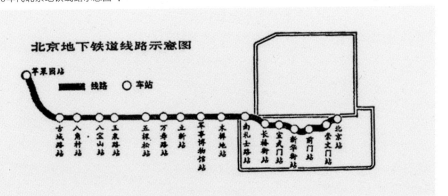

○ 随着天通苑、北苑家园等大型住宅区的建成，京城西北部成为新的人员聚集地，而亚运村、和平里、蒲黄榆等也为集团型住宅区。为此，2000年12月27日，地铁5号线开工建设，南起丰台宋家庄，北至昌平天通苑北，全长27.6公里，设23座车站，于2007年10月7日开通。

20世纪70年代北京地铁运行列车 ↑

○ 为改善北京东部通州地区的交通环境，2001年12月30日，开工建设八通线，即1号线延长线。西起四惠站，东至土桥，2003年12月27日开通运营，全长18.96公里，设13座车站。

○ 2001年7月13日，北京获得2008年奥运会主办权，由此开始了大规模的城市建设及场馆建设，交通设施建设也纳入其中。2003年12月27日，作为北京2008年奥运工程，10号线一期开工，2008年7月19日投入运营。2005年5月，8号线一期（时称"奥运支线"）开工建设，设4座车站，其中三站直接服务于奥运会，即奥体中心站、奥林匹克公园站和森林公园南门站。2008年7月19日开通，先期服务于奥运会，随后对公众开放运营。此后又进行了二期、三期建设，大致沿北京中轴线南北走向。

○ 此后，北京地铁建设更为迅速，多条线路相继修建，并向大兴、昌平、房山等区县延伸，每年都有新的线路开通。2010年底，北京地铁线路总长度达336公里。又经过近十年的建设，截至2019年年底，北京轨道交通运营线路已达22条（含磁悬浮S1线和现代有轨电车西郊线），总长度近700公里，构成了四通八达的地下交通干线，其线路覆盖北京市12个市辖区，日均客运量达上千万人次。地铁已成为人们出行最为快速、便捷、环保、安全的交通工具。

○ 北京地铁线路中，人们较为关注的3号线、11号线、12号线也已相继开工建设。其中3号线是北京地铁最早的规划线路之一，最初的线路位于北京城区西北部（西直门至青龙桥），此后几经调整，迟迟未能建设，后将北段部分线路并入4号线。2015年3月最终规划为海淀田村至朝阳曹各庄。2016年一期开工建设，全长20.8公里，设15座车站。11号线规划得也很早，起讫点分别为朝阳宋家庄和海淀香山，但在此后的规划调整中被取消，部分路段并入10号线。而今11号线被定位于北京东西向加密线，西段（冬奥支线）位于石景山区，长4公里，设4座车站，未来将从首钢站延长至朝阳区白鹿司站。12号线又称北三环线是介于2号线与10号线之间的北部加密线。西起海淀四季青桥，东至朝阳东坝管各庄，全长约29公里，设21座车站，已开工建设。

○ 目前，22条北京地铁线路共有413座车站（含换乘站），每一座车站的命名都遵从"符合历史，照顾习惯，体现规划，好找好记"的命名原则，并注重突出北京的地域特色，由此成为北京地铁文化的一个亮点。

○ 2019年12月，国家发改委正式批复《北京市轨道交通第二期建设规划调整方案》，调整共涉及多条线路，其中包括首次驶向河北省、串起副中心和北三县的22号线（平谷线），由CBD线"升级"而来的28号线，以及对既有运营线进行改造的13号线扩能提升项目等。

○ 北京地铁已走过50多年的发展历程，未来北京城市轨道交通的发展，将呈现高速度增长、高密度聚集、高强度使用的趋势，这一举措将更为方便市民出行，对于实现城市可持续发展具有非常重要的意义。

439

20世纪70年代的北京地铁车票 ↓

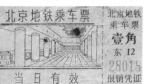

21世纪初的北京地铁车票 ↓

参考资料

《长安客话》（明），蒋一葵，北京古籍出版社，1982年。

《宛署杂记》（明），沈榜，北京古籍出版社，1983年。

《帝京景物略》（明），刘侗、于弈正，北京古籍出版社，1982年。

《京师五城坊巷胡同集》（明），张爵，北京古籍出版社，1982年。

《日下旧闻考》（清），于敏中，北京古籍出版社，1985年。

《光绪昌平州志》（清)，缪荃孙等，北京古籍出版社，1989年。

《新测北京内外城全图》（民国十年版），中国地图出版社，2006年。

《老北京旅行指南》，马芷庠，北京燕山出版社，1997年。

《北平市城郊地图》（民国三十六年版），中国地图出版社，2006年。

《北京郊区村落发展史》，尹钧科，北京大学出版社，2001年。

《北京地铁发展史》，北京市地铁运营有限公司，北京出版社，2011年。

《北京交通史》，孙冬虎、许辉，人民出版社，2012年。

《北京寺庙历史资料》，北京市档案馆，中国档案出版社，1997年。

《北京历史纪年》，北京市社会科学研究所，北京出版社，1984年。

《北京市街巷名称录》，严肃，群众出版社，1986年。

《北京历史地图集》，侯仁之主编，北京出版社，1985年。

《老北京地图的记忆》，宗绪盛，中国地图出版社，2014年。

《北京的传说》，金受申，北京出版社，2003年。

《北京的桥》，王同祯，北京燕山出版社，2000年。

《光阴里的老北京》，户力平，新华出版社，2017年。

《北京地名发展史》，孙冬虎，北京燕山出版社，2010年。

《北京地名研究》，尹钧科、孙冬虎主编，北京燕山出版社，2009年。

《北京地名典》，王彬、徐秀珊主编，中国文联出版社，2001年。

《北京地名志》（日本），多田贞一，书目文献出版社，1986年。

《北京市东城区地名志》，北京出版社，1992年。

《北京市西城区地名志》，北京出版社，1992年。

《北京市崇文区地名志》，北京出版社，1992年。

《北京市宣武区地名志》，北京出版社，1993年。

《北京市朝阳区地名志》，北京出版社，1993年。

《北京市海淀区地名志》，北京出版社，1992年。

《北京市丰台区地名志》，北京出版社，1993年。

《北京市地名志·石景山区卷》，北京科学技术出版社，1991年。

《北京市门头沟区地名志》，北京出版社，1993年。

《北京市房山区地名志》，北京出版社，1992年。

《北京市大兴县地名志》，北京出版社，1992年。

《北京市通县地名志》，北京出版社，1992年。

《北京市昌平县地名志》，北京出版社，1997年。

《北京市顺义县地名志》，北京出版社，1993年。

《崇文街巷》，北京市崇文区地方志办公室，2007年。

《海淀地名典故》，徐征，北京出版社，2003年。

《海淀消失的村落》，北京市海淀区档案馆编，2015年。

《石景山地名掌故专辑》，政协北京市石景山区委员会，2012年。

《丰台地名探源》，孙冬虎，首都师范大学出版社，2009年。

《顺义地名由来故事》，北京市顺义区文化馆，2012年。

《昌平镇村探源》，昌平区文学艺术界联合会，中国文联出版社，2011年。

《北京门头沟村落文化志》，陈志强主编，北京燕山出版社，2008年。

《东升地名掌故》，户力平，中国戏剧出版社，2010年。

《京北畿甸清河镇》，杜泽宁，学苑出版社，2016年。

后记

○ 多来年，我业余研究北京文史，尤其是与北京地名有关的内容，如地名的渊源、沿革及与其相关的景观、风物、民俗、掌故等。查阅史籍，实地寻访，拙成短文，刊于报端，与读者分享。

○ 乘坐地铁时，时而听到有乘客问："公主坟埋的是哪位公主？""八宝山到底有哪八宝？""虎坊桥有过虎吗？""石榴庄何时种过石榴？""前门楼子是不是九丈九？"由此想到自己收集到的许多与北京地名有关的史料，地铁站名实为地名。当时《北京娱乐信报》作为"地铁报"在地铁车站免费派送，于是我想何不借助这个平台向乘客介绍一些地铁站名掌故，以解乘客对站名由来之惑。

○ 2008年4月8日我以"地铁站名掌故"为题，将编写的《公主坟葬的哪位公主》《"礼士路"的由来》《源说"望京"》三篇介绍地铁站名的稿子发给了《北京娱乐信报》。没想到只隔了两天，其中的《公主坟葬的哪位公主》就刊发了，另外两篇也相继刊发。随后编辑给我发来邮件，说接到不少读者电话，很喜欢"地铁站名掌故"这个栏目，希望多写一些，于是我继续编写，先后在《北京娱乐信报》介绍了80多个地铁站名（当时北京只有90多个地铁站）。此后，每有地铁新线路开通，我都会在第一时间编写与之有关的地铁站名掌故，刊发在《北京晚报》"五色土"副刊上，多年来已成"惯例"。

○ 荣幸的是我所编写的北京地铁站名掌故，受到不少读者的关注与青睐，且有"好事者"将这些站名掌故按地铁线路顺序汇编成《北京地铁站名的由来》，发在网络上，广为传播。

○ 任何一个地方的命名都不是无缘无故的，地铁站名也一样，只是由于缺少全面而细致的文献记载，一些站名的渊源已难于追索。特别是随着大规模的城市改造，许多具有历史价值的地名因地形、地貌的变化，逐渐"名存实无"。我在编写《北京地铁站名掌故》时，着重从站名的起源和沿革进行发掘，在查阅大量文史资料的基础上，进行实地走访，广泛收集史料。同时注重老地名的发掘、发现与溯源，通过新站名与老地名的融合，由表及里地增加地铁站名的历史厚重感与时代特色。

○ 对地名的研究，历来争议很多。同一个地名的来历，不同的人站在不同的角度去研究，会持有不同的观点，而地方志和史料中的记载也不尽相同。我在编写时博采各家观点，并进行综合分析，力争把更多与北京地铁站名有关的掌故、趣闻、逸事呈现给读者。

○ 《北京地铁站名掌故》只是介绍北京地铁站名的一个"通俗读本"，然而将一个城市的地铁站名系统地收集起来，寻根探源，汇编成册，公开出版，在国内还是没有过的，这算是一个尝试。

○ 由于最初给媒体写稿时受版面限制，每个车站只有200余字，有的甚至百余字，过于简单，所以我在编写《北京地铁站名掌故》时，进行了大量的史料补充，同时对体例进行了统一，对一些文字做了删改，内容更加系统丰富。初稿确定后，得到《中国电视报》"京华杂谈"版编辑的青睐，即设专栏连载至今。

○ 感谢《北京晚报》骆玉兰、满岩、白杏珏，《北京日报》彭俐、刘扬，《北京娱乐信报》杨小丹、张金萍、舒志娟，《中国电视报》赵爱宁、王婧、陈英等媒体编辑给我提供这些优质的平台，使我编写的《北京地铁站名掌故》首先与读者见面，并得到读者的认可。

○ 感谢杜泽宁、刘秋生、严宽、常华、梁欣立、勾超、樊志斌及北京史地民俗学会、北京市地铁运营有限公司和北京轨道交通建设管理有限公司多位朋友的鼎力支持。

○ 特别感谢陈卓先生为本书出版付出的所有努力。

○ 《北京地铁站名掌故》从最初的资料收集、实地寻访到编写成册，已有十余年。尽管在写作上付出了许多努力，但由于水平有限，且非专业，所以无论在篇章结构还是史料应用上，难免有不少讹误，希望得到史地专家与读者的批评指正。

户力平

2020年9月18日于香山

图书在版编目（CIP）数据

北京地铁站名掌故 / 户力平 著. — 北京：东方出版社，2020.10

ISBN 978-7-5207-1180-7

Ⅰ. ①北… Ⅱ. ①户… Ⅲ. ①地下铁道车站－掌故－北京 Ⅳ. ①U231.4

中国版本图书馆CIP数据核字(2020)第030571号

北京地铁站名掌故
(BEIJING DITIE ZHANMING ZHANGGU)

作　　者：户力平

策　　划：陈　卓

责任编辑：王金伟

责任审校：金学勇　谷轶波

书籍设计：T.M.T. Studio

出　　版：东方出版社

发　　行：人民东方出版传媒有限公司

地　　址：北京市西城区北三环中路6号

邮　　编：100120

印　　刷：北京联兴盛业印刷股份有限公司

版　　次：2020年10月第1版

印　　次：2021年3月第2次印刷

开　　本：880毫米×1230毫米 1/32

印　　张：14.125

字　　数：328千字

书　　号：ISBN 978-7-5207-1180-7

定　　价：88.00元

发行电话：(010) 85924663　85924644　85924641